자기를 바로 봅시다

성철스님 법문집
자기를 바로 봅시다

초판인쇄　1987년 6월 12일
재개정 1쇄　2014년 10월 20일
재개정 9쇄　2024년 9월 30일

지은이　퇴옹성철
발행인　여무의(원택)
발행처　도서출판 장경각

등록번호　합천 제1호
등록일자　1987년 11월 30일

본　사　경남 합천군 가야면 해인사길 118-116 해인사 백련암
서울사무소　서울시 종로구 삼봉로 81
　　　　　　(수송동, 두산위브파빌리온) 1232호
전　화　(02)2198-5372
홈페이지　www.sungchol.org

ⓒ 2014, 장경각

ISBN 978-89-93904-07-9　03220

값 15,000원

※이 책에 실린 내용은 무단으로 복제하거나 전재할 수 없습니다.
※잘못된 책은 교환해 드립니다.

※이 도서의 국립중앙도서관 출판예정도서목록(CIP)은 서지정보유통지
　원시스템 홈페이지(http://seoji.nl.go.kr)와 국가자료공동목록시스템
　(http://www.nl.go.kr/kolisnet)에서 이용하실 수 있습니다.
　(CIP제어번호 : CIP2014028946)

자기를 바로 봅시다

성철스님 법문집

장경각

보고 듣는 이 밖에 진리가 따로 없으니
아아, 시회대중時會大衆은 알겠는가?

산은 산이요 물은 물이로다

재개정판을 발간하며

　큰스님께서 열반에 드신 후 사리탑을 세우는 일로 고민을 하고 있을 때입니다. '중국석굴탐사연구단'을 만들었으니 탐사 여행에 함께 가지 않겠느냐는 동참을 권유받고 호기심 가득한 채 따라 나섰습니다. 운강 대동석굴을 시작으로 용문석굴, 공의석굴, 맥적산석굴을 3·7일 동안 둘러보았습니다. 그 후 중경에 있는 대족석굴을 찾아보게 되었습니다.
　7년 전에는 인도의 아잔타 석굴, 엘로라 석굴, 산치대탑과 불교 7대 성지를 탐방하면서 말할 수 없는 감격을 느꼈습니다. 그러면서 "언젠가 인연이 되어 인도와 중국의 많고 많은 석굴 가운데 한 굴만이라도 우리나라에 재현하면 신도님들이 큰 신심을 증장할 수 있을 텐데…" 하는 아쉬움을 가슴에 품고 살았습니다.
　그러던 중, 성철스님탄신100주년기념법회를 마치고 나니, 큰스님의 생가에 세운 '겁외사' 맞은편에 '성철스님기념관'을 세우는 계기가 마련되었습니다. 처음에는 현대식 2층 강의실 및 기도실로 설계하여 군청에 허가를 신청하였으나 '불가不可 통지'를 받았습니다. "전통사찰형 겁외사 건너에 현대식 건물은 도저히 허가할 수 없다."는 이유에서였습니다.

그 후 한두 차례 설계회의를 거듭하다가 지금의 '성철스님기념관' 설계를 완료하여 2013년 5년에 착공하게 된 것입니다. 그 직후에 중국 명사산의 돈황석굴을 참배하고 와서 일불제자一佛弟子, 한 부처님 제자로서 앞 세대들의 한없는 신심에 경외감을 느끼지 않을 수 없었습니다. '성철스님 기념관'을 건립하면서 현대적 미학으로 옛 석굴을 재해석하여 중앙 석굴형 안을, 해인사 동안거 하안거 동안에 대적광전에서 성스럽고 장엄하며 위엄 넘치는 성철스님의 설법상을 재현해 보았습니다.

그리고 입구에서 석굴에 들기까지 정면에 도자 미륵불 1,000불, 좌측에 도자 아미타불 1,000불, 우측에 도자 약사여래불 1,000불로 장엄하여, 삼세의 부처님들이 상주하시는 도량으로 구현하여 삼세의 모든 중생들의 선불장選佛場이 되기를 염원하였습니다.

마침내 2014년 9월 30일, '성철스님기념관'을 완성하여 임시로 개관하였습니다. 개관은 하였지만 이곳을 찾아오는 모든 분들에게 실망을 끼치지 않는 큰스님의 선사상과 선 수행 및 자비실천을 제대로 펼쳐 보이는 공간이어야 한다는 책임감이 엄습해 옵니다.

우리가 살고 있는 이 시대는 정치적·사회적·문화적이든 기존의 패러다임이 무너지고 디지털 모바일의 새로운 질서가 시작되는 혼돈의 시대입니다. 성철스님께서는 평소 "우리 모두가 부처님이다. 부처님은 중생을 구원하러 이 세상에 오신 것이 아니요 중생이 본래 구원되어 있음을 깨우쳐 주러 이 세상에 오셨다."고 강조하셨습니다.

저는 혼돈의 시대에 이곳을 찾는 모든 이들에게 큰스님의 수행과 사상을 전하기 위해 법어집을 재발간하는 것이 첫 임무라 생각하였습니다. 그리하여 『자기를 바로 봅시다』의 2003년 5월 개정판에 빠진 '해탈解脫의 길, 수도자에게 주는 글'을 다시 추가하여 재개정판을 출간하게 되었습니다.

아무쪼록 이 책이 수행의 바른 방향서가 되어 삼계화택三界火宅에서 벗어나는 큰 인연이기를 바랍니다.

불기 2558(2014)년 10월 중양절

원택 화남

차 례

재개정판을 발간하며 · 006

1. 축복의 말씀

산은 산이요 물은 물이로다	· 016
만법萬法이 불법佛法	· 017
축복의 물결	· 019
광명光明을 바로 보자	· 021
평화가 넘쳐흐르는 세계	· 023
붉은 해가 높이 뜨니	· 025
이 영원한 종소리를 들으소서	· 027
남을 돕는 것이 나를 돕는 것	· 029
일체 중생의 행복을 축하합니다	· 031
본마음	· 033
일체는 융화요, 만법은 평등	· 035
이웃에게 기쁜 마음으로 자비를	· 037
생명의 참모습	· 039
지혜와 광명을 온 누리에	· 040

자기를 바로 봅시다	·042
중도中道가 부처님	·044
이것이 있으므로 저것이 있다	·046
거룩한 부처님	·048
생신을 축하합니다	·050
물 속에서 물을 찾는다	·052
인간은 모두 지고지선한 절대적 존재이니	·054
부처님은 항상 지옥에 계십니다	·056
본래불의 마음으로 바라보라	·058
칠흑 같은 어둠 사라지고	·061
더불어 사는 세상을 만들자	·063
천지는 나와 같은 뿌리요	·065
참다운 불공	·066
부처님 법으로 돌아가자	·068
진리를 사모하고 참답게 삽시다	·070
시비와 선악이 본래 공하고	·072
발 아래를 보고 발 아래를 보라	·073
통일을 바라며	·074
유등의 참뜻은 무명의 타파에 있으니	·076
일체를 존경합시다	·078

2. 가야산의 메아리

불생불멸不生不滅과 중도中道	·080
광수공양廣修供養	·093
참선하는 법	·112
내가 부처가 된 때	·131
영혼의 세계	·148
신심信心이 성지聖地다	·164
일승법一乘法과 방편方便	·173
무심無心이 부처다	·187
불佛·법法·승僧	·197
봉암사 결사結社	·208
부처님 같이 존경하라	·223
구도자의 질문	·233
계성戒性이 본래 청정하다	·243
계율을 생명보다 더 중하게 지킵시다	·245
계戒를 청정하게 지키자	·247

3. 대담

한국 불교 대표하는 '수행의 표상'	·252
진리를 위해 일체를 희생한다	·258
마음의 본래 모습이 청정淸淨이다	·285
자기를 비우고 남을 존경하자	·294
물욕物慾이 만고萬苦의 근원	·300
날마다 좋은 날, 해마다 좋은 해	·309
사람이면 '사람'을 찾아야지	·313
인과因果가 있을 뿐 운명은 없다	·340

4. 해탈解脫의 길
-수도자에게 주는 글

머리말	·350
1. 한 물건(一物)	·352
2. 상주불멸常住不滅	·357
3. 위법망구爲法忘軀	·360
4. 수도팔계修道八戒	·364
5. 참선궁행參禪窮行	·377
6. 인과역연因果歷然	·382
7. 이계위사以戒爲師	·385
맺음말	·387
후기	·390

1
축복의 말씀

성철스님은 1981년 제7대 조계종 종정에 취임하셨습니다.
1981년부터 1993년 11월 열반하실 때까지
종정으로서 불자들에게 들려주신
종정법어, 신년법어, 초파일법어 등을 모았습니다.

산은 산이요 물은 물이로다

|1981년 1월 20일, 대한불교조계종 제7대 종정수락법어|

원각圓覺이 보조普照하니 적寂과 멸滅이 둘이 아니라
보이는 만물은 관음觀音이요 들리는 소리는 묘음妙音이라
보고 듣는 이 밖에 진리가 따로 없으니
아아, 시회대중時會大衆은 알겠는가?

    산은 산이요 물은 물이로다
    山是山　水是水

만법萬法이 불법佛法

|1982년 1월 1일, 신년법어|

동녘 하늘에서 오색 구름이 열리고,
둥근 새해가 찬란한 빛을 놓으니
우주宇宙의 모든 생명이 환희와 영광에 가득 차 있습니다.
만법萬法이 불법佛法 아님이 없고,
만사萬事가 불사佛事 아님이 없어서
높은 산, 흐르는 강은 미묘한 법문을 설說하고,
나는 새, 기는 짐승은 무한한 행복幸福을 노래하고 있습니다.
악한 사람 착한 사람 모두 부처님의 모습이요,
맑은 물 탁한 물 모두 자비의 줄기이니
온 세상에 훈훈한 봄바람이 넘치고 있습니다.
서 있는 곳 앉은 자리가 금 방석 옥 걸상 아님이 없어서,
우리 모두가 원래로 아름다운 풍월 흥겨운 장단 속에서
춤추고 있습니다.
모든 동포 자매들이여!
눈을 들어 앞을 바라봅시다.
끝없는 광명이 우주를 비춰서 항상 빛나고 있으니,
우주 자체가 광명입니다.

이 영원한 광명 속에서 서로 손을 맞잡고
앞으로 앞으로 힘차게 나아갑시다.
눈앞에는 평화와 자유, 환희와 영광이 있을 뿐입니다.
들판에 가득 찬 황금물결은 우리 생활의 곳집이요,
공장을 뒤흔드는 기계 소리는 우리 앞날의 희망입니다.
우리 모두 두 손을 높이 모아 이렇듯 신비한 대자연 속
아름다운 강산에서 춤추며 노래하여
모든 생명들을 축복합시다.

축복의 물결

|1983년 1월 1일, 신년법어|

맑은 하늘 고요한 새벽에 황금빛 수탉이 소리 높이 새해를 알리니, 천문만호千門萬戶가 일시에 활짝 열리며
축복의 물결이 성난 파도처럼 집집마다 밀려듭니다.
아버지 어머니 복 많이 받으십시오.
앞집의 복동아 뒷집의 수남아 새해를 노래하세.
마루 밑 멍멍이도 우리 속 꿀꿀이도 기뻐 날뛰며 춤을 춥니다.
행복은 원래 시공時空을 초월하고 시공을 포함하니,
이 행복의 물결은 항상 우주에 넘쳐 있습니다.
높은 산꼭대기에 우뚝 서 있는 바위도,
깊은 골짜기에 흘러내리는 시냇물도
다 같이 입을 열어 행복을 크게 외치고 있습니다.
반짝이는 별들도, 훨훨 나는 새들도
함께 노래하며 새해를 축복합니다.
이 거룩한 현실을 바로 봅시다.
선악善惡의 시비是非는 허황한 분별일 뿐이요,
현실의 참모습은 영원하고 무한한 절대의 진리 위에 서 있습니다.
모순과 갈등은 그림자도 찾아볼 수 없으며,

평화와 자유로 수놓은 행복의 물결이 항상 넘쳐흐르는
탕탕무애한 광명이 가득 차 있습니다.
봄에는 오색이 찬란한 꽃동산에 귀여운 우리 어린이가 뛰놀며,
가을에는 붉게 물든 단풍이 우거진 곳에서
할아버지 할머니 흥겨워 춤을 춥니다.
이렇듯 날마다 설날이며, 곳곳마다 들놀이니
이는 끝없이 계속되는 참모습의 세계입니다.

어허! 이 무슨 장관인가.
붉은 해는 지고 둥근 달이 떠오른다.

광명光明을 바로 보자

|1984년 1월 1일, 신년법어|

눈부신 태양이 푸른 허공에 높이 솟으니, 우주에 무한하고 영원한 광명이 넘쳐 있습니다. 천당 지옥과 성인 악한이 그 본래면목은 다 같이 광명 덩어리입니다.

삼라만상이 하나도 광명 아님이 없으니 나는 새, 기는 벌레, 흐르는 물, 서 있는 바위가 항상 이 광명을 크게 말하여, 일체가 서로서로 비추어 참으로 거룩하고 무서운 장관을 이루고 있습니다. 아무리 불행하게 보이는 존재라도 광명이 가득 차 있으니, 모두는 참으로 행복한 존재입니다.

이 광명은 청황흑백 등 일체 색상이 끊어졌으나, 일체 색상 자체가 광명입니다. 이 광명은 과거, 현재, 미래의 3세를 초월하여, 우주가 창조되기 전에도 항상 있었으며 우주가 소멸된 후에도 항상 그대로입니다.

이 광명은 삼라만상 일체가 입이 되어 억 천만 년이 다하도록 설명하여도 그 모습은 추호도 설명할 수 없으니 신기하고도 신기합니다. 이 광명은 마음의 눈으로만 볼 수 있으니 아무리 정교한 현미경이나 망원경으로도 볼 수 없습니다.

지식만능은 물질만능 못지 않게 큰 병폐입니다. 인간 본질을 떠난 지식과 학문은 깨끗하고 순진한 인간 본래의 마음을 더럽혀서 인간을 타락하게 하기 일쑤입니다. 인간의 본래 마음은 허공보다 깨끗하여 부처님과 조금도 다름이 없으나 진면목을 발휘하려면 삿된 지식과 학문을 크게 버려야 합니다.

아무리 좋은 보물도 깨끗한 거울 위에서는 장애가 되고, 거울 위에 먼지가 쌓일수록 거울이 더 어두워짐과 같이 지식과 학문이 쌓일수록 마음의 눈은 더욱더 어두워집니다.

우리 모두 마음의 눈을 가리는 삿된 지식과 학문을 아낌없이 버리고, 허공보다 깨끗한 본래의 마음으로 돌아가서 마음의 눈을 활짝 열고 이 광명을 뚜렷이 바로 봅시다.

평화가 넘쳐흐르는 세계

|1985년 1월 1일, 신년법어|

허공보다 넓고 바다보다 깊고 깨끗한 우리들의 마음속에
둥근 해가 높이 떠올라 삼라만상을 밝게 비추니,
거룩한 세계가 눈앞에 펼쳐져 있습니다.
황금으로 성을 쌓고 백옥으로 땅을 덮어
기화요초奇花搖草가 만발한데
진금이수珍禽異獸들이 즐겁게 춤을 춥니다.
평화와 자유로써 모든 세계 장엄하여,
고통은 아주 없고 행복만이 꽉 찼으니
극락, 천당 빛을 잃고 부처님들도 할 말이 없습니다.
개개個個가 영원이며 물물物物이 무한하고,
탕탕무애자재하여 시공時空을 초월하고 시공을 포함하니,
신비한 이 세계를 무어라 형용할지 말문이 막힙니다.
푸른 물결 속에 붉은 불기둥 솟아나며, 험한 바위 달아나고,
나무 장승 노래하니 참으로 장관입니다.
성인과 악마는 부질없는 이름이니,
공자와 도척이 손을 맞잡고 태평성세를 축복합니다.
이는 허황한 환상이 아니요, 일체의 참모습이니

눈을 감고 앉아서 어둡다고 탄식하는 사람들이여!
광명의 문은 항상 열려 있습니다.
대립과 투쟁은 영원히 사라지고 평화만이 넘쳐흐르는
이 세계를 눈을 들어 역력히 바라보며 함께 찬양합시다.

붉은 해가 높이 뜨니

|1986년 1월 1일, 신년법어|

캄캄한 밤중에 붉은 해가 높이 떠서 우주를 밝게 비추니,
서 있는 바위 좋아라고 덩실덩실 춤을 춥니다.
펄펄 끓는 용광로에 차디찬 맑은 물이 넘쳐흘러
천지에 가득 차니, 마른 나무 꽃이 피어 울긋불긋 자랑합니다.
노담과 공자 손을 잡고 석가와 예수 발을 맞추어
뒷동산과 앞뜰에서 태평가太平歌를 합창하니,
성인·악마 사라지고 천당·지옥 흔적조차 없습니다.
장엄한 법당에는 아멘 소리 진동하고
화려한 교회에는 염불소리 요란하니,
검다·희다 시비是非 싸움 꿈 속의 꿈입니다.
길게 뻗친 만리장성은 거품 위의 장난이요, 웅대한 천하통일 어린이의 희롱이니, 나 잘났다고 뽐내며 정신없이 날뛰는 사람들이여,
칼날 위의 춤을 멈추소서.
일체의 본모습은 유무有無를 초월하고,
유무를 포함하여 물심物心이 융화하며
피아彼我가 상통相通합니다.
설사 허공虛空이 무너지고 대해大海가 다 말라도

항상 변함 없이 안전하고 자유롭습니다.
끊임없는 욕심에 눈이 가리워 항상 빛나는 본모습을 보지 못하고
암흑세계를 헤매며 엎치락뒤치락 참담한 비극이 계속되고 있으니 참으로 안타까운 노릇입니다.
욕심에 가려져 있는 본모습은 먼지가 덮여 있는 구슬과 같아서,
먼지가 아무리 쌓여도 구슬은 변함 없으니
먼지만 닦아내면 본래 깨끗하고 아름다운 구슬은
천추만고千秋萬古에 찬란하게 빛이 납니다.
허망한 꿈속의 욕심을 용감하게 버리고
영원한 진리인 본모습을 빨리 봅시다.
눈부신 광명과 끊임없는 환호 소리가 산천을 뒤흔들고 있습니다.
높은 하늘에 반짝이는 별들을 벗삼아서
황금병의 감로수를 백옥잔에 가득 부어 마시고 또 마시며
다 함께 찬양합시다.

이 영원한 종소리를 들으소서

|1987년 1월 1일, 신년법어|

　장엄한 법당에서 우렁찬 종소리 새벽하늘을 진동하니, 꿈속을 헤매는 모든 생명들이 일제히 잠을 깹니다. 찬란한 아침 해가 동녘 하늘을 붉게 물들이니, 빨리 눈을 뜨고 이 종소리를 들으소서.
　영원과 무한을 노래하는 이 맑은 종소리는 시방세계에 널리 퍼져서 항상 계속되어 그침이 없습니다. 이 종소리는 천지가 생기기 전이나 없어진 후에나 모든 존재들이 절대임을 알려줍니다. 이 종소리는 아무리 악독한 생명이라도 본디 거룩한 부처임을 알려줍니다.
　무서운 호랑이와 온순한 멍멍이는 이 종소리에 발을 맞추어 같이 춤을 춥니다. 독사와 청개구리, 고양이와 생쥐들이 이 종소리에 장단 맞춰 함께 즐겁게 뛰놉니다. 피부 빛깔과 인종의 구별 없이 늙은이·젊은이·아이·어른·남자·여자·잘 사는 사람·가난한 사람 모두 함께 뭉쳐서 이 종소리를 찬미합니다.
　아무리 극한된 대립이라도 이 종소리 한 번 울리면, 반목과 갈등은 자취 없이 사라지고, 깨끗한 본모습을 도로 찾아 서로서로 얼싸안고 부모형제가 됩니다.
　이 신비한 종소리를 들으소서.
　나무장승 노래하고 돌 사람 달음질합니다. 넓은 우주의 모든 존재들이 이 종소리에 흥겨워서 즐겁게 뛰노니, 천당과 극락은 부끄러운 이름입니다.

　이 거룩한 종소리를 듣지 못함은 갖가지 욕심들이 두 귀를 막고 있기 때문입니다. 일시적인 갖가지 욕심을 버리고 이 영원한 종소리를 들으소서.

　광대무변한 우주 속의 우리 지구는 극히 미소하여, 먼 곳에서는 보이지도 않습니다. 여기에서 모든 성현, 재사, 영웅, 호걸들이 서로 뽐내니, 참으로 우스운 일입니다. 진시황의 6국 통일, 알렉산더, 나폴레옹의 세계정벌 등은 거품 위의 거품이라 허황하기 짝이 없습니다.

　자기 욕심에 사로잡혀 분별없이 날뛰는 이들이여! 허망한 꿈속의 부질없는 욕심을 버리고 이 영원한 종소리를 들으소서.

　맑은 하늘 둥근 달빛 속에 쌍쌍이 날아가는 기러기소리 우리를 축복하니, 평화와 자유의 메아리 우주에 넘쳐흐릅니다.

남을 돕는 것이 나를 돕는 것

| 1988년 1월 1일, 신년법어 |

부처님의 아들 딸 영원한 해탈의 길에서 자유합니다.
공자님의 아들 딸 대동성세大同聖世에 요순을 노래합니다.
예수님의 아들 딸 무구한 영광이 충만합니다.
마호메트님의 아들 딸 지극한 복락을 마음껏 누리십시오.
세계는 한 집이요, 인류는 한 몸입니다.
너와 나의 분별은 부질없는 생각이니 국토와 인종의 차별을 버리고
남의 종교를 내 종교로 받들며 남의 나라를 내 나라로 생각합시다.
남을 해치는 것은 나를 해치는 것이요,
남을 돕는 것은 나를 돕는 것입니다.
병든 사람 만나거든 내 몸같이 보살피고
고통 받는 이 찾아오면 정성 다해 살펴 줍시다.
애국애족으로 위장한 사리사욕은 참으로 무섭습니다.
저마다 사리사욕을 버리고 깨끗한 마음으로
서로 도우며 서로 믿고
서로 존경하며 서로 사랑하며

서로 화합합시다.
남과 나를 다 잊고서 한가히 앉았으니
눈 속의 매화꽃 고운 향기 진동하네.

일체 중생의 행복을 축하합니다

|1989년 1월 1일, 신년법어|

오래도록 잠 못 이루며 손꼽아 기다리던 설날이 왔습니다.
깨끗한 몸으로 새 옷 갈아입고 시방세계에 가득히 항상 계시는
모든 부처님께 정성을 다하여 예배 올리며,
일체 중생의 행복을 축하합니다.
할아버지 할머니 아버지 어머니 모든 어른들께 큰절 올리며
새해를 축하합니다.
언니 동생 아들 딸들에게 새해를 축하합니다.
높은 하늘은 아버지로 넓은 땅은 어머니로 삼고,
다 같이 살아가는 우리는 한집안 식구이며 한 형제입니다.
나의 어른을 존경함으로써 남의 어른을 존경하며,
나의 자제를 사랑함으로써 남의 자제를 사랑합니다.
나의 나라를 아낌으로써 남의 나라를 아끼며,
나의 종교를 존중함으로써 남의 종교를 존중합니다.
나와 너는 한몸으로 본래 없는 것이거늘,
사람들은 쓸데없이 나와 너의 분별을 일으킵니다.
나만을 소중히 여기고 남을 해치면 싸움의 지옥이 벌어지고,
나와 남이 한몸임을 깨달아서 남을 나처럼 소중히 한다면,

곳곳마다 연꽃이 가득 핀 극락세계가 열립니다.
극락과 천당은 다른 곳에 있지 않고,
남을 나처럼 소중히 여기는 한마음에 있습니다.
눈을 아무리 크게 뜨고 하늘을 우러러보아도,
천당과 극락은 하늘 위에 있지 않습니다.
우리가 걸어다니는 발밑이 곧 천당이요, 극락이나
다만 서로 존경하고 서로 사랑함으로써
영원무한한 행복의 새해가 열립니다.
우리는 꿈 속 같은 한때의 허영을 버리고
영원한 행복의 길로 나아갑시다.
나는 새, 기는 벌레도 극락세계의 한가족이며,
서 있는 바위 흐르는 물도 다 함께 영원을 노래합니다.
흑인종 황인종 백인종이 서로 손잡고,
회교, 예수교, 불교가 한마음으로 영원을 찬미하고 무한함을 기리며, 절대성의 동산에 함께 모여 새해를 축복하고 찬양합시다.

본마음

|1990년 1월 1일, 신년법어|

우리는 모두가 깨끗하고 빛나는 넓은 마음을 가지고 있어서 천추만고千秋萬古에 영원히 변함이 없습니다. 설사 천 개의 해가 일시에 떠올라도 이 빛보다 밝지 못하나니, 이것을 본마음이라고 합니다.

넓고 가없는 우주도 본마음에 비하면, 본마음은 바다와 같고 우주는 바다 위에 떠 있는 좁쌀 하나만 합니다. 이 본마음은 생각으로도 미치지 못하고 말로써도 형용할 수 없으니, 이러한 보물을 가지고 있는 우리는 영광 중의 영광입니다.

이 마음에는 일체의 지혜와 무한한 덕행이 원만구족하여 있으니, 이것을 자연지自然智라고 합니다. 이 자연지는 개개가 구비한 무진장의 보고寶庫입니다. 이 보고의 문을 열면 지덕을 완비한 출격대장부出格大丈夫가 되나니, 이것이 인간 존엄의 극치입니다.

세상 사람들은 이 보고를 모르고 고인들의 조박糟粕인 언어, 문자에서만 찾고 있으니 얼음 속에서 불을 찾음과 같습니다.

이 마음은 거울과 같아서 아무리 오랫동안 때가 묻고 먼지가 앉아 있어도 때만 닦아내면 본거울 그대로 깨끗합니다. 그리고 때가 묻어 있을 때나 때가 없을 때나 거울 그 자체는 조금도 변함 없음과 같습니다.

금가루가 아무리 좋아도 거울 위에 앉으면 때가 되어서 거울에는 큰 장애입니다. 그리하여 성현들의 금옥같은 말씀들도 이 거울에게는 때가 되어 본마음은 도리어 어두워집니다. 그러므로 깨끗하고 밝은 본마음을 보려면 성인도 닦아내고 악마도 털어 버려야 합니다.

더욱이 각 종교의 절대적 권위인 교조들의 말씀은 본마음에 가장 큰 장애와 병폐가 되나니, 불교를 믿는 사람은 석가를 버리고 예수를 믿는 사람은 예수를 버려야 합니다.

그리하여 석가, 공자, 노자, 예수 할 것 없이 성인 악마를 다 버리고 닦아내면 푸른 허공과 같이 깨끗하게 되나니, 이 허공까지 부수어 버려야 본마음을 봅니다.

과거의 성인들을 너무 집착하여 이를 버리지 못하면 본마음에 이보다 더 큰 병폐와 장애가 없으니, 이것을 독약같이 버려야 참다운 지혜와 영원한 자유가 있으며 우리의 본마음을 볼 수 있으니 석가, 예수, 공자, 노자를 원수같이 털어 버려야만 합니다.

이들이 본마음에 때가 됨은 악마와 같아서 이를 버리지 못하면 본마음은 점점 더 캄캄하여 집니다.

오직 우리의 본마음을 보기 위하여 석가, 예수를 빨리 털어 버립시다.

어허!
석가, 예수는 누구인가?
성인 악마 다 잊고서 홀로 앉아 있으니
산 위에 솟은 달은 더욱더 빛이 나며
담 밑에 국화꽃은 향기롭게 짝이 없네.

일체는 융화요, 만법은 평등

|1991년 1월 1일, 신년법어|

붉은 해가 높이 솟아 시방세계를 밝게 비추니 남극의 펭귄과 북극의 곰들이 떼를 지어 환호합니다.

붉은 해가 푸른 허공에 빛나 험준한 산과 아름다운 꽃밭을 골고루 비추니 암흑이란 찾아볼 수 없으며 오직 광명만이 가득 차 있습니다.

이에 일체가 융화하고 만법이 평등하여 바다 밑에서 불꽃이 훨훨 타오르고 불꽃 속에 얼음기둥이 우뚝 솟아 있습니다.

악마와 부처가 한 몸이요, 공자와 노자가 함께 가며 태평가를 높이 부르니 희유한 성인 세상이란 이를 말함입니다.

금강산 일만이천봉은 봉우리마다 연꽃송이요, 낙동강 칠백 리는 굽이굽이 풍악입니다.

향기 가득한 황금 독의 물을 앞집의 장 선생과 뒷집의 이 선생이 백옥잔에 가득 부어 서로서로 권할 적에 외양간의 송아지와 우리 속의 돼지가 함께 춤을 추니 참으로 장관입니다.

때때옷의 저 친구들은 앞뜰에서 뛰놀고 녹의홍상의 아가씨는 뒷마당에서 노래하니, 서 있는 바위 흐르는 물은 흥을 못 이겨서 환희곡을 합주합니다.

고양이 님은 쥐를 업고 토끼 씨는 사자를 타고 삼오야 밝은 달에 노래하며 춤을 추니 반짝이는 별님들은 웃으며 축복합니다.

광대무변한 대천세계 속에 티끌 같은 지구상의 성인 달사와 영웅 호걸들이여!

만리장성 높이 쌓고 천만세를 장담하던 진나라 시황제도 풀끝의 이슬이요, 천군만마를 질타하며 세계를 짓밟던 나폴레옹도 절해의 고혼이니, 다시 무엇을 그다지도 뽐내며 구구해 하는가.

한바탕 웃음거리로다.

일천 부처와 일만 조사는
붉은 화로 위의 한 송이 눈이로다.
한숨 자고 머리를 들어보니
지는 해가 푸른 산에 걸렸구나.

이웃에게 기쁜 마음으로 자비를

|1993년 1월 1일, 신년법어|

꼬끼요!

금계 은계가 새벽바람을 가르니 찬란한 아침해가 티없이 맑은 동녘 하늘을 황금빛으로 물들이고 잠들었던 삼라만상이 일시에 깨어납니다.

저기 떠오르는 한 덩어리 붉은 태양은 만유萬有를 휩싸고 시방세계를 삼키고 토하니 우리 어찌 밝은 날에 부지런히 일하지 않을 수 있습니까?

농촌에서는 농부들의 밭가는 소몰이 소리가 요란하고, 공장에서는 망치소리, 바다에서는 어부들의 그물 내리는 노래가 아름답습니다.

잘 살고 못 사는 게 김 서방 박 서방 탓이 아니라 본래 마음자리에 부귀가 있고 선악이 있으니 부질없이 일어나는 분별심을 지우고 행복의 노래를 불러내야 합니다.

이제 세계는 한 덩어리가 되었으니 50억 인구는 한 형제요 자매입니다. 내가 벌어서 없이 사는 형제에게 주고 헐벗은 자매에게 나눠주니, 어허라 좋을시고. 이 밖에 더 기쁜 일이 또 어디 있는가.

서로 만나 서로 보고 허허 웃으니 사계가 꽃피는 봄뿐입니다.

시방세계에 드리워졌던 어둠이 걷히고 광명의 빛과 소리가 들립니다.

귀머거리가 우레 소리를 듣고, 장님이 구름 속 번갯불을 보고, 앉은뱅이가 일어나 너울너울 춤을 춥니다.

지옥과 천당 문이 박살나고 백옥 뜰 앞에 금새가 춤추고 황금 집 위에 옥닭이 홰를 치니 커다란 백옥 잔에 감로수를 가득 부어다 함께 마십시다.

생명의 참모습

|1981년 음 4월 8일, 초파일법어|

　모든 생명을 부처님과 같이 존경합시다. 만법의 참모습은 둥근 햇빛보다 더 밝고 푸른 허공보다 더 깨끗하여 항상 때문지 않습니다. 악하다 천하다 함은 겉보기뿐, 그 참모습은 거룩한 부처님과 추호도 다름이 없어서, 일체가 장엄하며 일체가 숭고합니다. 그러므로 천하게 보이는 파리, 개미나 악하게 날뛰는 이리, 호랑이를 부처님과 같이 존경하여야 하거늘, 하물며 같은 무리인 사람들끼리는 더 말할 것도 없습니다. 살인, 강도 등 극악 죄인을 부처님과 같이 공경할 때 비로소 생명의 참모습을 알고 참다운 생활을 하는 것입니다. 이리하여 광대한 우주를 두루 보아도 부처님 존재 아님이 없으며, 부처님 나라 아님이 없어서, 모든 불행은 자취도 찾아볼 수 없고 오직 영원한 행복이 있을 뿐입니다.
　우리 서로 모든 생명을 부처님과 같이 존경합시다.

지혜와 광명을 온 누리에

|1981년 음 4월 8일, 초파일법어|

친애하는 국민 여러분!

이 우주의 주인이요 삼계의 스승이며 사생의 어버이이신 부처님께서 어리석은 무리를 이끄시고자 이 땅에 오셨습니다.

이 날을 맞이하여 온 국민과 더불어 거룩하신 부처님의 자비와 지혜와 광명이 온 누리에 가득하여 모든 인류에게 축복과 영광이 있으시기를 기원합니다.

모든 국민이 화합하여 나라의 안정에 힘쓰고 안정을 바탕으로 번영을 꾀하여야 하고 민족의 번영만이 오직 평화통일의 길임을 우리는 명심하여야 합니다.

역사와 민족을 우롱하고 부인하는 어두운 땅 북녘에도 부처님의 자비광명을 고루 내리시어 그들에게 자유와 희망과 생의 용기를 주시옵기를 기원합니다.

이제 조국은 민족 번영의 길 위에 서 있습니다. 너와 내가 한 마음 한 뜻이 되어 굳게 뭉쳐 나가야 합니다.

이러한 때에 부처님 오신 날을 참답게 봉축하는 길은 부처님께서 이 땅에 오신 그 참뜻을 구현하는 데 있습니다.

이는 참된 자아의 발견에 의한 청정무구한 인간성 회복이며 우리들의 이상세계를 실현할 수 있는 근본이요, 불국토 건설의 요체이며 부처님 정법의 구현입니다.

오늘날 우리들은 아집·편견·과욕에 의한 갈등·불화·자멸의 위기에서 벗어나야 합니다. 자비·화합·평등·자주의 부처님 정신이 청정무구한 인간성 회복을 위한 처방이며 자멸의 위기에서 벗어날 수 있는 인류의 참된 빛이요 구원의 빛입니다.

부처님께서 오신 이 거룩하고 성스러운 날을 맞이하여 조국의 평화통일과 민족중흥을 성취하기 위한 종교로서의 사명을 다하기 위한 불교중흥을 엄숙히 서원하며 온 국민과 더불어 모든 인류에게 부처님의 자비광명이 함께 하기를 기원합니다.

자기를 바로 봅시다

|1982년 음 4월 8일, 초파일법어|

자기를 바로 봅시다.
자기는 원래 구원되어 있습니다. 자기가 본래 부처입니다.
자기는 항상 행복과 영광에 넘쳐 있습니다.
극락과 천당은 꿈속의 잠꼬대입니다.
자기를 바로 봅시다.
자기는 시간과 공간을 초월하여 영원하고 무한합니다.
설사 허공이 무너지고 땅이 없어져도 자기는 항상 변함이 없습니다.
유형, 무형 할 것 없이 우주의 삼라만상이 모두 자기입니다.
그러므로 반짝이는 별, 춤추는 나비 등등이 모두 자기입니다.
자기를 바로 봅시다.
모든 진리는 자기 속에 구비되어 있습니다.
만약 자기 밖에서 진리를 구하면,
이는 바다 밖에서 물을 구함과 같습니다.
자기를 바로 봅시다.
자기는 영원하므로 종말이 없습니다. 자기를 모르는 사람은
세상의 종말을 걱정하며 두려워하여 헤매고 있습니다.

자기를 바로 봅시다.

자기는 본래 순금입니다.

욕심이 마음의 눈을 가려 순금을 잡철로 착각하고 있습니다.

나만을 위하는 생각은 버리고 힘을 다하여 남을 도웁시다.

욕심이 자취를 감추면 마음의 눈이 열려서,

순금인 자기를 바로 보게 됩니다.

자기를 바로 봅시다.

아무리 헐벗고 굶주린 상대라도 그것은 겉보기일 뿐,

본모습은 거룩하고 숭고합니다.

겉모습만 보고 불쌍히 여기면, 이는 상대를 크게 모욕하는 것입니다.

모든 상대를 존경하며 받들어 모셔야 합니다.

자기를 바로 봅시다.

현대는 물질만능에 휘말리어 자기를 상실하고 있습니다.

자기는 큰 바다와 같고 물질은 거품과 같습니다.

바다를 봐야지 거품은 따라가지 않아야 합니다.

자기를 바로 봅시다.

부처님은 이 세상을 구원하러 오신 것이 아니요,

이 세상이 본래 구원되어 있음을 가르쳐 주려고 오셨습니다.

이렇듯 크나큰 진리 속에서 살고 있는 우리는 참으로 행복합니다.

다 함께 길이길이 축복합시다.

중도中道가 부처님

|1983년 음 4월 8일, 초파일법어|

중도中道가 부처님이니 중도를 바로 알면 부처님을 봅니다.
중도는 중간, 또는 중용中庸이 아닙니다.
중도는 시비선악是非善惡 등과 같은 상대적 대립의 양쪽을 버리고 그의 모순, 갈등이 상통하여 융합하는 절대의 경지입니다. 시비선악 등의 상호 모순된 대립, 투쟁의 세계가 현실의 참모습으로 흔히 생각하지만 이는 허망한 분별로 착각된 거짓 모습입니다.
우주의 실상實相은 대립의 소멸과 그 융합에 있습니다.
시비가 융합하여 시是가 즉 비非요, 비가 즉 시이며, 선악善惡이 융합하여 선이 즉 악이요, 악이 즉 선이니 이것이 원융무애한 중도의 진리입니다.
자연계뿐만 아니라 우주 전체가 모를 때에는 제각각으로 보이지만 알고 보면 모두 일체一體입니다. 착각된 허망한 분별인 시비선악 등을 고집하여 버리지 않으면 상호 투쟁은 늘 계속되어 끝이 없습니다.
만법이 혼연융합한 중도의 실상을 바로 보면, 모순과 갈등, 대립과 투쟁은 자연히 소멸되고 융합자재한 일대단원一大團圓이 있을 뿐입니다. 악한과 성인이 일체이며, 너는 틀리고 나는 옳다 함이 한 이치이니, 호호탕탕한 자유세계에서 어디로 가나 웃음뿐이요, 불평불만은 찾아볼 수 없습니다.

대립이 영영 소멸된 이 세계에는 모두가 중도 아님이 없어서 부처님만으로 가득 차 있으니, 이 중도실상中道實相의 부처님 세계가 우주의 본모습입니다.

우리는 본래로 평화의 꽃이 만발한 크나큰 낙원에서 살고 있습니다.

시비선악의 양쪽을 버리고 융합자재한 이 중도실상을 바로 봅시다. 여기에서 우리는 영원한 휴전을 하고 절대적 평화의 고향으로 돌아갑니다.

삼라만상이 일제히 입을 열어 중도를 노래하며 부처님을 찬양하는 이 거룩한 장관 속에서 손에 손을 맞잡고 다 같이 행진합시다.

이것이 있으므로 저것이 있다

|1984년 음 4월 8일, 초파일법어|

　이것이 있으므로 저것이 있고 이것이 생기므로 저것이 생긴다.
　이것이 없으므로 저것이 없고 이것이 죽으므로 저것이 죽는다.
　이는 두 막대기가 서로 버티고 섰다가
　이쪽이 넘어지면 저쪽이 넘어지는 것과 같다.

　일체 만물은 서로서로 의지하여 살고 있어서, 하나도 서로 관련되지 않은 것이 없다는 이 깊은 진리眞理는 부처님께서 크게 외치는 연기緣起의 법칙이니 만물은 원래부터 한 뿌리이기 때문입니다.
　그리하여 이쪽을 해치면 저쪽은 따라서 손해를 보고, 저쪽을 도우면 이쪽도 따라서 이익을 받습니다.
　남을 해치면 내가 죽고, 남을 도우면 내가 사는 것은 당연한 일입니다. 이러한 우주의 근본 진리를 알면 남을 해치려고 해도 해칠 수가 없습니다.
　이 진리를 모르고 자기만 살겠다고 남을 해치며 날뛰는 무리들이여!
　참으로 내가 살고 싶거든 남을 도웁시다. 내가 사는 길은 오직 남을 돕는 것밖에 없습니다.

아무리 상반된 처지에 있더라도 생존을 위해서는 침해와 투쟁을 버리고 서로 도와야 합니다. 물과 불은 상극된 물체이지만, 물과 불을 함께 조화롭게 이용하는 데서 우리 생활의 기반이 서게 됩니다.

동생동사同生同死, 동고동락同苦同樂의 대 진리를 하루빨리 깨달아서 모두가 침해의 무기를 버리고, 우리의 모든 힘을 상호협조에 경주하여 서로 손을 맞잡고 서로 도우며 힘차게 전진하되 나를 가장 해치는 상대를 제일 먼저 도웁시다. 그러면 평화와 자유로 장엄한 이 낙원에 영원한 행복의 물결이 넘쳐흐를 것입니다.

화창한 봄날 푸른 잔디에
황금빛 꽃사슴 낮잠을 자네.

거룩한 부처님

|1985년 음 4월 8일, 초파일법어|

　부처님의 몸은 광대무변廣大無邊하여 시방十方 세계에 꽉 차서 없는 곳이 없으니, 저 가없는 허공虛空도 대해大海 중의 좁쌀 하나와 같이 적습니다.
　부처님의 수명은 영원무궁하여 우주가 생기기 전에도, 우주가 없어진 후에도 항상 계셔서 과거가 곧 미래요, 미래가 곧 현재입니다.
　부처님의 능력은 신묘불측神妙不測하여 상대의 욕망에 따라 천변만화千變萬化 무수無數의 형태로 몸을 나투어 일체를 이익하게 하며 쉬지 않습니다.
　부처님의 광명은 기묘난사奇妙難思하여 이 광명 속에서는 설사 백천일월百千日月이 일시에 비추어도 대낮의 촛불만도 못합니다.
　부처님의 지혜는 무사자연無師自然이니, 우주의 근본을 통찰하고 생명의 천연泉淵을 요달하여 일체의 진리와 정도를 개시합니다.
　부처님의 자비는 무장무애無障無碍하여 오물汚物 중의 미충微蟲을 부처로 모시며 철천의 원수를 부모로 섬기고 남을 위하여서는 모든 것을 아끼지 않으며, 자기 목숨까지도 기꺼이 버려서 일체에 뻗치는 따뜻한 손길은 바쁘고도 바쁩니다.
　이렇듯 거룩한 부처님의 모습은 천상천하天上天下의 먼지들이 낱낱이 입이 되어 억만 년 동안 찬탄하여도 그 만 분의 일도 형용할 수 없습니다.

이는 석가만의 특징이 아니요, 일체에 평등하여 유형有形, 무형無形이 전부 완비하여 있으니 참으로 부사의不思議 중 부사의입니다.

우리 모두 마음의 눈을 활짝 열어 이 거룩한 모습을 역력히 바라보며 길이길이 찬양합시다.

생신을 축하합니다

|1986년 음 4월 8일, 초파일법어|

교도소에서 살아가는 거룩한 부처님들,
오늘은 당신네의 생신이니 축하합니다.
술집에서 웃음 파는 엄숙한 부처님들,
오늘은 당신네의 생신이니 축하합니다.
밤하늘에 반짝이는 수 없는 부처님들,
오늘은 당신네의 생신이니 축하합니다.
꽃밭에서 활짝 웃는 아름다운 부처님들,
오늘은 당신네의 생신이니 축하합니다.
구름 되어 둥둥 떠 있는 변화무쌍한 부처님들,
바위 되어 우뚝 서 있는 한가로운 부처님들,
오늘은 당신네의 생신이니 축하합니다.
물 속에서 헤엄치는 귀여운 부처님들,
허공을 훨훨 나는 활발한 부처님들,
교회에서 찬송하는 경건한 부처님들,
법당에서 염불하는 청수한 부처님들,
오늘은 당신네의 생신이니 축하합니다.
넓고 넓은 들판에서 흙을 파는 부처님들,

우렁찬 공장에서 땀 흘리는 부처님들,
자욱한 먼지 속을 오고 가는 부처님들,
고요한 교실에서 공부하는 부처님들,
오늘은 당신네의 생신이니 축하합니다.
천지는 한 뿌리요, 만물은 한 몸이라.
일체가 부처님이요, 부처님이 일체이니
모두가 평등하며 낱낱이 장엄합니다.
이러한 부처님의 세계는 모든 고뇌를 초월하여
지극한 행복을 누리며 곳곳이 불가사의한 해탈도량이니
신기하고도 신기합니다.
입은 옷은 각각 달라 천차만별이지만
변함없는 부처님의 모습은 한결같습니다.
자비의 미소를 항상 머금고
천둥보다 더 큰소리로 끊임없이 설법하시며
우주에 꽉 차 계시는 모든 부처님들,
나날이 좋을시고 당신네의 생신이니
영원에서 영원이 다하도록
서로 존경하며 서로 축하합시다.

물 속에서 물을 찾는다

|1987년 음 4월 8일, 초파일법어|

사탄이여! 어서 오십시오.
나는 당신을 존경하며 예배합니다.
당신은 본래로 거룩한 부처님입니다.
사탄과 부처란 허망한 거짓 이름일 뿐
본모습은 추호도 다름이 없습니다.
사람들은 당신을 미워하고 싫어하지만
그것은 당신을 모르기 때문입니다.
당신이 부처인 줄 알 때에
착한 생각 악한 생각 미운 마음 고운 마음 모두 사라지고
거룩한 부처의 모습만 뚜렷이 보게 됩니다.
그리하여 악마와 성인을 다 같이
부처로 스승으로 부모로 섬기게 됩니다.
여기에서는 모든 대립과 갈등은 다 없어지고
이 세계는 본래로 가장 안락하고 행복한 세계임을 알게 됩니다.
일체의 불행과 불안은 본래 없으니
오로지 우리의 생각에 있을 뿐입니다.
우리가 나아갈 가장 근본적인 길은

거룩한 부처인 당신의 본모습을 바로 보는 것입니다.
당신을 부처로 바로 볼 때에
온 세계는 본래 부처로 충만해 있음을 알게 됩니다.
더러운 뻘밭 속에서 아름다운 연꽃이 가득 피어 있으니
참으로 장관입니다.
아! 이 얼마나 거룩한 진리입니까.
이 진리를 두고 어디에서 따로 진리를 구하겠습니까.
이 밖에서 진리를 찾으면 물 속에서 물을 찾는 것과 같습니다.
당신을 부처로 바로 볼 때 인생의 모든 문제는
근본적으로 해결됩니다.
선과 악으로 모든 것을 상대할 때 거기에서 지옥이 불타게 됩니다.
선, 악의 대립이 사라지고 선, 악이 융화 상통할 때에
시방세계에 가득히 피어 있는 연꽃을 바라보게 됩니다.
연꽃마다 부처요, 극락세계 아님이 없으니 이는
사탄의 거룩한 본모습을 바로 볼 때입니다.

인간은 모두 지고지선한
절대적 존재이니

|1988년 음 4월 8일, 초파일법어|

산과 들에 꽃이 피고 나무마다 새가 우니 어허! 좋을시고 사월이라 초파일, 부처님 오신 날입니다.

부처님은 중생이 본래로 성불한 것, 즉 인간의 절대적 존엄성을 알려 주려고 이 세상에 오셨습니다.

인간의 절대성은 부처님이 오시기 전이나 오신 뒤에라도 추호도 변함이 없는 진리이며, 이 진리는 부처님이 오시거나 오시지 않는 데에 관계없는 우주의 근본 원리입니다.

부처님께서는 인간들이 이 절대성을 모르고 꿈결같이 살고 있기 때문에 대명천지大明天地의 이 절대성을 가르쳐 주었을 뿐입니다. 인간의 절대성은 남녀男女, 노유老幼, 귀천貴賤할 것 없이 평등하여 선악, 시비 등의 구분이 없습니다.

그러므로 아무리 악하고 천한 사람이라도 인간은 모두 지고지선至高至善한 절대적 존재이니, 이것이 부처님께서 고창高唱하신 본래의 성불입니다. 아무리 악한 상대라도 성인으로 섬기며, 아무리 천한 인간이라도 부모로 모셔서 서로 존경하며 서로 사랑하여야 합니다.

서로 싸우고 침해하는 것은 본연의 절대성을 모르기 때문입니다.

서로의 본연성本然性을 알고 보면 싸우려야 싸울 수 없으며, 해치려야 해칠 수 없습니다. 다만, 서로 존경하며 사랑할 뿐이라 태평성세太平聖世의 낙향樂鄕은 이를 두고 하는 말입니다.

털끝만한 이해를 가지고 세상이 시끄럽게 싸우지 맙시다. 이 이해 관계는 허망한 꿈속의 일이니, 넓은 바다 위에 떠도는 물거품보다 못한 것입니다. 우리는 그 물거품을 보지 말고 넓은 바다만을 봅시다.

만고불변인 본래성불本來成佛의 진리는 설사 허공이 무너지는 날이 있어도 이 진리는 변함이 없어서 인간에게 주어진 지상至上의 행복입니다.

이 진리는 항상 우리의 눈앞에 펼쳐져 있으므로 우리가 알고 보면 본래성불인 자기들의 생일을 온 우주가 다함께 입을 모아 축하한다 하여도 부족합니다.

마루 밑의 멍멍이, 외양간의 얼룩이, 나는 새, 기는 짐승, 서 있는 바위, 흐르는 물, 늙은이 젊은이 모두 함께 입을 열어 자기들의 생일을 축복합시다.

부처님은 항상 지옥에 계십니다

|1989년 음 4월 8일, 초파일법어|

　천상천하에 독존무비獨尊無比한 부처님의 처소는 험악하고도 무서운 저 지옥이니, 지옥에서 온갖 고통 받고 신음하는 모든 중생들의 그 고통을 대신 받고, 그들을 안락한 곳으로 모시며 그들을 돕기 위하여 부처님은 항상 지옥에 계십니다.
　부처님은 남의 고통을 대신 받는 것을 가장 큰 기쁨으로 삼습니다.
　부처님은 지옥에서 고통 받는 이들을 부모로 모시고 가장 존경하며 정성을 다하여 지극히 섬기고 받듭니다.
　이는 부처님이 베푸는 자비가 아니요 부처님의 길이며 생활입니다.
　부처님은 험하고 어려운 곳만을 찾아다닙니다.
　부처님은 어둡고 더러운 곳만을 찾아다닙니다.
　부처님은 괄시받고 버림받는 이들만을 찾아다닙니다.
　부처님의 부처는 고통 받는 중생들이니 그들이 아니면 부처가 필요없습니다. 부처님은 그들을 효자가 부모 모시듯 정성으로 섬깁니다. 설사 그들이 부처님을 여러 가지로 해롭게 하더라도 더욱 존경하며 더욱 잘 받듭니다.
　과거세에 부처님이 깊은 산중을 가시다가 호랑이가 새끼를 낳고 먹을 것이 없어서 죽어 가는 것을 보시고, 자기 몸을 던져 호랑이에게 먹혀 그들을 살렸습니다. 이렇게 부처님은 흉년에는 곡식이 되고 질병에는 약초가 되어 자기 몸을 바쳐서 중생을 구합니다. 이 숭고하고도 거룩한 부처님의 행동은 천고만고에 길이 빛나고 있습니다.

대저 천당과 지옥은 어리석은 생각으로 일어나는 환상이니, 마음의 눈을 떠서 바른 지혜를 가지면 이 환상은 저절로 없어집니다.

그때에는 전체가 부처이며 전체가 태평하여 천당과 지옥이라는 이름도 찾아볼 수 없습니다.

그러나 잠을 깨지 못하면 꿈이 계속되듯이, 마음의 눈을 뜨지 못하면 중생이 끝없이 계속되므로 참으로 안타까운 일입니다.

이러한 중생계가 한이 없으니 부처님의 지옥생활도 끝이 없습니다.

오늘도 내일도 중생계가 다할 때까지.

본래불의 마음으로 바라보라

|1990년 음 4월 8일, 초파일법어|

가없는 우주로 집을 삼고 한없이 많은 만물들은 형제가 되어 호수백발皓首白髮의 노부모를 모시고 사이좋게 살아가니, 전체가 평등하며 낱낱이 완전합니다.

모두가 뛰어난 예지를 갖추고 거룩한 덕행이 원만하여 천상천하에 독존무비獨尊無比한 본래불本來佛이라 이름하나니, 이 숭고한 장엄은 설사 산천초목이 전부 입이 되어 이 광경을 찬미한다 하여도 다하지 못합니다.

푸른 허공의 찬란한 별들은 형님이요, 맑은 바다에 출렁이는 물결들은 아우입니다. 나는 새, 기는 벌레, 사나운 짐승, 온순한 양떼가 형제 아님이 없으니, 작은 생쥐와 날쌘 고양이, 독사와 개구리가 한 집에서 형제로 살아가니, 참으로 장한 일입니다.

아침마다 붉은 해는 동쪽에서 비추고 밤마다 둥근 달은 서쪽에 떠 있으니, 시냇물은 노래하고 산 위의 바위들은 덩실덩실 춤추며, 환희에 넘쳐 있는 우주를 찬미합니다.

봄이 되면 붉은 꽃은 아름다움을 자랑하고 가을이면 기러기 소리 좋은 풍악을 연주합니다.

여름의 푸른 숲 깊은 곳에서는 황금빛 꾀꼬리 목소리를 뿜내며,

겨울이면 펄펄 날리는 눈보라의 꽃송이가 우주를 뒤덮으니, 앞뒤에서 정답게 손잡고 가는 거룩한 본래 부처님들 지극히 만족해합니다.

넓은 가을 들판에 출렁이는 황금물결은 부처님들의 공양구供養具요 깊은 골짜기에서 졸졸 흘러내리는 맑은 물은 일체를 해갈解渴시키는 무상無上의 감로수입니다.

이 감로수를 백옥 잔에 가득 부어 부모조상 형제자매 서로 권할 적에, 붉은 머리 흰 학들은 앞뜰에서 춤을 추고 아롱진 꽃사슴은 흥을 못 이겨 녹음방초綠陰芳草 뒷동산에 뛰어노니,

극락이 어디인고 천당이 부끄럽다!
성현달사聖賢達士 악마요부惡魔妖婦가
본래불의 마음으로 무생곡無生曲을 합주합니다.

고금古今의 영웅 가운데 영웅으로 추앙받는 나폴레옹도 절해의 고혼孤魂이 되었고, 만리장성 높이 쌓아 올려 천만세를 누리려는 진시황의 일대제국도 몇 년 안에 풍전등화로 사라졌으니,

부귀허영富貴虛榮의 꿈을 안고 이리저리 날뛰는
어리석은 무리들이여!
눈을 들어 본래불의 장엄한 세계를 바라봅시다.

부처는 공자의 아버지요 공자는 부처의 아버지이며, 노자 속에 예수 있고 예수 속에 노자 있습니다.

서로가 부모형제 되어 일체가 융화하여 시비장단是非長短이 떨어졌으니, 아무리 싸우려 하여도 싸울 수 없습니다.

조그마한 오물汚物에서 무한한 광명이 일어나니 크나큰 우주를 다 비추고 남습니다. 현미경이라야 볼 수 있는 극미소極微小한 먼지

가 광대廣大한 세계를 다 삼키는데, 그 세계는 먼지의 일부분에도 다 차지 않습니다.
  여기에서는 국토나 인종과 피부 색깔의 구분도 없이
오직 호호탕탕浩浩蕩蕩한 불국토가 있을 뿐이니,
흑백시비黑白是非와 선악투쟁善惡鬪爭은
어젯밤 꿈속의 일들입니다.
어허! 좋을시고, 본래불의 우리나라
영원에서 영원이 다하도록 영광이 충만하리로다.
마른 나무 꽃을 피고 무소 말이 소리치니
천지가 진동하는데
보리밭의 종달새는 봄소식을 자랑합니다.

  나무 충만법계 일체제불
  나무 화장찰해 무생정토
  나무 몽환공화 수월도량

칠흑 같은 어둠 사라지고

|1992년 음 4월 8일, 초파일법어|

　난타가 피운 한 잔의 기름 등은 오늘도 타오르고 있습니다. 우리들이 피운 과거의 등불도 오늘도 밝게 빛나고 미래에도 빛날 것입니다.
　허공보다 넓고 바다보다 깊으며 청정무구한 우리들의 마음속에 타오르는 등불은 삼라만상을 밝게 비추니 칠흑 같은 어둠은 사라지고 환희의 세계가 열리고 있습니다.
　만문억호萬門億戶에 걸린 연등이 너울너울 춤추고 호접胡蝶은 꽃밭으로 달려가는데 꾀꼬리 풍악이 속진俗塵을 녹입니다.
　생일을 맞은 부처님보다 뭇 중생이 더욱 즐겁습니다.
　본래 부처님이 중생 위해 사바에 오셨으니 중생이 즐거워하는 것은 당연한 것이요, 부처님도 중생으로 와서 부처 되었으니 오늘은 중생들의 생일입니다. 이는 곧 중생이 부처라는 말이요, 천지일근天地一根 만물일체萬物一體로서 일체중생은 평등하고 존귀한 것입니다.
　일체가 평등하면 대보살이 항아리 속에 앉아 있어도 바람 탄 배가 만리창파를 헤쳐가듯 평화와 자유가 공존하는 세상이 열릴 것입니다.

팔만대장경 속의 부처님 말씀 전체가 평등, 평화 그리고 자유가 그 요체입니다.

허망한 꿈속에 꿈틀거리는 개체의 욕망과 거짓의 먼지를 털어 버리고 너와 내가 형제 되어 잘난 사람도 못난 사람도, 재물이 있는 사람도 재물이 없는 사람도, 권력이 있는 사람도 권력이 없는 사람도, 사월이라 초파일!

우리들의 생일을 맞이하여 모두가 감로수에 흠뻑 젖어 봅시다.

더불어 사는 세상을 만들자

|1993년 음 4월 8일, 초파일법어|

행복이 다가오는 소리가 들립니다.
미소를 머금은 행복이 당신의 문을 두드립니다.
삼계三界가 두루 열리고 작약과 수련 활짝 핀 앞뜰에
벌과 나비가 춤추고, 건너 산에서 꾀꼬리 소리 요란한데,
어찌 몽환夢幻 속에 피는 공화空華를 혼자서 잡으려 애를 씁니까.
더불어 재미있게 사는 세상을 만들어 봅시다.
높이 떠올랐던 화살도 기운이 다하면 땅에 떨어지고,
피었던 잎도 떨어지면 뿌리로 돌아갑니다.
이를 들어 연緣이니라, 윤회輪廻니라, 인과因果니라 합니다.
만물은 원래부터 한 뿌리이기 때문입니다.
시비선악是非善惡도 본래 하나에서 시작된 것이어서
이를 가른다는 것은 마음속에 타오르는 불기둥을 끄려고
대해수大海水를 다 마시려는 것과 같습니다.
사바에 사는 모든 사람들도 원래가 하나요,
더불어 잘사는 세상을 만들기 위해서는
시비선악의 분별심이 없어져야 하는 것입니다.
사바의 참모습은 수억만 년 동안 비춰주는 해와 같고

티없이 맑은 창공과 같아 청정한 것인데
분별심을 일으키는 마음에서 하나가 열이 되고 열이 백이 되고,
그로써 욕심과 고통이 일어나는 것입니다.
이웃을 나로 보고 내가 이웃이 되고, 열이 하나가 되고,
백도 하나가 되는 융화融化의 중도中道를 바로 보고
분별의 고집을 버립시다.
모두가 분별심을 버리고 더불어 하나가 되어
삼대처럼 많이 누워 있는 병든 사람을 일으키고
본래 청정한 사바세계를 이룹시다.
　공자·맹자·예수·부처 거룩한 이름에 시비是非를 논하지 말고, 부처님 생신날 다 함께 스스로 자축自祝합시다.

천지는 나와 같은 뿌리요

|1981년 6월 28일, 정초우 총무원장 취임식|

천지는 나와 같은 뿌리요 만물은 나와 같은 몸입니다.
천지 사이에 만물이 많이 있지만은 나 외엔 하나도 없습니다.
그리하여 남을 돕는 것은 나를 돕는 것이며,
남을 해치는 것은 나를 해치는 것입니다.
누구든지 나를 해치고자 하는 이는 아무도 없을 것입니다.
이 이치를 깊이 깨달아 나를 위하여 끝없이 남을 도웁시다.

바위 틈 돌호랑이 일어서서 소리치니
허공이 무너지고 바닷물이 말라버렸네
크게 웃고 돌아서서 먼 곳을 바라보니
붉은 산호가지마다 달빛이 찬란하다

참다운 불공

|1983년 5월, 어버이날 기념 종정법어|

집집마다 부처님이 계시니 부모님입니다.
내 집안에 계시는 부모님을 잘 모시는 것이 참 불공佛供입니다.
거리마다 부처님이 계시니 가난하고 약한 사람들입니다.
이들을 잘 받드는 것이 참 불공입니다.
발 밑에 기는 벌레가 부처님입니다.
보잘것없어 보이는 벌레들을 잘 보살피는 것이 참 불공입니다.
머리 위에 나는 새가 부처님입니다.
날아다니는 생명들을 잘 보호하는 것이 참 불공입니다.
넓고 넓은 우주, 한없는 천지의 모든 것이 다 부처님입니다.
수없이 많은 이 부처님께 정성을 다하여 섬기는 것이 참 불공입니다.
이리 가도 부처님 저리 가도 부처님, 부처님을
아무리 피하려고 하여도 피할 수가 없으니
불공의 대상은 무궁무진하여
미래겁未來劫이 다하도록 불공을 하여도 끝이 없습니다.
이렇듯 한량없는 부처님을 모시고 항상 불공을 하며 살 수 있는 우리는 행복합니다.

법당에 계시는 부처님께 한없는 공양구를 올리고 불공하는 것
보다, 곳곳에 계시는 부처님들을 잘 모시고 섬기는 것이
억천만 배 비유할 수 없이 더 복이 많다고
석가세존은 가르쳤습니다.
이것이 불보살佛菩薩의 큰 서원이며 불교의 근본입니다.
우리 모두 이렇듯 거룩한 법을 가르쳐 주신 석가세존께
깊이 감사하며 항상 불공으로 생활합시다.

부처님 법으로 돌아가자

|1983년 5월, 종정교시|

부처님 법法으로 돌아갑시다.

삼계三界의 도사導師이시며 사생四生의 자부慈父이신 부처님은 불교 만대萬代의 표준입니다.

무상대지無上大智와 무애혜안無碍慧眼으로 통찰洞察하여 제정하신, 숭고하고도 장엄한 부처님의 법은 참으로 삼계의 지침이며 사생의 등불이니, 불자의 절대적 의지처입니다.

그러므로 어떠한 제도도 부처님 법에 위배되는 것은 불교의 반역이며 파괴이니 용납할 수 없습니다. 만약 교단 내에 부처님 법에 어긋난 점이 있다면, 이를 단연코 시정是正하여 부처님 법으로 돌아가는 것이 참 불자입니다.

청정清淨한 계율을 견지堅持하여 훼범毁犯하지 말라고 하신 부처님의 최후 유촉은 불교의 생명입니다. 승려가 될 때에는 반드시 계법戒法을 수지受持하여, 이를 훼범하면 자격을 상실함은 불교의 영원한 철칙鐵則입니다. 과거 수천 년 간 우리 불교는 철석같은 계율의 기반 위에서 크게 융성하여 왔습니다. 그러므로 불교의 성쇠盛衰는 승려의 지계持戒 여하에 달려 있습니다.

일제강점기에 불교를 파괴하려는 식민정책으로 승려의 대처帶

妻를 권장하니, 대처중帶妻衆이 교단敎團을 지배하여 우리 불교 사상 일대오점을 남겼습니다. 광복 후 산간에 칩거하던 비구比丘스님들이 분연히 궐기하여 정화불사淨化佛事를 일으켜 부처님의 율법을 회복하며, 청정비구淸淨比丘로서 교단을 재구성하는 데 성공하였던 것입니다. 이 정화가 성공한 한 근본 요인은, 부처님 법으로 돌아가자는 것이 목표였으므로 교단의 내외가 일제히 호응하였기 때문입니다. 만약 부처님 법에 어긋난 행동이었다면 정화불사는 실패하였을 것이며, 앞으로도 어떠한 불사든지 부처님 법에 어긋난다면 그러한 행동은 교단 내외의 호응을 얻지 못하고 실패할 것은 당연한 귀결입니다.

청정의 기치를 높이 들었던 정화불사가 엊그제인데, 승단의 극히 일부에서 청정한 계율을 문란케 하는 일이 있다 하니 크게 우려치 않을 수 없습니다. 우리 시대에 와서 계율이 침해되어 교단이 쇠퇴하게 된다면, 우리는 부처님 앞에 크나큰 죄인 됨을 면할 수 없습니다. 그리하여 우리는 교단내의 율법律法에 위배된 점을 철저히 구명하여 부처님 법으로 돌아가야 할 것입니다. 그렇게 하여야만 교단이 유지되고 발전할 것이요, 그렇지 못하면 교단이 쇠퇴의 길로 들어설 것은 불을 보듯 분명한 일입니다. 이는 우리 교단의 사활문제死活問題이니, 오직 정법을 위하여 신명身命을 돌아보지 않는 용맹신심勇猛信心으로 대동단결大同團結하여 부처님 법으로 돌아가 이 땅 위에 불교를 영원히 꽃피게 합시다.

진리를 사모하고 참답게 삽시다

|1984년, 종정법어|

생명이 약동하는 봄입니다. 영겁의 윤회 속에서도 여린 싹은 어김없이 언 땅을 헤집고 저마다의 아름다움을 잉태합니다. 그러나 태어난 존재는 없어져야 한다는 평범한 현상은 우주의 변할 수 없는 섭리입니다. 무상한 관계 속에서 일체 만물은 생성과 소멸을 거듭합니다. 인연이라는 매듭에 얽혀 서로의 관계를 유지하기 때문에 모든 생명은 상의상자相依相資의 연기성緣起性 속에 있습니다.

그러나 이기와 독선이 뿜어대는 공해가 지금의 우리 시대를 어둡게 만들어 가고 있습니다. 우리는 언제부터인가 '나'만의 이윤을 탐하고 '나'만의 안일을 추구해 왔습니다. 만약 우리가 연기라는 사상성의 토대 위에 선다고 하면 결코 다른 이의 희생을 강요하는 비리를 저지르지는 않을 것입니다. 생명은 결코 서로를 학대할 권리를 지니지 못했습니다. 오히려 연민과 조화 위에 서로를 아끼는 공존의 지혜를 밝히는 일이야말로 생명의 당위當爲일 것입니다.

지금 이 순간에도 닫혀진 편견의 다툼은 다른 이를 미워하며, 해치고자 하는 무서운 몰이해의 장벽을 쌓아가고 있습니다. 서로를 이해하려는 노력이 이 시대의 지배적 경향으로 전개되어질 수 있는 것이야말로 불자된 이의 책무이며 긍지일 수 있습니다. 부처님은 그 점을 가르치고자 오셨으며, 영원의 미래에서도 그것을 가르치실 것입니다.

평화와 자유는 결코 반목과 질시로 얻어질 수 없습니다. 대립은 투쟁을 낳고 투쟁은 멸망을 낳습니다. 미움은 결코 미움으로 지워질 수 없습니다. 지극한 자비의 도리가 실현되어야 할 소이가 여기에 있습니다. 생명의 물결이 그윽한 마음의 원천에서 비롯되었다는 믿음, 그리고 그 마음이라는 동질성 위에 모든 생명이 하나일 수 있다는 확신이 우리를 희망에 용솟음치게 합니다.

지금 우리는 지구라고 하는 정류소에 머물고 있는 나그네입니다. 그러나 그곳을 아름답게 가꾸느냐 아니면 파경으로 이끄느냐 하는 자유 선택의 의지 여하에 따라서 우리는 주인공이 될 수 있습니다. 만약 우리가 무명의 사슬에 얽혀 덧없는 유전을 거듭한다면 그것은 우리의 미래를 스스로 어둡게 하는 일입니다. 반면에 슬픔의 예토를 장엄정토로 승화시키는 간곡한 의지의 집약은 희망의 내일을 기약하게 하는 척도가 될 것입니다.

진리를 사모하고 참답게 살려는 노력을 경주하는 이들에게 부처님의 가르침은 언제나 열려 있습니다. 우리가 그 분께 묻고 가르침을 구할 때, 부처님은 언제나 우리 곁에 계시는 것입니다. 이 시대의 아프고 그늘진 곳에 그 분의 크신 자비광명이 두루 하시기를 간곡히 기원합니다.

나무 시방삼세 무량제불

시비와 선악이 본래 공하고

|1986년, 서의현 총무원장 취임식|

시비와 선악이 본래 공空하고
마군魔軍과 제불諸佛이 원시동체元是同體입니다.
생사열반生死涅槃은 꿈속의 꿈이요
이해득실利害得失은 거품 위의 거품입니다.
진여眞如의 둥근 달이 휘황찬란하여
억천만 겁 변함 없이 일체를 밝게 비추니 사바가 곧 정토입니다.
물거품인 이해 득실을 단연斷然히 버리고
영원한 진여의 둥근 달을 항상 바라보며 나아갑시다.
만법이 청정하여 청정이란 이름조차 찾아볼 수 없으니
가없는 이 법계에 거룩한 부처님들로 가득 차 있습니다.
들판의 괭이소리 공장의 기계소리 함께 같이 태평가를 노래하니
푸른 언덕 잔디 위에 황금빛 꽃사슴이 즐겁게 뛰놉니다.

발 아래를 보고 발 아래를 보라

|1988년 11월 23일, 해인사 겨울수련회|

만길 봉우리 앞에 들말 달리고
천길 바다 밑에 진흙소 소리치니
산호가지 위에 햇빛이 밝고 밝으며
흰 학이 허공에 높이 나는도다.
발 아래를 보고 발 아래를 보라.
달마의 한 종파가 땅을 쓸어 다하고
기이하고 기이하니
공자의 삼천 제자가 다 염불하는도다.
이가 낭군과 박가 아씨는 서울 거리에서 춤추고
개미와 모기는 연화대 위에 있는도다.
가을바람이 불어 단풍잎을 흩으니
울타리 가 누런 국화는 맑은 향기를 토하는도다.
훔훔
임제가 놀라서 입을 크게 벌리니
늙은 호랑이 사슴왕의 머리를 깨물어 부수는도다.

통일을 바라며

|1989년 3월 1일, 종교인연합회|

산 좋고 물 맑으며 무궁화 가득 핀 삼천리 강토에
둥근 해가 높이 떠서 육천만 머리 위에 두루두루 비치니
백두산에서 이는 바람 천왕봉天王峰에서 소리치고,
한강에서 노는 오리 대동강에서 헤엄치며,
명사십리 기러기떼 제주에서 춤을 추네.
만방의 자랑이며 구주九州의 영광인
배달의 성자신손聖子神孫이
천하에 둘도 없는 아름다운 낙토樂土에서
대대로 융성하여 천만 년을 살아오며
한핏줄의 따슨 정을 오손도손 나누었거늘,
오늘 나라가 남과 북으로 갈라섬을 조상들이 아실까봐
두렵고도 두렵구나.
눈앞에 일시적인 이해를 훨훨 털어보세.
신의주에서 아침 먹고 서귀포서 낮잠 자며
경포대서 술 마시고 부벽루에서 놀이하세.
삼천리 곳곳마다 조상들 자취 분명하고
금수강산 우리 국토 조상 얼굴 뚜렷하구나.

공장마다 들려오는 우렁찬 기계 소리
세계의 자랑이요, 넓은 들의 황금물결 우리의 보고일세.
감로수로 빚은 술을 오색 잔에 가득 부어 서로서로 권할 적에
흥겨워 노래하며 저절로 춤을 추니
도원의 옛 동산도 무색하기 짝이 없네.
한라산에 솟은 달이 천지못에 비치우니
어허라! 좋을시고
삼천리 한땅이요 칠천만이 한형제이니
한려수도 돌아보고 만물상을 구경가세.

유등의 참뜻은 무명의 타파에 있으니

|1989년 10월 13일, 한강연등대법회|

　오늘 한강의 유등流燈 축제는 인류의 무명無明을 밝히는 지혜의 불등佛燈입니다.
　유유히 만고에 흐르는 한강수는 이 나라 단군 개국성조開國聖祖의 천의天意를 담고 반만년 이 나라 영고성쇠의 민족혼을 읊조리며 3천리 금수강산의 약동하는 동맥으로 순간도 휴식 없이 영원히 흐르고 있습니다.
　오늘을 사는 많은 인류들은 눈부신 문화를 구축하여 높고 풍요로운 물질과 편리한 이기로 지구를 주름잡고 화려하게 살고 있으면서도 그 어느 때보다도 초조불안의 늪에서 공포에 떨고 있는 것입니다. 이것은 바로 무명의 그림자가 가려서 진정한 눈을 뜨지 못한 데서 기인한 것입니다.
　오늘 문화인은 욕망의 갈등에서 헤어나지 못하고 피아상彼我相, 생사상生死相, 신인상神人相 등 상대적인 이율배반의 이원적인 데서 초탈하지 못하고 있는 절름발이 문화라 할 수밖에 없습니다. 이런 현실에서 인아人我의 사상四相을 깨뜨리지 않고는, 즉 불이법不二法이자 원융무애한 동체대비의 자비사상인 불타사상佛陀思想이 아니고는 만유萬有의 쟁투가 끊어진 진정한 평화와 인류 행복은 찾을 길이 없습니다.

　이러한 불타사상을 밝혀서 인류무명人類無明을 소멸시키는 지혜의 등불을 유등하면서 시방 제불보살의 가호와 개국성조의 증명과 제국성신諸國聖神과 천룡팔부天龍八部의 두호로 국운이 크게 열려서 남북이 평화롭게 통일되고 모든 인류가 무명을 타파하고 미몽을 깨게 하는 정성어린 유등의 참뜻을 성취해야 하겠습니다.

　그래서 오늘 우리 국가사회가 반목이 사라져서 투쟁이 종식하고 상부상조하는 기풍이 진작되어 아름다웠던 우리의 전통미풍이 살아나 삼천리 강토 방방곡곡에 태평가를 불러 봅시다.

　나무 석가모니불

일체를 존경합시다

|1990년 5월 1일, 불교방송 개국 축하법어|

일체를 존경합시다. 일체가 부처님 아님이 없습니다. 그러므로 일체를 부처님으로 받들고 스승으로 섬기며 부모로 모십시다.

우주의 유형, 무형이 이 법문을 항상 설하여 이 말씀이 우주에 가득 차 있습니다. 모두들 귀가 있든 없든 간에 이 법문을 항상 듣고 있습니다. 더욱이 불교방송을 통하여 이 법문을 전하게 되니 참으로 금상첨화입니다.

모든 가치는 말씀에 있지 않고 그 실천에 있으니 우리 모두 선악과 시비를 초월하여 일체를 존경하여야 합니다.

푸른 허공에서 반짝이는 별님들과 둥근 달님도 쉴 새 없이 벽력같은 소리로 항시 이 말씀을 외치고 있습니다.

일체를 존경합시다.

2
가야산의 메아리

성철스님은 1967년부터 1993년 열반하시기까지
해인총림의 방장으로 계시면서
안거 때면 보름마다 해인사 대적광전에서
사부대중을 위해 설법하셨습니다.
그 중에서 일반 대중들을 위한 것을 모았습니다.

불생불멸不生不滅과 중도中道

|1981년 1월 6일, 방장 대중법어|

일체만법이 나지도 않고
일체만법이 없어지지도 않나니
만약 이렇게 알 것 같으면
모든 부처님이 항상 나타나는도다.
一切法不生 一切法不滅
若能如是解 諸佛常現前

이것은 『화엄경華嚴經』에 있는 말씀인데 불교의 골수입니다. 팔만대장경이 그렇게 많고 많지만 한마디로 축소하면 '불생불멸'이라고도 할 수 있습니다. 다시 말해 불생불멸은 불교의 근본 원리이니 부처님이 뭘 깨쳤느냐 하면 불생불멸을 깨친 것입니다. 이를 자세하게 설명하면 팔만대장경이 다 펼쳐지는 것입니다.

그런데 보통 상식적으로 생각해 보면 세상 만물 전체가 생자필멸生者必滅입니다. 생겨난 것은 반드시 없어진다는 말입니다. 생자는 필멸인데 어째서 모든 것이 나지도 않고 멸하지도 않는다 하셨는가? 빨간 거짓말이 아닌가? 당연히 그런 질문도 할 수 있는 것입니다. 세상에 생자필멸 아닌 것이 무엇이 있습니까? 무엇이든지 생겨난 것은 모두 죽습니다. 그런데 왜 부처님은 모든 것이 다 불생불멸이라고 하신 것인지, 이것을 분명히 제시해야 되지 않느냐 말입니다. 그것도 당연합니다.

이것을 참으로 바로 알려면 도를 확철히 깨쳐서 일체가 나지도 않고 일체가 멸하지도 않는 도리를 바로 알아야 합니다. 그렇게 되기 전에는 누구든지 의심을 품지 않을 수 없습니다.

모든 것이, 일체 만법이 불생불멸이라면 이 우주는 어떻게 되는가? 상주불멸常住不滅입니다. 그래서 불생불멸인 이 우주를 불교에서는 상주법계常住法界라고 합니다. 항상 머물러 있는 법의 세계라는 말입니다.

『법화경法華經』에서는 이렇게 말씀하셨습니다.

이 법이 법의 자리에 머무르나니
세간상 이대로가 상주불멸이니라.
是法住法位　世間相常住

'이 법'이란 불생불멸의 법을 말합니다. 천삼라天森羅 지만상地萬象 전체가 다 불생불멸의 위치에 있어서 세간의 모습 이대로가 상주불멸입니다. 세간의 모습은 언제나 시시각각으로 생멸하는 것이지만 그것은 겉보기일 뿐이고 실지 내용에 있어서는 우주 전체가 불멸입니다. 이것은 모든 만법의 참모습으로 불교에서는 제법諸法의 실상實相이라고 합니다.

『화엄경』에서는 그것을 무진연기無盡緣起라고 합니다. 한없이 한없이 연기緣起할 뿐 그 본모습은 모두 다 불생불멸이며 동시에 이 전체가 다 융화하여 온 우주를 구성하고 아무리 천변만화한다 해도 상주불멸 그대로라는 말입니다.

그래서 이것을 바로 알면 불교를 바로 아는 동시에 모든 불교 문제가 다 해결되는데, 이것을 바로 모를 것 같으면 불교는 영영 모르고 마는 것입니다. 그렇다면 누구든지 모두 다 산중에 들어와서 눈감고 앉아 참선을 하든지 도道를 닦아 결국에는 깨쳐야지 안 깨치고는 모를 형편이니 이것도 또 문제 아니냐, 그것도 당연한 질문입니다. 그런데 설사 도를 깨치기 전에는 불생불멸하는 이 도리를 확연히 알지 못한다고 하더라도 요새는 과학만능 시대이니 이것을 과학적으로 좀 근사하게 풀이를 할 수 있다 이 말입니다. 그렇다면 불생불멸하고 과학하고 무슨 관계가 있는가?

자고로 여러 가지 철학도, 종교도 많지만 불생불멸에 대해서 불교와 같이 이토록 분명하게 주장한 철학도 없고, 종교도 없습니다. 그동안 이 불생불멸이라는 것은 불교의 전용이요, 특권이 되어 있었습니다. 그런데 과학이 자꾸 발달되어서 요새는 불교의 불생불멸에 대한 특권을 과학에게 빼앗기게 되었습니다. 어째서 빼앗기게 되었는가? 과학 중에서도 가장 첨단과학인 원자물리학에서 자연계는 불생불멸의 원칙 위에 구성되어 있음을 실험적으로 증명하는데 성공해 버린 것입니다. 말이 좀 어렵게 될지 모르겠는데, 이 이론을 처음으로 제시한 사람이 누구냐 하면 아인슈타인A.Einstein입니다.

아인슈타인은 상대성이론에서 등가원리等價原理라는 것을 제시했습니다. 자연계는 에너지와 질량 두 가지로 구성되어 있는데, 고전물리학에서는 에너지와 질량을 두 가지로 각각 분리해 놓고 보았습니다. 그러나 등가원리에서는 결국 에너지가 곧 질량이고 질량이 곧 에너지이다, 서로 같다는 것입니다.

그전에는 에너지는 에너지 보존법칙, 질량은 질량불변의 법칙을 가지고 자연 현상의 모든 것을 설명했는데 이제는 에너지와 질량을 분리하지 않고 에너지 보존법칙 하나만 가지고 설명을 하게된 것입니다. 사실 그 하나밖에 없습니다. 질량이란 것은 유형의 물질로서 깊이 들어가면 물질인 소립자素粒子이고, 에너지는 무형인 운동하는 힘입니다. 유형인 질량과 무형인 에너지가 어떻게 서로 전환할 수 있는가? 그것은 상상도 못 해보았던 일입니다.

50여 년 전, 아인슈타인이 등가원리에서 에너지와 질량 두 가지가 별개가 아니고 같은 것이라는 이론을 제시하였을 때 세계의 학자들은 모두 다 그를 몽상가니 미친 사람이니 하였습니다. 그런 이론 즉 에너지와 질량이 어떻게 같을 수 있는가 하고 말입니다.

그래도 아인슈타인이라는 사람이 미친 사람이 아니고 함부로 말하는 사람이 아닌 만큼, 학자들이 수십 년 동안 연구하고 실험에 실험을 거듭한 결과 마침내 질량을 에너지로 전환하는 데 성공했습니다. 그 성공의 첫 응용단계가 원자탄 수소탄입니다. 질량을 전환시키는 것을 핵분열이라고 하는데, 핵을 분열시켜 보면 거기에는 막대한 에너지가 발생한다고 합니다. 그때 발생되는 에너지, 그것이 천하가 다 아는 원자탄인 것입니다. 이것은 핵이 분열하는 경우이고, 핵이 융합하는 경우에도 그렇습니다. 수소를 융합시키면 헬륨이 되면서 거기에서 막대한 에너지가 나온다고 합니다. 이것이 수소탄이 되는 것입니다.

이렇든 저렇든 그전에는 에너지와 질량을 완전히 분리하여 별

개의 것으로 보았습니다만, 과학적으로 실험한 결과 질량이 에너지로 완전히 전환하는 것입니다. 그리하여 원자탄이 되고 수소탄이 된다는 말입니다. 그런 실험에 처음으로 성공한 사람은 미국의 유명한 물리학자인 앤더슨C.D.Anderson이라는 사람으로, 그는 에너지를 질량으로 또 질량을 에너지로 전환하는 실험에 성공하였습니다. 그러나 그 실험은 광범위하지 못하였습니다.

그 후 세그레EmilioSegre라는 이탈리아의 학자로서 무솔리니에 쫓겨서 미국에 망명한 유명한 학자가 있었습니다. 그 사람은 여러 방법으로 실험한 결과 여러 형태의 각종 에너지 전체가 질량으로 전환되고, 또 각종 질량 전체가 에너지로 전환되는 것을 입증했습니다. 이것은 물과 얼음에 비유하면 아주 알기 쉽습니다.

물은 에너지에 비유하고 얼음은 질량에 비유합니다. 물이 얼어서 얼음이 되면 물이 없어졌습니까? 물이 얼어서 얼음으로 나타났을 뿐 물은 없어지지 않았습니다. 얼음이 녹아서 물이 되면 얼음이 없어졌습니까? 얼음이 물로 나타났을 뿐 얼음은 없어지지 않았습니다. 결국 물이 얼음으로 나타났다 얼음이 물로 나타났다 할 뿐이고, 그 내용을 보면 얼음이 즉 물이고, 물이 즉 얼음입니다.

에너지와 질량의 관계도 이와 꼭 같습니다. 에너지가 질량으로 나타나고 질량이 에너지로 나타날 뿐, 질량과 에너지가 따로 있는 것이 아닙니다. 이것은 처음에는 상대성이론에서 제창되었지만 양자론量子論에도 여전히 적용됩니다.

물과 얼음이 서로서로 다르게 나타날 때에 물이 없어지고〔滅〕, 얼음이 새로 생긴 것〔生〕이 아닙니다. 물 그대로 전체가 얼음으로 나타난 것입니다. 물이 없어진 것 아니고〔不滅〕, 얼음이 새로 생긴 것이 아닙니다(不生). 모양만이 바뀌어서 물이 얼음으로 되었을 뿐입니다. 그러니 언제나 불생불멸 그대로입니다.

이와 꼭 같습니다. 질량 전체가 에너지로 나타나고 에너지 전체가 질량으로 나타납니다. 이런 전환의 전후를 비교해 보면 전체가 서로 전환되어서 조금도 증감이 없습니다. 즉 부증불감不增不減입니다. 불생불멸이니 의당 부증불감 아니겠습니까.

동양 사상을 잘 아는 일본의 물리학자들은 에너지와 질량의 관계가 불생불멸이요, 부증불감 그대로라고 아주 공공연히 말합니다. 그러나 서양 사람들은 불교 용어를 잘 모르니까 이런 표현을 그대로는 못 해도 그 내용에서는 꼭 같이 에너지와 질량의 관계가 보존된다고 합니다. 보존된다는 것은 없어지지 않는다는 말입니다.

불생불멸, 부증불감의 세계를 불교에서는 법의 세계, 즉 법계法界라고 합니다. 항상 주住해 있어서 없어지지 않는 세계, 상주법계라는 말입니다. 이처럼 에너지와 질량의 등가원리에서 보면 우주는 영원토록 이대로 상주불멸常住不滅입니다. 그러므로 자연계를 구성하고 있는 근본 요소인 에너지와 질량이 불생불멸이며, 부증불감이라는 것입니다.

이렇게 되면 자연계는 어떻게 되는가. 자연계 즉 우주법계라는 것은 근본적으로 봐서 에너지와 질량 두 가지로 구성되어 있는 만큼 에너지가 질량이고 질량이 에너지여서, 아무리 전환을 하여도 증감이 없으며 불생불멸 그대로입니다. 이렇게 하여 우주는 이대로가 불교에서 말하는 상주불멸이 안 되려야 안 될 수 없습니다.

그러면 아인슈타인의 등가원리가 없었으면 불생불멸이라는 것은 거짓말인가? 그것은 아닙니다. 부처님께서는 3천 년 전에 진리를 깨쳐서 이루 말할 수 없는 혜안慧眼으로 우주 자체를 환히 들여다본 그런 어른입니다. 그래서 일체 만법 전체가 그대로 불생불멸이라는 것을 선언하였습니다.

그러나 보통사람들은 그런 정신력을 갖지 못했기 때문에 3천여 년 동안을 이리 연구하고 저리 연구하고 연구와 실험을 거듭한 결과, 이 자연계를 구성하고 있는 근본 요소인 에너지와 질량이 둘이 아니고 질량이 에너지이고 에너지가 질량인 동시에 서로 전환하면서 증감이 없으므로 부처님이 말씀하신 불생불멸이라는 그 원리가 과학적으로 입증되어 버렸다 이것입니다.

그러니 원자물리학이 설사 없었다고 하더라도 그것은 사람들이 이해를 못 해서 그런 것이지 부처님이 본시 거짓말할 그런 어른이 아니다 이 말입니다. 요새 그냥 불교 원리를 이야기하면 "너무 어려워서 알 수 없다."는 말을 많이 하기 때문에 내가 한 가지 예로써 불교의 근본 원리인 불생불멸의 원리를 상대성이론, 등가원리에서 입증하여 설명해 주고 있는 것입니다. 그러니 불교라는 것은 허황한 것이 아니고 거짓말이 아니고, 과학적으로도 우리가 이해할 수 있는 것이 아니냐 하는 것입니다.

흔히 또 이렇게도 말합니다. 불교란 것이 어떤 것인지 알 수 없지만 말을 들어보자면 너무 높고, 너무 깊고, 너무 넓다고 합니다. 그리하여 현실적으로는 거짓말 같고 허황하여 꼭 무슨 번갯불에 콩 구워 먹는 식으로 접근하기가 어렵다고 합니다.

그렇지만 지금 내가 설명한 것처럼 불교의 근본원리인 불생불멸, 이것이 상대성이론에서 출발하여 현대 원자물리학에서 과학적으로 완전히 증명이 되어 버린 것입니다. 그런데도 이러한 불교 원리가 현실에 적용되지 않는다고 해서는 곤란합니다. 과학이 발달함에 따라 불교의 모든 이론을 증명해 준다고 하기에는 이르지만 불교 원리를 설명하는 데 많은 도움을 주고 있고, 또 현대물리학이 불교에 자꾸 접근해 오고 있는 것만은 사실입니다.

또 『반야심경』에 이런 구절이 있습니다.

색이 공과 다르지 않고 공이 색과 다르지 않다
색이 곧 공이며 공이 곧 색이다
色不異空 空不異色 色卽是空 空卽是色

색色이란 유형有形을 말하고 공空이란 것은 무형無形을 말합니다. 유형이 즉 무형이고 무형이 즉 유형이라고 하는데 어떻게 유형과 무형이 서로 통하겠습니까? 어떻게 허공이 바위가 되고 바위가 허공이 된다는 말인가 하고 반문할 것입니다. 그것도 당연한 질문입니다. 그러나 알고 보면 바위가 허공이고, 허공이 바위입니다.

어떤 물체, 예를 들어 바위가 하나 있습니다. 이것을 자꾸 나누어 가보면 분자들이 모여서 생긴 것입니다. 분자는 또 원자들이 모여 생긴 것이고, 원자는 또 소립자들이 모여서 생긴 것입니다. 바위가 커다랗게 나타나지만 그 내용을 보면 분자·원자·입자·소립자, 결국 소립자 뭉치입니다. 그럼 소립자는 어떤 것인가?

이것은 원자핵 속에 앉아서 시시각각으로 '색즉시공 공즉시색' 하고 있습니다. 자기가 스스로 충돌해서 문득 입자가 없어졌다가 문득 나타났다가 합니다. 인공으로도 충돌 현상을 일으킬 수 있지만 입자의 세계에서 자연적으로 자꾸 자가 충돌을 하고 있습니다.

입자가 나타날 때는 색이고, 입자가 소멸할 때는 공입니다. 이리하여 입자가 유형에서 무형으로, 무형에서 유형으로 되풀이하고 있습니다. 공연히 말로만 '색즉시공 공즉시색'이 아닙니다. 실제로 부처님 말씀 저 깊이 들어갈 것 같으면 조금도 거짓말이 없는 것이 확실히 증명되는 것입니다.

또 요즘 흔히 '4차원 세계'가 어떻고 하는 이야기를 많이 하는데, 이 4차원 세계라는 것도 상대성이론에서 전개된 것으로 이것을 수학적으로 완전히 공식화한 사람은 민코프스키H.Minkowski라는 사람입니다. 그 사람이 4차원 공식을 완성해 놓고 첫 강연에서 이렇게 선언했습니다.

"모든 존재는 시간과 공간을 떠났다. 시간과 공간은 그림자 속에 숨어 버리고 시간과 공간이 융합하는 시대가 온다."

모든 것은 시간과 공간 속에 존재하는 것 아닙니까. 예를 들어 "오늘 해인사에서…" 할 때에 '오늘'이라는 시간과 '해인사'라는 공간 속에서 지금 이렇게 법문도 하는 것입니다. 이처럼 3차원의 공간과 시간은 각각 분리되어 있는 것이 우리의 일상생활인데, 그런 분리와 대립이 소멸하고 서로 융합하는 세계가 있다고 하였습니다. 시간과 공간이 완전히 융합하는 세계, 그것을 4차원 세계라고 하는 것입니다. 그렇게 되면 결국은 어떻게 되는가?

『화엄경』에 보면 '무애법계無碍法界'라는 말이 있습니다. 무애법계라는 것은 양변兩邊을 떠나서 양변이 서로서로 거리낌없이 통해 버리는 것을 말합니다. 즉 시간과 공간이 서로 통해 버리는 세계입니다. 이것은 앞에서 말한 4차원의 세계, 즉 시공 융합의 세계로서 민코프스키의 수학 공식이 어느 정도 그것을 설명해 주고 있습니다.

지금까지 이야기한 '색즉시공 공즉시색'이라든지 '불생불멸'이라든지 '무애법계'니 하는 이런 이론을 불교에서는 중도법문中道法門이라고 합니다.

부처님께서 성불하신 후 녹야원에서 수행하던 다섯 비구를 찾아가서 무슨 말씀을 맨 처음에 하셨는가 하면 "내가 중도를 바로 깨쳤다." 이렇게 말씀하셨던 것입니다.

'중도', 이것이 불교의 근본입니다. 중도라는 것은 모순이 융합되는 것을 말합니다. 모순이 융합된 세계를 중도의 세계라고 합니다.

보통 보면 선善과 악惡이 서로 대립되어 있는데 불교의 중도법에 의하면 선악을 떠납니다. 선악을 떠나면 무엇이 되는가? 선도 아니고 악도 아닌 그 중간이란 말인가? 그것이 아닙니다. 선과 악이 서로 통해 버리는 것입니다. 선이 즉 악이고, 악이 즉 선으로 모든 것이 서로 통합니다. 서로 통한다는 것은 아까 말한 유형이 즉 무형이고, 무형이 즉 유형이라는 식으로 통한다는 말입니다.

그러므로 중도법문이라는 것은 일체만물, 일체만법이 서로서로 융화하는 것을 말합니다. 모든 모순과 대립을 완전히 초월하여 전부 융화해 버리는 것, 즉 대립적인 존재로 보았던 질량과 에너지가 융화되어 한 덩어리가 되어 버리는 것입니다.

그런데 흔히 '중도'라 하면 '중도는 중간이다' 하는데 그것은 불교를 꿈에도 모르고 하는 말입니다. 중도는 중간이 아닙니다. 중도라 하는 것은, 모순 대립된 양변인 생멸을 초월하여 생멸이 서로 융화하여 생이 즉 멸이고, 멸이 즉 생이 되어 버리는 것을 말합니다. 에너지가 질량으로 전환될 때 에너지는 멸하고 질량이 생기지 않습니까? 그러니까 생이 즉 멸인 것입니다. 질량이 생겼다(生)는 것은 에너지가 멸했다(滅)는 것이고, 에너지가 멸했다는 것은 질량이 생겼다는 것입니다. 그러니 생멸이 완전히 서로 통해 버린 것입니다. 이렇게 되면 불교에서 말하는 중도라는 것을 조금은 이해할 수 있을 것입니다.

내가 지금 이야기한 것을 종합해 본다면 불교의 근본은 불생불멸에 있는데 그것이 중도이다. 그런데 불생불멸이라는 것은 관념론인가? 관념론은커녕 실증적으로, 객관적으로 완전히 입증되는 것이다. 즉 아인슈타인의 상대성이론에서 '등가원리'가 그것을 분명히 입증했던 것입니다. 그래서 불교는 참으로, 과학적이라고 한다면 이보다 더 과학적일 수는 없다는 말입니다.

중도란 모든 대립을 떠나서 대립이 융화되어 서로 합하는 것인데 부처님께서는 그것을 어떻게 말씀하셨는가?

대립 중에서도 철학적으로 볼 것 같으면 유무有無가 제일 큰 대립입니다. '있다' '없다' 하는 것, 중도라고 하는 것은 있음도 아니고 없음도 아닌 비유비무非有非無로 있는 것과 없는 것을 떠나 버렸습니다. 그리고 거기에서 다시 유와 무가 살아난다(亦有亦無)는 식입니다. 그 말이 무슨 뜻인가 하면, 3차원의 상대적 유무는 완전히 없어지고 4차원에 가서 서로 통하는 유무가 새로 생기는 것입니다. 그리하여 유무가 서로 합해져 버립니다. 그래서 부처님께서 "유무가 합하는 까닭에 중도라 이름한다(有無合故名爲中道)."고 말씀하신 것입니다.

불생불멸이라는 그 원리에서 보면 모든 것이 서로서로 생멸이 없고 모든 것이 서로서로 융합하지 않으려야 안 할 수 없고, 모든 것이 무애자재 안하려야 안 할 수 없습니다. 그러므로 부처님께서

"있는 것이 곧 없는 것이고, 없는 것이 곧 있는 것이다〔有卽是無 無卽是有〕."라고 말씀하신 것입니다.

그런데 이것이 워낙 어려운 것 같아서 사람들이 모두 이것을 저 멀리로만 보았던 것입니다. 저 하늘의 구름같이 보았단 말입니다. 그러나 이제는 원자물리학에서 실지로 생이 즉 멸이고, 멸이 즉 생인 불생불멸의 원리가 실험적으로 성공한 것입니다. 그러니 이제 더 이상은 저 하늘에 떠다니는 구름이 아니라 우리가 언제든지 손에 잡을 수 있고 만져 볼 수 있는 그런 원리다, 이 말입니다. 이런 좋은 법法이지만 아는 사람도 드물고, 알아보려고 하는 사람도 드문 것이 현실입니다.

흔히 중도를 변증법과 같이 말하는데, 헤겔F.Hegel의 변증법에서는 모순의 대립이 시간적 간격을 두고서 발전해 가는 과정을 말하지만 불교에서는 모순의 대립이 직접 상통합니다. 즉 모든 것이 상대를 떠나서 융합됩니다. 그래서 있는 것이 즉 없는 것, 없는 것이 즉 있는 것, 시是가 즉 비非, 비가 즉 시가 되어 모든 시비, 모든 투쟁, 모든 상대가 완전히 사라지고 모든 모순과 대립을 떠날 것 같으면 싸움하려야 싸움할 것이 하나도 없습니다. 그렇게 되면 이것이 극락이고, 천당이고, 절대세계絶對世界다 그 말입니다. 그래서 "이 법이 법의 자리에 머물러서 세간상 이대로가 상주불멸이다〔是法住法位 世間相常住〕." 이 말입니다.

보통 피상적으로 볼 때 이 세간이라는 것은 전부가 자꾸 났다가 없어지고 났다가 없어지고 하는 것이지만, 그 실상實相 즉 참모습은 상주불멸, 불생불멸인 것입니다.

그렇다면 불생불멸의 원리는 어디서 꾸어온 것인가? 그것이 아닙니다. 이 우주 전체 이대로가 본래로 불생불멸입니다. 일체 만법이 불생불멸인 것을 확실히 알고 이것을 바로 깨치고 이대로만 알아서 나갈 것 같으면, 천당도 극락도 필요 없고 앉은 자리 선 자리 이대로가 절대의 세계입니다.

불교에서는 근본적으로 현실이 절대라는 것을 주장합니다. 눈만 뜨고 보면 사바세계 그대로가 극락세계가 되는 것입니다. 그러니 절대의 세계를 딴 데 가서 찾으려 하지 말고 자기 마음의 눈을 뜨도록 노력해야 합니다. 눈만 뜨고 보면 태양이 온 우주를 비추고 있습니다. 이렇게 좋고 참다운 절대의 세계를 놔두고 "염불하여 극락 간다" "예수 믿어 천당 간다" 그런 소리 할 필요가 있습니까? 바로 알고 보면 우리 앉은 자리 선 자리 이대로가 절대의 세계입니다.

그러면 경계선은 어디 있느냐 하면 눈을 뜨면 불생불멸 절대의 세계이고, 눈을 뜨지 못하면 생멸의 세계, 상대의 세계여서 캄캄한 밤중이다 이 말입니다.

이상으로 오늘 법문을 마치겠습니다. 오늘 내가 말하는 것은 어떻게 해서든지 우리가 서로 노력해서 마음의 눈을 완전히 뜨자 이것입니다.

우리 다 같이 마음의 눈을 뜹시다.

광수공양 廣修供養

|1981년 1월 20일, 방장 대중법어|

어떤 도적놈이 나의 가사장삼을 빌려 입고
부처님을 팔아 자꾸 죄만 짓는가.
云何賊人 假我衣服 裨販如來 造種種業

누구든지 머리를 깎고 부처님 의복인 가사장삼을 빌려 입고 승려탈을 쓰고 부처님을 팔아서 먹고사는 사람을 부처님께서는 모두 도적놈이라 하셨습니다.

다시 말하면, 승려가 되어 가사장삼 입고 도를 닦아 도를 깨우쳐 중생을 제도하지는 않고, 부처님을 팔아 자기의 생활 도구로 먹고사는 사람은 부처님 제자도 아니요, 승려도 아니요, 전체가 다 도적놈이라고 『능엄경楞嚴經』에서 말씀하고 계십니다.

우리가 승려가 되어 절에서 살면서 부처님 말씀 그대로를 실행한다는 것은 어려운 일이지만 그래도 가까이는 가봐야 하고 근처에는 가봐야 할 것입니다. 설사 그렇게는 못 한다 하더라도 부처님 말씀의 정반대 방향으로는 가지 않아야 할 것입니다. 나는 자주 이런 이야기를 합니다.

사람 몸 얻기 어렵고 불법 만나기 어렵다.
人身難得　佛法難逢

다행히 사람 몸 받고 승려가 되었으니 여기서 불법을 성취하여 중생제도는 못 할지언정 도적놈이 되어서야 되겠습니까. 만약 부처님을 팔아서 먹고사는 그 사람을 도적이라 한다면, 그런 사람이 사는 처소는 무엇이라고 해야 하겠습니까? 그곳은 절이 아니고 도적의 소굴, 적굴賊窟입니다. 그러면 부처님은 무엇이 됩니까? 도적놈의 앞잡이가 되는 것입니다. 부처님이 도적에게 팔려 있으니 도적의 앞잡이가 되는 것이지요.

딴 나라는 다 그만두고라도, 우리나라에 절도 많고 승려도 많지만 부처님께서 말씀하신 도적의 딱지를 면할 수 있는 승려는 얼마나 되며, 또 도적의 소굴을 면할 수 있는 절은 몇이나 되며, 도적의 앞잡이를 면할 수 있는 부처님은 몇 분이나 되는지, 참으로 곤란한 문제입니다.

우리가 승려노릇 잘 못하고 공부를 잘 못해서 생함지옥生陷地獄을 할지언정, 천추만고의 우주개벽 이래 가장 거룩하신 부처님을 도적 앞잡이로 만들면 어떻게 되겠습니까. 우리 자신이 도적놈 되는 것은 나의 업이라 어쩌지 못한다고 생각하여 지옥으로 간다 할지라도 달게 받겠지만 부처님까지 도적놈 앞잡이로 만들어서 어떻게 살겠느냐 이 말입니다.

어떻게든 우리가 노력해서 이 거룩하신 부처님을 도적의 앞잡이가 안 되도록 해야 할 것입니다.

그런데 부처님 파는 방법에는 여러 가지가 많습니다. 그 중에서 가장 대표적인 것이 소위 '불공佛供한다'는 것입니다. 이것은 순전히 부처님 파는 것입니다.

"우리 부처님 영험하여 명命도 주고 복福도 주고 하니, 우리 부처님께 와서 불공하여 명도 받고 복도 받아 가시오." 하면서 승려는 목탁을 칩니다.

목탁이란 본시 법을 전하는 것이 근본 생명입니다. 유교에서도 공자께서 말씀하시기를 "세상의 목탁이 되라."고 하였습니다. 세상에 바른 법을 전하여 세상 사람이 모두 살게 하라는 말입니다. 그러나 지금 우리나라 실정에서 목탁이 돈벌이에 이용되지 않는 절은 별로 없습니다. 부처님 앞에서 목탁 치면서 명 빌고 복 빌고 하는 것, 그것은 장사입니다. 부처님을 파는 것입니다.

그런데 누구나 그렇듯이 허물없는 사람이 어디 있습니까. 허물을 반성하여 고치는 것이 가장 중요합니다. 허물이 있는 줄 알면서도 반성하고 고치지 않는다면 더 큰 허물을 빚는다 하겠습니다. 그렇다면 어떻게 하여야 참다운 불공이 되는 것인가? 내가 전부터 자꾸 불공 이야기를 해 오지만 우리는 부처님께서 말씀하신 불공을 해야 할 것입니다.

예수교에서는 성경 한 권이면 지침이 되지만 불교에서는 팔만대장경이라 하여 듣기만 하여도 겁이 납니다. 장경각의 그 많은 경판은 엄청납니다. 저 많은 것을 보아서, 언제 어디서 불교의 근본진리를 찾을 수 있을까? 호호망망浩浩茫茫합니다. 그러나 우리 불교에는 전통적으로 정설이 있습니다.

경전經典 중에서 부처님 말씀의 근본이며 가장 소중한 경은 『화엄경華嚴經』과 『법화경法華經』으로 이는 경 중에서도 왕이요, 불교의 표준입니다. 그 중에서도 『화엄경』이 『법화경』보다 진리면에서 더 깊고 넓다 합니다. 『화엄경』도 이것이 80권이나 되는데 어떻게 다 보겠습니까. 더구나 모두가 어려운 한문인데.

다행히도 『화엄경』을 요약한 경이 또 한 권 있습니다. 『보현보살행원품』인데 『약略화엄경』이라고도 합니다. 『보현보살행원품』에 불교의 근본진리가 모두 포함되어 있으며 불교인이 어떻게 행동해야 될 것인가가 모두 규정되어 있습니다. 거기에 불공하는 데 관한 말씀이 있습니다. 보현보살 십대원十大願의 광수공양廣修供養 편입니다. 물론 다 알겠지만 거기에서 이렇게 말씀하셨습니다.

어떤 사람이든지 신심을 내어 온 천하의 좋은 물건을 허공계에 가득 차도록 다 모으고, 또 여러 촛등을 켜되 그 촛불 심지는 수미산 같고 기름은 큰 바닷물같이 하여 두고서 수많은 미진수微塵數 부처님께 한없이 절을 한다면 이보다 더 큰 불공이 어디 있겠습니까? 불공 중에는 가장 큰 불공으로 그 공덕 또한 많습니다.

물론 그렇습니다. 그러나 그것보다도 법공양法供養이란 것이 있습니다. 일곱 가지의 법공양 중에 특히 "중생을 이롭게 하라"는 것이 그 골수입니다. 부처님께서는 많은 물자를 당신 앞에 갖다 놓고 예불하고 공을 들이고 하는 것보다도 잠시라도 중생을 도와주고 중생에게 이익되게 하는 것이 몇 천만 배 비유할 수 없이 더 낫다고 단정하셨습니다.

비유하자면 장사와 같습니다. 장사를 할 때 밑천을 많이 들여서 이익이 적은 것을 할 것인가 아니면 밑천을 적게 들여 이익 많은 장사를 할 것인가, 하고 묻는다면 누구든지 이익이 많은 장사를 하려 할 것입니다.

많은 물자를 올려놓고 불공을 하려면 그 비용이 많이 들지만 이익중생공양利益衆生供養, 즉 중생을 잠깐 동안이나마 도와주는 것은 큰 힘이 들지 않으므로 밑천이 적게 든다는 말입니다. 그런데 결국의 이익은 어떻게 되느냐 하면, 비용 많이 들여서 하는 불공은 중생을 잠깐 도와주는 그 불공에 비교할 것 같으면 천 분의 일, 만 분의 일, 억만 분의 일로도 비유할 수 없을 만큼 보잘것없는 것입니다.

부처님 말씀이 "누구든지 나에게 돈 갖다 놓고 명과 복을 빌려 하지 말고 너희가 참으로 나를 믿고 따른다면 내 가르침을 실천하라." 하셨습니다. 중생을 도와주라는 말입니다. 이 말씀은 『행원품』의 다른 곳에서도 많이 말씀하셨습니다. 또 "길가에 병들어 거의 죽어가는 강아지가 배가 고파 울어댈 때 식은 밥 한 덩이를 그 강아지에게 주는 것이 부처님께 만반진수를 차려 놓고 무수, 수천만 번 절을 하는 것보다 훨씬 더 공이 크다."고도 하셨습니다.

이런 분이 부처님이십니다. 우리 인간을 한번 생각해 보십시오. 부처님께서는 오직 중생을 도와주는 것이 참으로 불공이요, 이를 행해야만 참으로 내 제자라고 말씀하셨습니다.

나는 요즘 학생들에게 불공하라고 자주 이야기합니다. 학생들은 "우리도 용돈을 타 쓰는 형편인데 어떻게 불공을 할 수 있습니까?"라고도 말할 수 있습니다. 그러나 불공은 반드시 돈으로만 할 수 있는 것이 아닙니다. 몸과 정신으로, 또 물질적으로 남을 도와

주는 것이 모두 불공입니다. 우리가 몸, 마음, 물질 이 세 가지로 불공을 하려고 하면 불공할 것이 세상에 꽉 차 있습니다. 단지 우리가 게을러서, 게으른 병 때문에 못 할 뿐입니다. 이렇게 불공하여야만 마침내 성불하게 되는 것입니다.

학생들이 수련대회 때 3천 배 하고 백련암에 올라와 화두 가르쳐 달라고 말하면 "자, 모두 화두 배우기 전에 불공하는 방법 배워 불공부터 시작한 후 화두를 배우자."고 합니다. 이런 말을 하면 모두 눈이 둥그래집니다. 우리는 돈도 없는데 부처님 앞에 돈 놓고 절하라는 이야기인가 하고. 그런데 나중에 그 내용을 듣고 나서는 "모두 불공합시다." 하면 힘차게 "네." 하고 대답하는데, 진정으로 그러는 것 같습니다.

그런데 한 가지 특별히 주의를 시킵니다. 그것은 자랑하지 말라는 것입니다. 남을 도와주는 것은 착한 일이지만 자랑하는 그것은 나쁜 일입니다. 애써 불공해서 남을 도와주고 나서 자랑하면 모두 자신의 불공을 부수어버리는 것입니다. 불공을 자랑과 자기선전을 하기 위해 하는 사람이 많습니다. 그러나 그것은 불공이 아닙니다. 자기 자랑할 재료를 만드는 것입니다. 입으로 부수어버리지 말아야겠습니다. 그러므로 "남모르게 도와주라!" 이것뿐입니다. 예수님도 "오른손이 하는 일을 왼손이 모르게 하라."고 하였습니다.

요즘 학생들에게 이 말이 좋게 들리는가 봅니다. 자주 오는 편지에 "스님께서 말씀하신 남모르게 남을 돕자는 그 말씀을 평생 지키고 노력하겠습니다."라고 합니다.

예전에 있었던 이야기를 하나 하겠습니다.

6·25사변 이후 마산 근방 성주사라는 절에서 서너 달 머무를

때입니다. 처음 가서 보니 법당 위에 큰 간판이 붙었는데 '법당 중창 시주 윤○○'라고 굉장히 크게 씌어 있었습니다. 누구냐고 물으니 마산에서 한약국을 경영하는 사람인데 신심이 있어 법당을 모두 중수했다는 겁니다. "그 사람이 언제 여기 옵니까?" 하고 물으니 스님이 오신 줄 알면 내일이라도 곧 올 거라는 겁니다.

그 이튿날 과연 그분이 인사하러 왔노라기에, "소문 들으니 당신 퍽 신심이 깊다고 다 칭찬하던데, 나도 처음 오자마자 법당 위를 보니 그 표가 얹혀 있어서 당신 신심 있는 것은 증명되었지." 하였습니다. 처음에는 칭찬을 많이 하니 퍽 좋아하는 눈치였습니다.

"그런데 간판 붙이는 위치가 잘못된 것 같아. 간판이란 남들 많이 보기 위한 것인데 이 산중에 붙여 두어야 몇 사람이나 와서 보겠어? 그러니 저걸 떼어서 마산역 앞 광장에 갖다 세우자고. 내일이라도 당장 옮겨 보자고."

"아이구, 스님 부끄럽습니다."

"부끄러운 줄 알겠소? 당신이 참으로 신심에서 돈 낸 것인가? 저 간판 얻으려 돈 낸 것이지."

어떤 사람들은 시주를 할 때 미리 조건을 내세웁니다. 비석을 세워달라는 것입니다. 그래서 비석을 먼저 세워 줍니다. 그러면 돈은 내지 않고 비만 떼어먹기도 합니다.

"잘못되었습니다. 제가 몰라서 그랬습니다."

"몰라서 그랬다고? 몰라서 그런 것이야 허물이 있나? 고치면 되지. 그러면 이왕 잘못된 것을 어찌 하려는가?"

그랬더니 자기 손으로 그 간판을 떼어 내려서 탕탕 부수어 부엌 아궁이에 넣어 버리는 것입니다.

내가 '남모르게 돕는다'는 이 불공을 비밀히 시작한 지가 좀 되었습니다. 개인적으로, 또 단체로, 의무적으로 시켰습니다. 만약 내가 시키는 대로 불공할 수 없는 사람은 내게 오지 말라고 했습니다.

학생들에게 불공하는 방법을 여러 가지로 예를 들었더니 어떤 학생이 이렇게 질문해 왔습니다.

"스님은 불공 안 하시면서 어째서 우리만 불공하라고 하십니까?"

"나도 지금 불공하고 있지 않은가. 불공하는 방법을 가르쳐 주는 이것도 불공 아닌가."

불공하는 예를 또 하나 들겠습니다.

20년 전만 해도 서울이나 부산 등 대도시 변두리에는 가난한 사람들이 많았습니다. 지금은 그때보다는 나아졌지만, 어떤 분이 그런 동네 사람들에게 양식을 나누어주고 싶은데 어떤 방법으로 하면 소문도 안 나고 실천할 수 있겠느냐고 물어 왔습니다.

"우선 두어 사람이 그 동네에 가서 배고픈 사람을 대상으로 실태조사를 하고 명단을 만든 후, 또 다른 몇 사람이 그 동네에서 가장 가까운 쌀집에서 쌀을 사고 쌀표를 만들게. 쌀을 지고 다니면 소문만 금방 나 버리니, 한 말이든 두 말이든 표시한 쌀표를 가져가면 바로 쌀을 주도록 준비해 두지. 또 다른 사람이 명단을 가져가서 그 쌀표를 나누어주면, 사람이 자꾸 바뀌니 어떤 사람이 쌀을 나누어주는지 모르게 되지. 또 누가 물어도 '우리는 심부름하는 사람이다'고만 답변하는 거야."

처음에는 쌀표를 주며 쌀집에 가보라 하니 잘 믿지 않더니, 쌀집이 별로 멀지 않으니 한번 가보기나 하라고 자꾸 권했더니, 가서 쌀을 받아오더라는 겁니다.

그 후 어린아이들이 학교에 와서 하는 말이 "요새 우리 동네에 이상한 일이 생겼어. 어디서 온 어떤 사람인지 모르겠는데 그 사람들이 쌀표를 주어서 곤란을 면했어. 누군지 알 수는 없지만 아마 그 사람들은 하늘에서 내려왔겠지?" 하더랍니다.

또 마산의 어느 신도가 추석이 되어 쌀을 트럭에 싣고 나가 가난한 사람들에게 나누어주고 숨어 버렸습니다. 그런데도 신문에서 그걸 알고 그 사람을 찾아내어 대서특필하였습니다. 그 사람이 내게 왔기에 "신문에 낼 자료 장만했지? 다시는 오지 말게." 했더니 아무리 숨어도 신문에 발목이 잡혔다고 해명했습니다.

"글쎄, 아무리 기자가 와서 캐물어도 발목 잡히지 않게 불공해야지. 불공은 남모르게 하라고 하지 않았는가?"

또 이런 이야기가 있습니다. 어느 동네에 부자 노인이 불공을 잘 하므로 이웃 청년이 와서 인사를 했습니다.

"참 거룩하십니다. 재산 많은 것도 복인데, 그토록 남을 잘 도와 주시니 그런 복이 어디 있습니까?"

"이 고약한 놈! 내가 언제 남을 도왔어? 남을 돕는 것은 귀울림과 같은 거야. 자기 귀 우는 것을 남이 알 수 있어? 네가 알았는데 좋은 일은 무슨 좋은 일인가? 그런 소리하려거든 다시는 오지 말어."

이것이 실지로 불공하는 정신입니다. 남 돕기 어렵지만, 또 한편으로 보면 남 돕기는 쉬운데 소문 안 내기는 더 어려운 일입니다. 그래서 내가 자꾸 예를 들어 말하는 것입니다. 이제 예 하나만 더 들겠습니다.

미국의 보이스라는 사람이 영국의 런던에 가서 어느 집을 찾는데 안개가 심해 도저히 찾을 수가 없어서 이곳저곳을 방황하고 있었습니다. 이때 열두어 살 되는 소년이 나타나 물었습니다.

"선생님, 누굴 찾으십니까?"

"어느 집을 찾는데 못 찾고 있단다."

"저는 이 동네에 사는데 혹시 제가 알지도 모르니 주소를 보여주시겠습니까?"

신사는 주소를 보여주었습니다.

"이 집은 마침 제가 알고 있습니다. 이리로 오십시오."

소년이 인도하여 안내해 준 집에 도착하니 찾아 헤매던 바로 그 집이었습니다. 너무 고마워서 사례금을 주었더니 그 소년은 사양하고 결코 받지 않았습니다. 이름도 가르쳐 주지 않았습니다.

"제게는 선생님이 참으로 고맙습니다. 저는 소년단원 회원인데 우리 회원은 하루 한 가지씩 남을 도와주게 되어 있습니다. 저는 오늘 선생님을 도와드릴 수 있었으니, 오히려 제가 감사드리겠습니다. 참 고맙습니다."

그리고서 소년은 달아나 버렸습니다. 신사는 이런 생각이 들었습니다. '영국에 와 보니 어린이도 남을 돕는 정신이 가득하여 돈도 받지 않고 이름도 가르쳐 주지 않고 남을 도우면서 오히려 일과를 할 수 있게 되어 고맙다고 하니, 이런 정신을 배워야겠다.'

그래서 미국으로 돌아와 미국에서도 소년단을 시작하였습니다. 온 미국은 물론 세계적으로 이 정신은 뻗어나가 우리나라에도 보이스카웃, 소년단 활동을 하고 있습니다. 그 뒤에 이 소년을 찾으려고 아무리 애를 써도 결국 찾지 못하고, 소년은 끝내 나타나지 않았습니다. 그리하여 이 이름 모를 소년을 기념하기 위해 영국의 그 마을에 큰 들소 동상을 세우고 기념비에 이렇게 글을 새겼습니다.

'날마다 꼭 착한 일을 함으로써 소년단이라는 것을 미국에 알려 준 이름 모를 소년에게 이 동상을 바치노라.'

간디 자서전을 보면, 그는 영국에 유학 가서 예수교를 배웠는데 예수교에서는 사람 사랑하는 것을 배우고, 그 후 불교에서는 진리에 눈떴는데 일체 생명 사랑하는 것을 배웠다고 되어 있습니다. 불교는 사람만이 대상이 아닙니다. 일체중생이 그 대상입니다. 불교에서는 사람이고, 짐승이고, 미물이고 할 것 없이 일체중생이 모두 다 불공의 대상입니다. 다시 말해 일체중생을 돕는 것이 불공입니다. 우리는 이것을 실천하고 또 몸소 행해야 합니다. 그래야만 부처님께서 말씀하신 도적놈 소리를 좀 면할지 모르겠습니다.

6·25사변 전 문경 봉암사에 있을 때, 지금은 돌아가셨지만 향곡스님 청으로 부산사람들 앞에서 법문한 적이 있었습니다. 그때 불공하는 이야기를 했습니다.

불공이란 남을 도와주는 것이지 절에서 목탁 두드리는 것이 아니며, 결국 절이란 불공 가르치는 곳이라고. 불공은 밖에 나가서 해야 하며 남을 돕는 것이 불공이라고. 그리고 행원품 이야기도 많이 하였습니다. 그랬더니 많은 사람이 그 말을 듣고 기뻐하였습니다. 법문을 마치며 봉암사로 돌아왔습니다. 며칠 후에 부산에서 사람이 왔습니다. 그때는 각 도道마다 종무원이라는 것이 있었는데, 경남 종무원에서 긴급회의를 했다는 것입니다.

"절에서 하는 것은 불공이 아니고, 절은 불공하는 것을 가르쳐 주는 곳이라 하고, 불공이란 남을 돕는 것이라 했으니 결국 이것은 절에 돈 갖다 주지 말라는 말인데, 그러면 우리 중들은 모두 굶어 죽으라는 소리냐. 그 말을 한 중을 어디로 쫓아 버려야 한다고 야단들이니 앞으로 다시는 그런 소리 하지 말아 달라."는 것입니다. 조금 있으니 서울에서도 누가 내려왔습니다. 서울의 총무원에서 똑같은 내용의 회의를 했다는 것입니다.

"그럼 어떻게 말할까? 당신들 뜻대로 하자면 부처님께서 영험하고 도력 있으니 누구든지 돈 많이 갖다 놓으면 갖다 놓을수록 복 많이 온다고, 절에 돈벌이 많이 되는 말만 해서 자꾸 절 선전할까? 당신도 천년, 만년 살 것 같나? 언제 죽어도 죽는 건 꼭 같애. 부처님 말씀 전하다 설사 맞아죽는다고 한들 무엇이 원통할까? 그건 영광이지! 천하의 어떤 사람이 무슨 소리를 해도 나는 부처님 말씀 그대로를 전한 것뿐 딴소리는 할 수 없으니, 그런 걱정하지 말고 당신이나 잘 하시오!"

우리 대중 가운데는 그렇게 생각하는 사람 없습니까?

"방장스님은 법문 해달라고 했더니 결국 우리 먹고살지도 못하게 만드는구나. 절에 불공 안 하면 우리는 뭘 먹고살란 말인가?"

걱정 좀 되죠? 나도 걱정이 조금 됩니다.

물론 우리 해인사 대중뿐 아니고 다른 곳에서도 이런 생각 할 사람이 있겠습니다. 내가 항상 하는 말이 있습니다. 불교를 믿든지 예수교를 믿든지 자기의 신념대로 하는데, 예수교를 믿으려면 예수를 믿어야지 신부나 목사 같은 사람을 믿어서는 아니 됩니다.

마찬가지로 불교에서도 부처님 말씀을 믿어야지 승려를 따라가서는 아니 됩니다. 그것은 천당도 극락도 아닌 지옥입니다. 지금 내가 말하는 것은 부처님 말씀을 중간에서 소개하는 것이지, 내 말이라고 생각하면 큰일 납니다. 달을 가리키면 저 달을 보아야지, 가리키는 손가락을 보면 안 된다는 말입니다.

우리 대중도 다 알겠지만 승려란 부처님 법을 배워 불공 가르쳐 주는 사람이고, 절에서는 불공 가르쳐 주는 곳입니다. 불공의 대상은 절 밖에 있습니다. 불공 대상은 부처님이 아닙니다. 일체중생이 다 불공 대상입니다. 이것이 불공 방향입니다.

내 생각에 절에 사는 우리 승려들이 목탁 치고 부처님 앞에서 신도들 명과 복을 빌어 주는 이것이 불공이 아니며, 남을 도와주는 것만이 참 불공이라는 것을 깊이 이해하고 이를 실천할 때, 그때 비로소 우리 불교에도 새싹이 돋아날 것입니다.

남의 종교와 비교, 비판할 것은 아니지만, 예수교와 불교를 비교해봅시다. 진리적으로 볼 때 예수교와 불교는 상대할 수 없다는 것입니다. 그것은 일부 학자들도 그렇게 보고 있습니다. 또 개인적으로 볼 때에도 예수교에서 보면 불교가 아무것도 아니고, 불교측에서 보면 예수교가 별것 아닐 것입니다. 서양의 유명한 쇼펜하우어 같은 철학자도 "예수교와 불교가 서로 싸운다 하면 예수교가 불교를 공격하는 것은 계란으로 바위를 치는 것과 마찬가지다."고 말한 바 있습니다.

그러나 진리로 보면 그렇지만 실천면에서 보면 거꾸로 되어 있는 게 현실입니다. 예수교인들은 참으로 종교인다운 활동을 하고 있습니다. 그런데 불교는, 불교인은 예수교인 못 따라갑니다.

불교의 자비란 자기를 위한 것이 아니고 남에게 베푸는 것인데, 참으로 자비심으로 승려노릇 하는 사람이 얼마나 됩니까. 남 돕는 사람이 얼마나 되느냐가 문제일 것입니다. '자비'란, 요즘 말로 표현하자면 사회적으로 봉사하는 것입니다. 그럼에도 불구하고 아마도 승려가 봉사 정신이 가장 약하리라 봅니다. 예수교인들은 진실로 봉사 활동을 많이 하고 있습니다. 한 가지 예를 들겠습니다.

갈멘수도원에 관한 기사를 읽은 적이 있습니다. 정월 초하룻날 모여서 무슨 제비를 뽑는다고 합니다. 그 속에는 양로원, 고아원, 교도소 등 어려움을 겪는 각계각층이 들어 있습니다. 어느 한 사람이 '양로원' 제비를 뽑으면 1년 365일을 자나깨나 양로원 분들을 위해 기도한다는 것입니다. '고아원'에 해당되면 내내 고아원만을, '교도소'면 교도소 사람만을 위해 기도한다는 것입니다.

그렇게 모든 생활이 기도로 이루어지는데, 자기를 위해서는 기도 안 합니다. 조금도 안 한다는 것입니다. 이것이 참으로 남을 위한 기도의 근본정신인 것입니다. 이것이 종교인입니다. 그들은 먹고사는 것은 어떻게 해결하는가. 닭을 기르고 과자를 만들어 내다 팔아서 해결한다고 합니다. 먹고사는 문제는 자기들 노력으로 처리하고, 기도는 전부 남을 위해서만 하는 것입니다.

불교에서는 어찌 합니까? 불교에서도 소승이니 대승이니 하는데, 소승은 자기만을 생각하는 것입니다. 대승은 남을 위해 사는 것입니다. 불교의 근본은 대승이지 소승이 아닙니다. 원리는 이러한데 실천은 그렇지 않습니다. 저쪽 사람들은 내 밥 먹고 남만 위하는데, 우리 불교에서는 이것이 아주 없는 것은 아니지만 거의 없다고 보아야 할 것입니다. 예수교를 본받아서가 아니라, 불교는 '자비'가 근본이므로 남을 돕는 것이 근본인 것입니다. 부처님 말씀처럼 불공이란 남을 돕는 것입니다. 그래서 모든 생활 기준을 남을 돕는 데 두어야 한다는 것입니다.

얼마 전, 백련암에 찾아온 한 여학생에게 물었습니다.

"무슨 생각으로 절을 했느냐?"

"스님, 저는 저를 위해 절하지 않았습니다. 남을 돕는 사람이 되게 해 달라고 절했습니다."

"왜 빙빙 돌기만 하느냐? 남을 위해 일하는 사람이 되게 해 달라고 하지 말고 직접 '일체중생이 행복하게 해주십시오' 하고 절해야지. 이것은 '모든 중생이 행복하게 해 달라고 비는 사람이 되게 해주십시오' 하는 거와는 다르지."

아무 생각 없이 절을 하지 말고, 절하는 것부터가 남을 위해 절해야 된단 말입니다. 그리고 생각이 더 깊은 사람이면 남을 위해 아침으로 기도해야 됩니다.

내게 항상 찾아오는 사람에게는 의무적으로 절을 시킵니다. 108배 절을 하라는 것입니다. 참으로 남을 도울 수 있는 사람이면 날마다 아침에 108배 기도를 해야 합니다. 나도 새벽으로 꼭 108배를 합니다. 그 목적은 나를 위해 기도하는 것이 아닙니다. 다음과 같이 발원하는 것입니다.

> 내가 이제 발심하여 예배하오음은
> 제 스스로 복 얻거나 천상에 남을 구함이 아니요
> 모든 중생이 함께 같이 무상보리 얻어지이다
> 我今發心　不爲自求　人天福報
> 願與法界衆生　一時同得　阿耨多羅三藐三菩提
> 중략

그리고 끝에 가서는 이렇게 말합니다.

중생들과 보리도에 회향합니다.
廻向衆生及佛道

일체중생을 위해, 남을 위해 참회하고 기도했으니 기도한 공덕이 많습니다. 이 모든 공덕이다, 모두 일체중생에게 가라는 것입니다. 그러고도 부족하여 이렇게 말합니다.

원하노니 수승하온 이 공덕으로
위없는 진법계에 회향합니다
願將以此勝功德　廻向無上眞法界

그래도 혹 남은 것, 빠진 것이 있어서 나한테로 올까봐 다시 한 번 모든 공덕이 온 법계로 돌아가고 나한테는 하나도 오지 말라고 발원합니다.

이것이 인도에서부터 시작하여 중국을 거쳐 신라, 고려에 전해 내려온 참회법입니다. 중국도 공산화 이전에는 총림에서만이 아니고 모든 절에서 다 '참회'해 온 것입니다. 일체중생을 위해서, 일체중생을 대신해서 모든 죄를 참회하고, 일체중생을 위해 모두 기도했습니다. 이것이 참으로 불교 믿는 사람의 근본 자세이며, 사명이며, 본분입니다. 그런데 또 문제가 있습니다.

"스님도 참 답답하시네. 내가 배가 고픈데 자꾸 남의 입에만 밥 떠 넣으라니 나는 굶으라는 말인가?"

인과법칙이란 불교뿐만 아니라 우주의 근본 원리입니다. 콩 심은 데 콩 나고 팥 심은 데 팥 나듯이 '선인선과 악인악과善因善果 惡因惡果'입니다. 선한 일을 하면 좋은 결과가 오고 악한 일을 하면 나쁜 과보가 오는 것입니다. 병이 나거나 생활이 가난하여 어려움을 겪고 사는 것이 악한 과보입니다. 그러면 과거에 무엇인가 악의 원인이 있었던 것입니다. 물론 지금은 그것이 기억에는 없지만 세세생생世世生生을 내려오며 지은 온갖 악한 일들이 그 과보의 원인이 됩니다.

선인선과라, 이번에는 착한 일을 자꾸 행합니다. 그러면 좋은 결과가 오는 것입니다. 남을 자꾸 돕고 남을 위해 자꾸 기도하면, 결국에는 그 선과가 자기에게로 모두 돌아옵니다. 그러므로 남을 위해 기도하는 것이 결국 나를 위한 기도가 되며, 남을 해치면 결국 나를 해치는 일인 것입니다. 그래서 남을 도우면 아무리 안 받으려 해도 또다시 내게로 오는 것입니다. 남을 위해 기도하고 생활하면 남을 내가 도우니 그 사람이 행복하게 되고, 또 인과법칙에 의해 그 행복이 내게로 전부 다 오는 것입니다.

생물 생태학에서도 그렇다고 합니다. 조금이라도 남을 해치면 자기가 먼저 손해를 보게 되고, 농사를 짓는 이치도 그와 같다 하겠습니다. 곡식을 돌보지 않으면 자기부터 배고플 것입니다. 그러니 내가 배고파 굶어죽을까 걱정하지 말고 부처님 말씀같이 불공을 잘하도록 애써야 할 것입니다. 한 가지 비유를 말하겠습니다.

어떤 사람이 불공할 줄 모르고 죄를 많이 지어서 지옥에 떨어졌습니다. 지옥 문 앞에 서서 보니 지옥 속에서 고통 받는 중생들 모습이 하도 고통스럽게 보여서 도저히 눈을 뜨고 볼 수가 없었습니다. 대개 그 모습을 보면 '아이고, 무서워라. 나도 저 속에 들어가면 저렇게 될 텐데 어떻게 하면 벗어날까.' 이런 생각이 들 텐데 이 사람은 생각이 좀 달랐습니다.

'저렇게 고생하는 많은 사람의 고통을 잠깐 동안이라도 나 혼자 대신 받고 저 사람들을 쉬게 해줄 수 없을까? 편하게 해줄 수 없을까?' 하는 착한 생각이 들었습니다. 이 생각을 하는 순간, 지옥이 없어져 버렸습니다. 그 순간 천상에 와 있었습니다. 모든 것이 일체유심조一切唯心造입니다. 착한 생각을 내면 자기부터 먼저 천상에 가는 것입니다.

요즘은 사회에서도 봉사활동을 많이 하고 있는데, 우리 스님들은 산중에 살면서 이런 활동에는 많이 뒤떨어지고 있습니다. 오직 부탁하고 싶은 것은 부처님 말씀에 따르는 불공을 하자는 것입니다. 그리하여 조석으로 부처님께 예불하면서 꼭 한 가지 축원을 합니다. 그것은 간단합니다.

　　일체중생이 다 행복하게 해주십시오.
　　일체중생이 다 행복하게 해주십시오.
　　일체중생이 다 행복하게 해주십시오.

세 번 하는 것입니다. 매일 해보면 뭐라고 말하기 어려운 좋은 기운을 느끼게 됩니다.

절을 한 번 하든 두 번 하든 일체중생을 위해 절하고, 일체중생을 위해 기도하고, 일체중생을 위해 돕는 사람, 일체중생을 위해 사는 사람이 되어야만 앞에서 말한 부처님을 팔아서 사는 '도적놈' 속에 안 들어가는 것입니다.

　우리 모두 서로서로 힘써 불공 잘해서 도적놈 속에 들지 않도록 노력합시다.

참선하는 법

|1981년 음 6월 15일, 방장 대중법어|

불교에서는 "모든 것이 마음이다(一切唯心)."라고 말합니다. 마음 밖에는 아무것도 없다는 말입니다. 또한 즉심시불卽心是佛이라고도 합니다. 내 마음이 바로 부처님이라는 말입니다.

부처님의 가르침이 팔만대장경에 담겨 있는 만큼 불교를 알려면 팔만대장경을 다 봐야 할 터인데 누가 그 많은 팔만대장경을 다 보겠습니까. 그렇다면 결국 불교는 모르고 마는 것인가? 팔만대장경이 그토록 많지만 사실 알고 보면 '마음 심心' 한 자에 있습니다. 팔만대장경 전체를 똘똘 뭉치면 '심'자 한 자 위에 서 있어서, 이 한 자의 문제만 옳게 해결하면 일체의 불교 문제를 해결하는 동시에 일체 만법을 다 통찰할 수 있고 삼세제불三世諸佛을 한눈에 다 볼 수 있는 것입니다. 자초지종自初至終이 마음에서 시작해서 마음에서 끝납니다. 그래서 내가 항상 마음의 눈을 뜨자고 하는 것입니다. 마음의 눈을 뜨면 자기의 본성, 즉 자성自性을 보는데, 그것을 견성見性이라고 합니다.

요즘은 어찌된 일인지 불교에 관심이 있고 참선 좀 한다는 사람은 참선 시작한 지 한 사나흘도 안 되어 모두 견성했다고 합니다. 아마 이곳에도 견성했다고 생각하는 사람이 많이 있을 것입니다.

그러나 그것은 사실 견성이 무엇인지 몰라서 그렇습니다. 『대승기신론大乘起信論』에 이런 말씀이 있습니다.

보살지가 다하여 멀리 미세망상을 떠나면
마음의 성품을 볼 수 있으니 이것을 구경각이라 한다.
菩薩地盡 遠離微細 得見心性 名究竟覺

보살이 수행을 하여서 마침내 십지十地와 등각等覺을 넘어서서 가장 미세한 망상인 제8아뢰야식阿賴耶識의 근본무명根本無明까지 완전히 다 떨어져 버리면 진여眞如가 나타나지 않으려야 않을 수 없는데, 그것이 견성이고 구경각이라는 말입니다. 이것을 묘각妙覺이라고도 합니다. 또 『열반경涅槃經』에서는 이렇게 말합니다.

무상정각을 이루면 부처님 성품을 볼 수 있고,
부처님 성품을 보면 무상정각을 이룬다.
成無上正覺 得見佛性 得見佛性 成無上正覺

위없는 바른 깨달음, 즉 성불이 바로 부처님의 성품인 불성을 보는 것이고, 불성을 보는 견성이 바로 바른 깨달음인 성불이라는 말입니다. 바로 『기신론』에서 말씀하신 '구경각이 견성'이라는 것과 내용이 꼭 같은 것입니다. 이것을 『열반경』에서는 더 자세하게 말씀하셨습니다.

보살의 지위가 십지가 되어도

불성은 아직 명료하게 알지 못한다.
菩薩地盡十地 尙未明了知見佛性

결국 보살의 수행단계가 십지가 되어도 견성 못 했다는 말입니다. 그러니 성불해야만 견성이지 성불하기 전에는 견성이 아니라는 말입니다. 또 『유가사지론瑜伽師地論』에서는 이렇게 말합니다.

구경지보살은 어두운 데에서 물건을 보는 것과 같다.
究竟地菩薩 如微闇中見物

어두운 곳에서는 물건의 바른 모습을 볼 수 없듯이 십지나 등각 위의 구경지보살이 불성을 보는 것이 그렇다는 말입니다. 결국 일체 만법의 본모습인 자성을 보려면, 어두운 데에서 물건을 보듯 하는 수행단계를 지나서 밝은 햇빛 속으로 쑥 나서야 되는 것입니다. 즉 구경각을 성취해서 성불하는 것이 바로 견성인 것입니다.

그럼 선종禪宗에서는 어떻게 말했는가? 선종의 스님들 중에서도 운문종雲門宗의 종조이신 운문雲門스님께서 항상 하신 말씀이 있습니다.

십지보살이 설법은 구름 일고 비 오듯 하여도
견성은 비단으로 눈을 가린 것과 같다.
十地菩薩 說法如雲如雨 見性如隔羅縠

십지보살은 법운지法雲地보살이라 하여, 법문을 할 때는 온 천지에 구름이 덮이고 비가 쏟아지듯이 그렇게 법문을 잘한다는 것입니다. 그렇지만 견성, 즉 자성을 보는 것은 비단으로 눈을 가린 것 같다는 말이니, 비단으로 눈을 가렸는데 어떻게 물체를 바로 볼 수 있겠습니까.

이렇듯 대승불교의 총론總論이라고 할 수 있는 『대승기신론』에서는 보살지가 다 끝난 구경각을 견성이라 했고, 부처님 최후의 법문인 『열반경』에서는 견성이 즉 성불이고 성불이 즉 견성인데 십지보살도 견성 못 했다고 하였고, 유식종唯識宗의 소의경전所依經典인 『유가사지론』에서는 불성을 보는 것은 구경지보살도 어두운 가운데서 물건을 보는 것과 같다 하였고, 종문의 조사인 운문스님은 십지보살도 견성하지 못 했다고 하였습니다.

이처럼 선禪과 교敎를 통해서 어느 점에서 보든지 간에 견성이 바로 성불이며, 그것은 보살수행의 십지와 등각을 넘어서 구경각을 얻어야 하는 것이라고 말하고 있습니다. 그런데 십지는 고사하고 삼현三賢도 아닌 단계, 비유하자면 층층대의 맨 꼭대기가 견성인데 그 첫째 계단에도 올라가지 못하고 견성했다고, 도통道通했다고 합니다. 그렇게 견성해서 다시 성불한다고 하니 대체 그 견성은 어떤 것인지, 이것이 요새 불교 믿는 사람의 큰 병통病痛입니다.

그렇다면 이 병은 어디서 온 것인가 하면 보조普照스님이 지은 『수심결修心訣』에서 비롯됩니다. 거기에 돈오점수頓悟漸修라 하여 자성을 깨치는 것을 돈오라 하고, 돈오한 후에 오래 익힌 습기習氣를 없애는 점수漸修를 닦아야 한다고 하였고, 그 돈오한 위치가 보살의 수행 차제次第 십신초十信初에 들어간다고 하였습니다.

보조스님은 중국의 규봉圭峰스님의 사상을 이어받아서 돈오점수를 주장했습니다만, 규봉스님은 십신초인 보살지를 돈오 즉 견성이라고 말하지 않았고, 또 그가 주장한 깨침이란 것은 단지 교학상의 이론을 아는 해오解悟를 말한 것에 불과한 것입니다. 그런데 보조스님은 한 걸음 더 나아가서 돈오를 견성이라 하면서, 그 지위가 십신초라고 『절요節要』에서 말하고 있습니다.

많은 사람들은 "고려시대의 큰스님인 보조스님께서 말씀하셨는데 잘못되었겠느냐."고 말할 것입니다. 그러나 불교의 모든 경經이나 논論에서는 분명히 삼현, 십지를 넘어선 구경각을 성취하는 것을 견성이라 하고 있으니, 결국 보조스님의 『수심결』이 『기신론』보다 낫고, 『열반경』보다 낫고, 『유가사지론』보다 낫다는 말인가?

또 종문의 대표적 스님인 운문스님보다 낫다는 말인가? 그렇지 않습니다. 결국 보조스님이 『수심결』에서 말씀하신 '십신초에서의 돈오가 견성'이라는 사상은 근본적으로 시정되어야 하는 것입니다.

그렇다면 십지보살이니 구경각이니 하는 그 깨달음의 경지는 어떻게 알 수 있는가? 무엇을 표준해서 그렇게 말하고 있는가 하는 데 대해서 궁금증이 있을 것입니다.

이것도 종문에 분명한 표준이 있습니다.

『화엄경』「십지품十地品」에 "보살지가 7지地가 되면 꿈속에서도 장애를 받지 않고 공부가 여여하다."고 하였습니다. 참선 공부를 하다가 잠이 들어 꿈을 꾸고 있을 때에도 아무 장애를 받지 않고 공부가 한결같으면 '7지보살'이라고 인정한다는 말입니다. 그러나 7지의 보살이 설사 꿈에는 공부가 일여一如하다 할지라도 깊은 잠에 들면 캄캄합니다. 그런데 아무리 잠이 깊이 들어도 일여한 경계가 분명히 있습니다.

> 밖에서 볼 때는 잠을 자는 것 같지만
> 실지는 잠을 자지 않는다.
> 外似現睡　實無睡也

아무리 깊은 잠에 빠져 있어도 정신 상태는 항상 밝아 있어 조금도 변함이 없다는 말입니다. 항상 밝아 있는 정신 상태가 올 것 같으면 8지보살 이상, 즉 자재위自在位라 합니다. 그런데 자재위에는 두 종류가 있어서 깊은 잠, 즉 숙면에서 일여하여도 아뢰야식의 미세한 망상이 그대로 남아 있으면 8지 이상의 자재보살이고, 그 미세망상까지 완전히 다 끊어져 버리면 그때에는 진여眞如가 드러나고 그것이 견성이고 부처님입니다. 그때는 여래위如來位라 합니다.

불교에서 수행하여 공부하는 단계를 보면, 첫째 동정일여動靜一如 즉 일상생활에서 가고 오고 할 때나, 가만히 있을 때나, 말을 하거나 안 하거나, 변함없이 공부가 되어야 합니다. 여여불변如如不變하여야 합니다.

동정일여가 되어도 잠이 들어 꿈을 꾸면 공부는 없어지고 꿈속에서 딴짓 하며 놀고 있는데, 꿈에서도 일여한 것을 몽중일여夢中一如라 합니다.

몽중일여가 되어도 앞에서 말했듯이 잠이 깊이 들면 아무것도 없습니다. 잠이 푹 들었을 때에도 여여한 것을 숙면일여熟眠一如라 합니다.

숙면일여가 되어도 거기에 머무르지 않고 더욱 나아가야 합니다. 백척간두百尺竿頭에서 한 걸음 더 나아가야 된다 말입니다. 그리하여 깨쳐야만 그것이 실제 견성입니다.

그런데 참선 공부하는 사람들을 보면 숙면일여는 고사하고, 몽중일여도 고사하고, 더구나 동정일여도 안 되는 것을 가지고 견성했다, 깨쳤다고 인정해 달라고 나한테 온 사람만도 수백 명은 보았습니다. 이것도 병입니다. 공부를 하다 보면 무엇인가가 정신을 확 덮어 버립니다. 그때에는 자기가 깨친 것 같고 자기가 부처님보다 나은 것 같고, 조사스님보다 나은 것 같은 생각이 드는 그런 병이 있습니다. 이 병에 들게 되면 누구 말도 귀에 안 들어옵니다. 그래서 여러 가지로 설명해 주면 어떤 사람은 잘못된 줄 알고 다시 공부하고, 또 어떤 사람은 이 병을 한동안 앓는 경우도 있습니다.

어느 젊은 스님이 불교를 믿고 참선을 한다는 처사들 모임에 갔더라고 합니다. 약 백여 명 모인 처사들 중에서 90명은 견성했더라는 것입니다.

"이럴 것이 아니라 해인사 큰스님께 가서 한번 물어보시오."
"뭐, 큰스님이니 작은 스님이니 물어볼 것 있습니까."

큰스님, 작은 스님이 소용없다니, 그렇게 되면 부처님도 소용없습니다. 이리 되면 곤란합니다. 좀 오래 전의 일입니다.

70세 남짓 된 노인이 한 사람 찾아왔습니다. 그때에도 3천 배 하고서 내 방에 들어왔습니다. 어떻게 왔느냐고 물었더니 자기는 안 오려 했는데 주위 사람들이 하도 가보라고 해서 왔다고 합니다.

"나이가 70이나 되면서 옆의 사람이 가보라 한다고 쫓아왔단 말이오. 자기가 오기 싫으면 안 오면 그만이지, 대체 무슨 일로 옆에서는 그렇게 권했소?"

"내가 40여 년을 참선을 하는데 벌써 20년 전에 확실히 깨쳤습니다. 그 후 여러 스님들을 찾아다니면서 물어봐도 별 수 없어 이젠 찾아다니지도 않는데, '성철스님께 가보라'고 하도 이야기해서 할 수 없이 찾아왔습니다."

"그래 어쨌든 잘 왔소. 들어보니 노인은 참 좋은 보물을 갖고 있네요. 잠깐 앉아 있는데 모든 망상이 다 떨어지고 몇 시간도 금방 지나가 버리니, 그런 좋은 보물이 또 어디 있겠소. 내가 한 가지 물어보겠는데 딱 양심대로 말하시오. 거짓말하면 죽습니다. 그 보물이 꿈에도 있습니까?"

그러자 눈이 동그래지는 것입니다.

"꿈에는 없습니다."

"뭐, 꿈에는 없다고? 이 늙은 놈아! 꿈에도 안 되는 그걸 가지고 공부라고 선지식善知識이 있니 없니 하고 있어? 이런 놈은 죽어야 돼. 하루에 만 명을 때려죽여도 괜찮아, 인과도 없어!"

그리고는 실제 주장자로 두들겨 패주었습니다. 가만히 앉아서 맞고만 있더군요. 그래서 이제 어떻게 할 것인가를 물었더니 자기 공부가 틀린 줄 알고서 다시 새로 공부를 배우겠다는 것입니다.

이런 병폐가 실제로 많이 있습니다. 꿈에도 안 되는 이것을 가지고 자기가 천하제일인 듯이 하고 다닙니다. 여기 이 대중 가운데에도 나한테 직접 덤빈 사람도 몇 사람 있습니다. 요새도 보면 그 병을 못 버리고 무슨 큰 보물단지나 되는 것처럼 걸머진 사람도 있습니다. 이상으로 견성이라고 하는 그 내용이 무엇인지에 대해서 좀 알 수 있을 것입니다.

그럼 어떤 방법에 의하면 견성을 할 수 있는가?

불교에서는 성불하는 방법이 여러 가지 있습니다. 관법觀法을 한다, 주력呪力을 한다, 경을 읽는다, 다라니를 외운다 등등 온갖 것이 다 있습니다. 그런 여러 가지 방법 가운데서 가장 확실하고 빠른 방법이 참선입니다. 견성성불하는 데에는 참선이 가장 수승한 방법입니다.

참선하는 것은 자기 마음을 밝히는 것이기 때문에 불교 신도나 스님들만 하는 것이 아닙니다. 신부나 수녀도 백련암에 와서 3천 배 절하고 화두話頭 배워 갑니다. 나한테서 화두 배우려면 누구든지 3천 배 절을 안 하면 안 가르쳐 주니까.

얼마 전에도 예수교 믿는 사람들 셋이 와서 3천 배 절하고 갔습니다. 이 사람들한테 내가 항상 말합니다.

"절을 하는 데 무슨 조건으로 하느냐 하면, 하나님 반대하고 예수님 욕을 가장 많이 하는 사람이 제일 먼저 천당에 가라고 축원하고 절하십시오."

이렇게 말하면 그들도 참 좋아합니다. 이런 것이 종교인의 자세 아닙니까. 우리 종교 믿는 사람은 전부 다 좋은 곳으로 가고, 우리 종교 안 믿는 사람은 모두 다 나쁜 곳으로 가라고 말한다면 그는 점잖은 사람이 아닙니다. 어찌 그렇게 말할 수 있습니까. 나를 욕하고 나를 해치려 하면 할수록 그 사람을 더 존경하고, 그 사람을 더 돕고, 그 사람을 더 좋은 자리에 앉게 하라고 부처님께서는 항상 말씀하셨습니다.

마음을 닦아야 된다는 것, 여기에 대해서는 예수교나 다른 종교인들도 관심을 많이 가지고 있습니다. 우리나라의 가톨릭 수도원 중에서 가장 큰 것이 왜관에 있는데, 그 수도원의 독일인 원장이 나한테서 화두를 배운 지 10여 년이 지났습니다. 그 동안에도 종종 왔는데, 화두 공부는 해볼수록 좋다는 것입니다. 이처럼 불교를 믿지 않는 다른 종교인들도 화두를 배워서 실제로 참선하는 사람이 많이 있습니다. 우리가 불교를 믿는다고 하면 마음을 닦는 근본 공부인 선禪을 알아서 실천해야 합니다.

그런데 화두를 말하자면 또 문제가 따릅니다. 화두를 가르쳐 주면서 물어보면, 어떤 사람은 화두가 무엇인지도 모르고 옆에서 배우라고 해서 배운다는 사람도 있지만, 오히려 그런 사람은 괜찮습니다. 어떤 사람은 "이런 것은 누구든지 알 수 있는 것 아닙니까?" 하고는 뭐라고 뭐라고 아는 체를 합니다. 이것이 큰 문제입니다.

화두, 즉 공안公案이라고 하는 것은 마음의 눈을 떠서 확철히 깨쳐야 알지 그전에는 모르는 것입니다. 공부를 하여 비록 몽중일여가 되어도 모르는 것이고 또 숙면일여가 되어도 모르는 것인데, 그런데 망상이 죽 끓듯이 끓고 있는 데서 어떻게 화두를 안다고 하는지, 이것이 조금 전에 말했듯이 큰 병입니다. 그럼 어째서 화두를 안다고 하는가? 껍데기만 보고 아는 체하는 것입니다. 그러나 겉만 보고는 모르는 것입니다. 말 밖에 뜻이 있습니다. 이런 것을 예전 종문의 스님들은 '암호밀령暗號密令'이라고 하였습니다.

암호라는 것은 본래 말하는 것과는 전혀 뜻이 다른 것이지요. '하늘 천天'이라고 말할 때 '천' 한다고 그냥 '하늘'인 줄 알다가는 그 암호 뜻은 영원히 모르고 마는 것과 마찬가지로, 공안은 모두 다 암호밀령입니다. 겉으로 말하는 그것이 속 내용이 아닙니다. 속 내용은 따로 암호로 되어 있어서 숙면일여에서 확철히 깨쳐야만 알 수 있는 것이지 그 전에는 모르는 것입니다.

여기에 대해서 가장 큰 병통을 가진 이는 일본 사람들입니다. 일본 구택대학駒澤大學에서 『선학대사전禪學大辭典』이라는 책을 약 30여 년 걸려서 만들었다고 하기에 구해 보았습니다. 그런데 보니 중요한 공안은 전부 해설해 놓았습니다. 그 책을 보면 참선할 필요 없습니다. 공안이 전부 해설되어 있으니까. 내가 여러 번 말했습니다.

"일본에 불교가 전래된 이후로 가장 나쁜 책이 무엇이냐 하면 이 『선학대사전』이야. 화두를 해설하는 법이 어디 있어."

구택대학은 조동종曹洞宗 계통입니다. 조동종의 종조되는 동산양개洞山良介 화상이 항상 하신 말씀이 있습니다.

> 우리 스님의 불법과 도덕을 중하게 여기는 것이 아니고
> 다만 나를 위해 설파해 주지 않았음을 귀히 여긴다.
> 不重先師佛法道德 只貴不爲我說破

화두의 생명이란 설명하지 않는 데 있습니다. 또 설명될 수도 없고, 설명하면 하는 사람이나 듣는 사람이나 다 죽어 버립니다. 앞이 보이지 않는 사람에게 아무리 단청丹靑 이야기를 한들 무슨 소용이 있습니까. 듣는 것만으로는 아무 소용이 없습니다. 자기가 눈을 떠서 실제로 보게 해줘야 합니다.

이처럼 조동종의 개조되는 동산스님은 화두란 설명하면 다 죽는다고, 설명은 절대 안 한다고 평생 그렇게 말했는데, 후세에 그 종파의 승려들이 떼를 지어서 수십 년을 연구하여 화두를 설명한

책을 내놓았으니, 이것은 자기네 조동종이나 선종만 망치는 것이 아니라 조동종 양개화상에 대해서도 반역입니다. 이렇게 되면 조동종은 종명宗名을 바꾸어야 될 것입니다. 반역종反逆宗이라고.

일본에 이런 사람이 또 있습니다. 일본 불교학자로 세계적 권위자인 중촌원中村元이라는 학자가 있는데, 언젠가 해인사에도 왔더라고 전해만 들었습니다. 그의 저서로『동양인의 사유방법』이라는 책이 있는데 유명한 책입니다. 우리나라에서도 번역되었습니다. 그 책 속에 보면 선종의 화두인 '삼서근麻三斤'에 대해 "무엇이 부처님이냐고 물었는데 어째서 '삼서근'이라고 대답했느냐 하면, 자연현상은 모든 것이 절대이어서 부처님도 절대이고 삼서근도 절대이다. 그래서 부처님을 물은 데 대해 삼서근이라 했다."라고 되어 있습니다. 이렇게 딱 잘라서 단안을 해버렸습니다. 큰일 아닙니까. 혼자만 망하든지 말든지 하지 온 불교를 망치려고 하니.

그러나 그의 스승인 우정백수宇井伯壽는 그렇지 않습니다. "나는 선에 대해서는 문외한門外漢이다." 이렇게 아주 선언을 해버렸습니다. 이것이 학자적인 양심입니다. 자기는 안 깨쳤으니까, 자기는 문자승文字僧이니까 선에 대해서 역사적 사실만 기록했지 선 법문, 선리禪理에 대해서는 절대로 말도 하지 않고 평도 하지 않았습니다. 이것이 학자의 참 양심입니다. 그런데 중촌원은 화두에 대해 딱 단안을 내리고 있으니 이렇게 되면 어떻게 되겠습니까? 이런 식으로 화두를 설명하려고 하면 불교는 영원히 망해 버리고 맙니다.

여기에 덧붙여서 화두의 하나인 '뜰 앞의 잣나무〔庭前栢樹子〕'에 대해 이야기 좀 하겠습니다.

선종에서 유명한 책인 『벽암록碧巖錄』에 송頌을 붙인 운문종의 설두雪竇스님이 공부하러 다닐 때 어느 절에서 한 도반과 정전백수자 화두에 대해 이야기하고 있었습니다. 한참 이야기하다가 문득 보니 심부름하는 행자行者가 빙긋이 웃고 있었습니다. 손님이 간 후에 불렀습니다.

"이놈아, 스님네들 법담하는데 왜 웃어?"

"허허, 눈멀었습니다. 정전백수자는 그런 것이 아니니, 내 말을 들어보십시오."

흰토끼가 옛길에 몸을 눕히자
눈 푸른 매가 언뜻 보고 토끼를 낚아 가네.
뒤쫓아 온 사냥개는 이를 모르고
공연히 나무만 안고 빙빙 도는도다.
白兎橫身當古路　蒼鷹一見便生擒
後來獵犬無靈性　空向古椿下處尋

'뜰 앞의 잣나무'라 할 때 그 뜻은 비유하자면 '토끼'에 있지 '잣나무'에 있는 것이 아닙니다. 그래서 마음 눈 뜬 매는 토끼를 잡아가 버리고 멍텅구리 개는 '잣나무'라고 하니 나무만 안고 빙빙 돌고 있다는 것입니다.

정전백수자라 할 때 그 뜻은 비유하자면 토끼에 있는 것이니 나무 밑에 가서 천년 만년 돌아봐야 그 뜻은 모르는 것입니다. 이것이 바로 조금 전에 말했듯이 '화두는 암호다' 하는 것입니다. 그러므로 함부로 생각나는 대로 이리저리 해석할 수 없는 것임을 능히

짐작할 수 있을 것입니다. 화두에 대해 또 좋은 법문이 있습니다. 불감 근佛鑑懃 선사의 법문입니다.

> 오색비단 구름 위에 신선이 나타나서
> 손에 든 빨간 부채로 얼굴을 가리었다.
> 누구나 빨리 신선의 얼굴을 볼 것이요
> 신선의 손에 든 부채는 보지 말아라.
> 彩雲影裏神仙現　手把紅羅扇遮面
> 急須著眼看仙人　莫看仙人手中扇

생각해 보십시오. 신선이 나타나기는 나타났는데 빨간 부채로 낯을 가리었습니다. 신선을 보기는 봐야겠는데, 낯을 가리는 부채를 봤다고 해서 신선을 보았다고 말할 수 있습니까.

화두에 있어서는 모든 법문이 다 이렇습니다. '정전백수자'니 '삼서근'이니 '조주무자趙州無字'니 하는 것은 다 손에 든 부채입니다. 부채! 눈에 드러난 것은 부채일 뿐입니다. 부채 본 사람은 신선 본 사람이 아닙니다. 빨간 부채를 보고서 신선 보았다고 하면 그 말 믿어서 되겠습니까?

거듭 말하지만, 화두는 암호입니다. 이 암호 내용은 어떻게 해야 풀 수 있느냐 하면 잠이 깊이 들어서도 일여한 경지에서 깨쳐야만 풀 수 있는 것입니다. 그 전에는 못 푼다는 것, 이같은 근본 자세가 딱 서야 합니다. 그리하여 마음의 눈을 확실히 뜨면 이것이 견성인 것입니다. 동시에 '뜰 앞의 잣나무'라는 뜻도 알 수 있는 것입니다. 그렇다면 옛날 스님들은 어떤 식으로 공부했는지에 대해 이야기해

봅시다. 임제종臨濟宗의 중흥조로서 오조법연五祖法演, 원오극근圜悟克勤, 대혜종고大慧宗杲, 이렇게 세 분의 선사가 임제종을 크게 진흥시켜 천하에 널리 퍼지게 하였습니다. 이 중에서 대혜스님이 공부한 것이 좋은 참고가 됩니다.

대혜스님이 공부하다가 스무 살 남짓 됐을 때 깨쳤습니다. '한소식'해 놓고 보니 석가보다 낫고 달마보다도 나아 천하에 자기가 제일인 것 같았습니다. '어디 한번 나서 보자, 어디 누가 있는가' 하고 큰스님들을 찾아가 보니 모두 별것 아닙니다. 자기가 보기에 아무 것도 아닙니다. 누가 뭐라고 하든 자기가 제일이라고 쫓아다니는 판입니다. 당시 임제종 황룡파黃龍派에 담당문준湛堂文準 선사가 계셨습니다. 대혜스님이 그 분을 찾아갔습니다. 그리고는 병의 물을 쏟듯, 폭포수가 쏟아지듯 아는 체하는 말을 막 쏟아 부었습니다. 담당스님이 가만히 듣고 있다가 이렇게 물어왔습니다.

"자네 좋은 것 얻었네. 그런데 그 좋은 보물 잠들어서도 있던가?"

자신만만하여 횡행천하橫行天下하여 석가보다도, 달마보다도 낫다 하던 그 공부가 잠들어서는 없는 것입니다.

"스님, 다른 것은 전부 다 자신 있습니다. 그런데 잠들어서는 그만 아무것도 없습니다. 어쩔 수가 없습니다."

"잠들어서는 아무것도 없으면서 석가, 달마가 아무것도 아니라고? 그것은 병이야 병, 고쳐야 돼."

이렇게 자기 병통을 꽉 찌르니 항복 안 할 수가 없습니다. 그리하여 죽자고 공부하다가 나중에 담당스님이 병이 들어 열반하신 후에는 그 유언을 따라 원오극근 선사를 찾아갔습니다.

찾아가서 무슨 말을 걸어 보려고 하니 마치 절벽을 만난 듯 자기 공부는 거미줄 정도도 안 되는 것입니다. 만약 원오스님이 자기의 공부를 조금이라도 인정하는 기색이면 그를 땅 속에 파묻어 버리리라는 굳은 결심으로 찾아갔는데 어떻게 해볼 도리가 없었습니다.

"아하, 내가 천하가 넓고 큰 사람 있는 줄 몰랐구나."

크게 참회하고 말했습니다.

"스님, 제가 공연히 병을 가지고 공부인 줄 잘못 알고 우쭐했습니다. 문준선사의 법문을 듣고 공부를 하는데 아무리 해도 잠들면 공부가 안 되니 어찌 해야 됩니까?"

"이놈아, 쓸데없는 망상하지 말고 공부 부지런히 해. 그 많은 망상 전체가 다 사라지고 난 뒤에야 비로소 공부에 가까이 가는 법이야."

이렇게 꾸중듣고 다시 열심히 공부를 하였습니다. 그러다 한번은 원오스님 법문 도중에 확철히 깨달았습니다. 기록을 보면 '신오神悟'라 하였습니다. 신비롭게 깨쳤다는 말입니다. 그때 보니 오매일여입니다. 비로소 꿈에도 경계가 일여하게 되었습니다.

이리하여 원오스님에게 갔습니다. 원오스님은 말조차 들어보지 않고 쫓아냅니다. 말을 하려고 하면 "아니야 아니야[不是不是]." 말을 하기도 전에 아니라고만 계속합니다. 그러다가 화두를 묻습니다. '유구와 무구가 등칡이 나무를 의지함과 같다[有句無句 如藤倚樹]'라는 화두를 묻는 것입니다. 자기가 생각할 때는 환하게 알 것 같아 대답을 했습니다.

"이놈아, 아니야. 네가 생각하는 그것 아니야. 공부 더 부지런히 해!"

대혜스님이 그 말을 믿고 생명을 다 바쳐 더욱 부지런히 공부했습니다. 그리하여 결국 참으로 확철히 깨쳤습니다. 이렇듯 대혜스님은 원오스님에게 와서야 잠들어도 공부가 되는 데까지 성취했습니다. 그리고 거기에서 확철히 깨쳤습니다.

잠이 깊이 들어서도 일여한 경계를 두고 원오스님은 이렇게 말씀했습니다. "애석하다. 죽어버려서 다시는 살아나지 못하겠구나〔可惜死了不得活〕."

일체 망상이 다 끊어지고 잠이 들어서도 공부가 여여한 그때는 완전히 죽은 때입니다. 죽기는 죽었는데 거기서 살아나야 합니다. 그러면 어떻게 해야 살아나느냐? "화두를 참구 안 하는 이것이 큰 병이다〔不疑言句 是爲大病〕."라 했습니다.

공부란 것이 잠이 깊어 들어서 일여한 거기에서도 모르는 것이고, 견성이 아니고 눈을 바로 뜬 것이 아닙니다. 거기에서 참으로 크게 살아나야만 그것이 바로 깨친 것이고, 화두를 바로 안 것이며, 동시에 마음의 눈을 바로 뜬 것입니다. 지금까지는 중국의 스님 이야기를 했는데, 우리나라 선문 중에 태고太古스님이 계십니다.

태고스님은 공부를 시작한 지 20여 년 만인 40여 세에 오매일여가 되고 그 후 확철히 깨쳤습니다. 깨치고 보니 당시 고려의 큰스님들이 자기 마음에 들지 않았습니다. 자기를 인가印可해 줄 스님도 없고, 자기 공부를 알 스님도 없었습니다. 그래서 중국으로 갔습니다. 그리고 그곳에서 임제정맥臨濟正脈을 바로 이어 가지고 돌아왔습니다. 태고스님 같은 분, 이 동쪽 변방에 나신 스님이지만 그 분은 깨치고, 바로 알고, 바로 가르치는 것입니다. 그 스님은 항시 하시는 말씀이 있습니다.

> 점점 오매일여한 때에 이르렀어도
> 다만 화두하는 마음을 여의지 않음이 중요하다.
> 漸到寤寐一如時 只要話頭心不離

이 한마디에 스님의 공부가 들어 있습니다. 공부를 하여 오매일여한 경계, 잠이 아무리 들어도 일여하며 8지 이상 보살 경계, 거기에서도 화두는 모르는 것입니다. 그런데 앞에서도 말했듯이 몽중일여도 안된 거기에서 화두 다 알았다고 하고 내 말 한번 들어 보라, 하는데 이것이 가장 큰 병입니다.

다 죽어가는 사람에게 귀하고 좋은 약을 가지고 와서 "이 약만 먹으면 산다." 하며 아무리 먹으라고 해도 안 먹고 죽는 것은 어떻게 합니까. 먹여서 살려 낼 재주 없습니다. 배가 고파 다 죽어가는 사람보고 만반진수滿盤珍羞를 차려 와서 "이것만 잡수시면 삽니다." 해도 안 먹고 죽으니 부처님도 어떻게 해볼 재주가 없습니다. 아난이 30여 년을 부처님 모셨지만 아난이 자기 공부 안 하는 것은 부처님도 어쩌지 못합니다.

오늘 법문을 요약하면, 불교란 것은 팔만대장경이 그토록 많지만 '마음 심'자 한 자에 있다는 것입니다. 아주 간단합니다. 마음의 눈만 뜨면 일체만법을 다 알 수 있고, 삼세제불을 다 볼 수 있고, 일체법을 다 성취하는 것입니다. 마음의 눈을 뜨는 것이 바로 자성을 보는 것이고 견성이란 말입니다. 그러니 우리가 어떻게든지 노력해서 마음의 눈을 바로 떠야 되는데 가장 빠른 길이 화두입니다.

이 화두란 것은 잠이 깊이 들어서 일여한 경계에서도 모르는 것이고 거기에서 크게 깨쳐야 하는 것입니다. 공부를 하다가 무슨 경계가 나서 크게 깨친 것 같아도 실제 동정에 일여하지 못하고, 몽중에 일여하지 못하고, 숙면에 일여하지 못하면 화두를 바로 안 것도 아니고, 견성도 아니고, 마음의 눈을 뜬 것도 아닙니다.

그러면 그 근본 표준이 어디 있느냐 하면 "잠들어서도 일여하느냐, 않느냐" 여기에 있습니다. 그러니 부지런히 화두를 하여 잠이 푹 들어서도 크게 살아나고 크게 깨쳐서 화두를 바로 아는 사람, 마음 눈을 바로 뜬 사람이 있기를 바랍니다.

오늘 이야기를 가만히 생각해서 하나라도 좋고 반쪽이라도 좋으니, 실지로 마음의 눈을 바로 뜬 사람이 생겨서 부처님 혜명慧命을 바로 잇도록 노력합시다.

내가 부처가 된 때

|1981년 음 6월 30일, 방장 대중법어|

내가 부처가 된 이후로 지내온 많은 세월은
한량없는 백천만억 아승지로다.
自我得佛來　所經諸劫數　無量百千萬億阿僧祇

이 구절은 『법화경法華經』「여래수량품如來壽量品」에 있는 말씀인데, 『법화경』의 골자입니다. 쉽게 말하자면 "내가 성불한 뒤로 얼마만한 세월이 경과했느냐." 하면 숫자로써 형용할 수 없는 한없이 많은 세월이 경과했다는 말씀입니다.

그러나 보통으로 봐서 이것은 이해가 잘 안 될 것입니다. 부처님께서 인도에 출현해서 성불하여 열반하신 지 지금부터 2천5백여 년밖에 안 되었습니다. 그런데 어째서 부처님 말씀이 자기가 성불한 지가 무량백천만억 아승지 이전이라고 했을까? 어째서 숫자로 헤아릴 수 없는 오랜 옛날부터라고 그렇게 말씀하신 것일까?

사실에 있어서 부처님이 2천5백 년 전에 출현하여 성불하신 것은 방편이고 실지로는 한량없는 무수한 아승지겁 이전에 벌써 성불하신 것입니다. 이것을 바로 알아야 불교에 대한 기본자세, 근본자세를 가질 수 있는 것입니다.

불교의 목적이 무엇이냐고 물으면 보통 '성불' 즉 '부처 되는 것'이라고 합니다. 으례 그렇게 말하지만 실제로는 맞지 않는 말입니다. 실제 내용은 중생이 본래부처〔本來是佛〕라는 것입니다. 깨쳤다는 것은 본래부처라는 것을 깨쳤다는 말일 뿐 중생이 변하여 부처가 된 것이 아닙니다.

그전에는 자기가 늘 중생인 줄로 알았는데 깨치고 보니 억천만 무량아승지겁 전부터 본래로 성불해 있더라는 것입니다. 무량아승지겁 전부터 본래로 성불해 있었는데 다시 무슨 성불을 또 하는 것입니까? 그런데도 '성불한다, 성불한다' 이렇게 말 하는 것은 우리 중생을 지도하기 위한 방편으로 하는 말일뿐입니다.

부처님이 도를 깨쳤다고 하는 것은 무량아승지겁 전부터 성불한 본래모습 그것을 바로 알았다는 말입니다. 이 말은 부처님 한 분에게만 해당되는 말이 아닙니다. 일체중생, 일체 생명, 심지어는 구르는 돌과 서 있는 바위, 유정有情, 무정無情 전체가 무량아승지겁 전부터 다 성불했다는 그 소식인 것입니다.

우리가 사는 이 세계를 '사바세계'라 합니다. 모를 때는 사바세계이지만 알고 보면 이곳은 사바세계가 아니고 저 무량아승지겁 전부터 이대로가 극락세계입니다. 그래서 불교의 목표는 중생이 변하여 부처가 되는 것이 아니고, 누구든지 바로 깨쳐서 본래 자기가 무량아승지겁 전부터 성불했다는 것, 이것을 바로 아는 것입니다. 동시에 온 시방법계가 불국토佛國土 아닌 곳, 정토淨土 아닌 나라가 없다는 이것을 깨치는 것이 불교의 근본 목표입니다.

다른 종교에서는 '구원'이라는 말을 합니다. '구원을 받는다', '예수를 믿어 천당 간다'고 합니다. 그러나 불교에서는 구원이라는 말이 해당되지 않습니다. 본래 부처인 줄 확실히 알고 온 시방법계가 본래 불국토이며 정토인 줄 알면 그만이지 또 무슨 남에게서 받아야 할 구원이 있겠습니까? 그래서 불교에는 근본적인 의미에서 절대로 구원이란 없습니다. 이것이 어느 종교도 따라올 수 없는 불교의 독특한 입장입니다. 실제 어느 종교, 어느 철학에서도 이렇게 말하지 못합니다.

불佛, 부처란 것은 불생불멸不生不滅을 이르는 말입니다. 무량아승지겁 전부터 성불했다고 하는 것은 본래부터 모든 존재가 불생불멸 아닌 것이 없다는 그 말입니다. 사람은 물론 동물도, 식물도, 광물도, 심지어 저 허공까지도 불생불멸인 것입니다. 또한 모든 처소 시방법계 전체가 모두 다 불생불멸인 것입니다. 그러니 이것이 곧 정토이며 불국토인 것입니다. 모든 존재가 전부 다 부처고, 모든 처소가 전부 다 정토다, 이 말입니다.

그러면 어째서 사바세계가 있고 중생이 있는가? 내가 언제나 하는 소리입니다. 아무리 해가 떠서 온 천하를 비추고 환한 대낮이라도 눈감은 사람은 광명을 못 봅니다. 앉으나 서나 전체가 캄캄할 뿐 광명을 못 봅니다. 그와 마찬가지입니다. 마음의 눈을 뜨고 보면 우주법계 전체가 광명인 동시에 대낮 그대로입니다. 마음의 눈을 뜨고 보면 전체가 부처 아닌 존재 없고 전체가 불국토 아닌 곳이 없습니다. 마음의 눈만 뜨고 보면!

그러나 이것을 모르고 아직 눈을 뜨지 못한 사람은 "내가 중생이다", "여기가 사바세계다"라고 말할 뿐입니다.

근본 병은 어디에 있느냐 하면, 눈을 떴나 눈을 감았나 하는 여기에 있습니다. 눈을 뜨고 보면 전체가 다 광명이고, 눈을 감고 보면 전체가 다 암흑입니다. 마음의 눈을 뜨고 보면 전체가 다 부처이고 전체가 다 불국토이지만, 마음의 눈을 감고 보면 전체가 다 중생이고 전체가 다 사바세계 지옥인 것입니다. 그러니 우리는 이것저것 말할 것 없습니다. 누가 눈감고 캄캄한 암흑세계에 살겠다고 하는 사람이 있겠습니까? 누구든지 광명 세계에 살고 싶고, 누구든지 부처님 세계에 살고 싶고, 누구든지 정토에 살고 싶은 것입니다. 그렇다면 한시바삐 어떻게든 노력하여 마음의 눈만 뜨면 일체 문제가 다 해결됩니다. 가고 오고 할 것이 없습니다. 천당에 가니 극락세계에 가니 하는 것은 모두 헛된 소리입니다. 어떻게든 노력해서 마음의 눈만 뜨면 일체 문제가 다 해결됩니다. 그래서 부처님께서 내가 아승지겁 전부터 성불했더라, 본래부처라고 말씀하신 것입니다.

  중생을 제도하기 위하여
  방편으로 열반을 나타내지만
  실제는 내가 죽지 않고
  항상 여기서 법을 설한다
  爲度衆生故　方便現涅槃
  而實不滅度　常住此說法

이 구절은 앞의 게송에 계속되는 구절인데, 무슨 뜻인가 하면 부처님께서 무량아승지겁 전부터 성불하였을 뿐만 아니라 미래겁이 다하도록 절대로 멸하지 않고 여기 계시면서 항상 법문을 설한다는 것입니다.

'여기'라 함은 부처님 계신 곳을 말함이지 인도를 말하는 것도 아니고 한국을 말하는 것도 아닙니다. 부처님이 나타나 계시는 곳은 전부 여기입니다. 부처님께서는 천백억 화신을 나타내어 시방법계에 안 나타나는 곳이 없으시니까 시방법계가 다 여기입니다. 그래서 이것을 상주불멸이라고 하였습니다. 항상 머물러 있으면서 절대로 멸하여 없어지지 않는다는 것입니다.

과거에도 상주불멸, 미래에도 상주불멸, 현재에도 상주불멸 이렇게 되면 일체 만법이 불생불멸 그대로입니다. 나지도 않고 멸하지도 않는다는 말입니다. 그래서 영원토록 화장찰해華藏刹海, 무진법계, 극락정토, 뭐라고 말해도 좋은 것입니다. 이름이야 뭐라고 부르든 간에 과거, 현재, 미래를 통해서 부처님은 항상 계시면서 설법을 하고 계시는 것입니다.

그러면 이것은 석가모니라고 하는 개인 한 사람에게만 해당되는 것인가? 아닙니다. 삼라만상 일체가 다 과거부터 현재 미래 할 것 없이 항상 무진법문을 설하고 있으며 무량불사無量佛事를 하고 있는 것입니다. 심지어는 저 산꼭대기에 서 있는 바위까지도 법당 안에 계시는 부처님보다 몇 백 배 이상 가는 설법을 항상 하고 있는 것입니다. 바위가 설법한다고 하면 웃을지도 모르겠습니다. 바위가 무슨 말을 하는가 하고 말입니다. 그러나 실제 참으로 마음의 눈을 뜨고 보면, 눈만 뜨이는 것이 아니라 마음의 귀도 열립니다. 그러면 거기에 서 있는 바위가 항상 무진설법을 하는 것을 다 들을 수 있는 것입니다. 이것을 불교에서는 무정설법無情說法이라고 합니다.

유정有情, 즉 생물은 으레 움직이고 소리도 내고 하니 설법을 한다고 해도, 무정물無情物인 돌이나 바위, 흙덩이는 움직이지도 않으면서 무슨 설법을 하는가 할 것입니다. 그러나 불교를 바로 알려면 바위가 항상 설법하는 것을 들어야 합니다. 그뿐 아닙니다. 모양도 없고 형상도 없고 보려고 해도 볼 수 없는 허공까지도 항상 설법을 하고 있습니다.

이렇게 되면 온 시방세계에 설법 안 하는 존재가 없고 불사佛事 안 하는 존재가 하나도 없습니다. 이것을 알아야만 불교를 바로 알 수 있는 것입니다. 이렇게 되면 누구를 제도하고 누구를 구원한다고 하는 것은 모두 부질없는 짓입니다. 오직 근본요根本要는 어디 있느냐 하면 본래면목本來面目, 본래부터 성불한 면목, 본지풍광本地風光, 본래부터가 전체 불국토라는 것, 이것만 바로 알면 되는 것이지 다른 것은 아무것도 소용없는 것입니다. 그런데 이렇게 생각하는 사람도 있을 것입니다.

'참 좋은 법이야. 우리 모두가 불국토에 살고, 우리 전체가 모두 부처라고 하니 노력할 것이 뭐 있나. 공부도 할 것 없고, 이래도 좋고, 저래도 좋고, 아무래도 안 좋은가.'

이는 근본을 몰라서 하는 소리입니다. 본래 부처이고, 본래 불국토이고, 본래 해가 떠서 온 천지를 비추고 있지만 눈감은 사람은 광명을 볼 수 없습니다. 자기가 본래 부처이지만 눈감고 있으면 캄캄한 것입니다. 비유하자면 깨끗한 거울에 먼지가 꽉 끼어 있는 것과 같습니다. 거울은 본래 깨끗하기 때문에 무엇이든지 있는 대로 다 비춥니다. 그렇지만 거기에 먼지가 꽉 끼어 있으면 아무것도 비추지 못합니다. 명경明鏡에 때가 꽉 끼어 있으면 아무것도 비추지 못하는 것, 여기에 묘妙가 있습니다.

그러므로 본래 부처라는 이것만으로는 안 됩니다. 내가 본래 부처다, 내가 본래 불국토에 산다, 이것만 믿고 공부를 안 해도 된다, 눈뜰 필요 없다, 이렇게 되면 영원히 봉사를 못 면합니다. 영원토록 캄캄 밤중에 살게 되는 것입니다. 그러나 한 가지 자신을 가질 수 있습니다. 무슨 자신을 가질 수 있느냐 하면, 설사 우리가 눈을 감고 앉아서 광명을 보지 못한다고 해도 광명 속에 산다는 것, 광명 속에 살고 있으니 눈만 뜨면 그만이라는 것, 설사 내가 완전한 부처의 행동을 할 수 없고 불국토를 보지 못한다고 해도 본래 부처라는 것, 본래 불국토에 산다는 그런 자신을 가질 수 있습니다.

다만 한 가지 흠이라면 눈을 뜨지 못하여 그것을 보지 못하고 쓰지 못하는 것입니다. 그러나 아무리 쓰지 못한다고 하지만 전후 좌우에 황금이 가득 차 있는 것을 알 것 같으면, 눈만 뜨면 그 황금이 모두 내 물건 내 소유이니 얼마나 반가운 소식입니까? 이것을 철학적으로 말하면, "현실 이대로가 절대다" 하는 것입니다. 즉 현실 이대로가 불생불멸인 것입니다. 전에도 얘기한 바 있습니다. 현실 이대로가 절대이고 현실 이대로가 불생불멸인데 이 불생불멸의 원리는 자고로 불교의 특권이요, 전용어가 되어 있다고.

그러나 과학이 발달함에 따라 원자물리학에서도 자연계는 불생불멸의 원리 위에 구성되어 있음을 증명하게 된 것입니다. 그것이 과학적으로 증명되었다고 해서 불교가 수승하다 하는 것이 아닙니다. 불교에서는 원래 그런 원리가 있는데 요즘 과학이 실험에 성공함으로써 불교에 가까이 온 것뿐입니다.

그러니까 부처님께서는 이미 2천5백여 년 전에 우주법계의 불생불멸을 선언하셨고 과학은 오늘에 와서야 자연의 불생불멸을 실증함으로써 시간의 차이는 있으나 그 내용은 서로 통하고 있습니다.

인간의 근본 존재는 무량아승지겁 전부터 성불하여 무량아승지겁이 다하도록 무량불사를 하는 그런 큰 존재입니다. 다만 병이 어느 곳에 있느냐, 눈을 뜨지 못하여 우리가 보지 못하는 것입니다.

그렇다면 어떻게 해야 우리가 눈을 뜨겠느냐 이것입니다.

"스님도 딱하시네. 내 눈은 멀쩡한데 내가 기둥이라도 들이받았는가. 왜 우리보고 자꾸만 눈감았다, 눈감았다 하시는고?"

이렇게 말할지 모르겠습니다만, 그 껍데기 눈 가지고는 아무 소용이 없습니다. 아무리 한밤중에 바늘귀를 볼 수 있다고 해도 그런 눈 가지고는 소용없습니다. 그런 눈은 안 통합니다. 속의 눈, 마음의 눈, 마음 눈을 떠야 하는 것입니다. 명경에 낀 때를 벗겨야 합니다. 명경의 때를 다 닦아내어 마음의 눈을 뜨고 보면, 해가 대명중천大明中天하여 시방세계를 고루 비추고 있는 것이 맑고 맑은 거울에 고요하게 그대로 환하게 드러납니다.

그러면 어떻게 해야 거울의 때를 벗기고 우리가 마음의 눈을 뜰 수 있는가? 가장 쉬운 방법이며 제일 빠른 방법이 참선參禪입니다. 화두話頭를 배워서 부지런히 참구하는 것입니다. 그리하여 화두를 바로 깨칠 것 같으면 마음의 눈이 저절로 번쩍 떠집니다. 일초직입여래지一超直入如來地, 한번 뛰어 부처지위에 들어간다, 한번 훌쩍 뛰면 눈 다 떠버린단 말입니다. 그래서 제일 쉬운 방법이 참선하는 방법입니다.

그 외에도 방법이 또 있습니다. 우리 마음의 눈을 무엇이 가리고 있어서 캄캄하게 되었는가? 그 원인, 마음 눈이 어두워지는 원인이 있으니 그것을 제거하면 될 것 아닙니까? 불교에서는 그것을 탐貪, 진瞋, 치癡, 삼독三毒이라고 합니다. 욕심내고, 성내고, 어리석은 이 삼독이 마음의 눈을 가려서 본래 부처이고 본래 불국토인 여기에서 중생이니, 사바세계니, 지옥을 가느니 하는 것입니다.

그러니 마음 눈을 가린 삼독, 삼독만 완전히 제거해 버리면 마음의 눈은 저절로 안 밝아지려야 안 밝아질 수 없습니다. 그 삼독 중에서도 무엇이 가장 근본이냐 하면 탐욕입니다. 탐욕! 탐내는 마음이 근본이 되어서 성내는 마음도 생기고 어리석은 마음도 생기는 것입니다. 탐욕만 근본적으로 제거해 버리면 마음의 눈은 자연적으로 뜨이게 되는 것입니다.

탐욕은 어떻게 하여 생겼는가? '나'라는 것 때문에 생겼습니다. 나! 남이야 죽든 말든 알 턱이 있나, 어떻게든 나만 좀 잘 살자, 나만! 하는 데에서 모든 욕심이 다 생기는 것입니다. '나'라는 것이 중심이 되어서 자꾸 남을 해치게 되는 것입니다. 그렇게 되면 마음의 눈은 영영 어두워집니다. 캄캄하게 자꾸 더 어두워집니다. 그런 욕심을 버리고 마음 눈을 밝히려면 어떻게 해야 하는가? '나'라는 것, 나라는 욕심을 버리고 '남'을 위해 사는 것입니다. 남을 위해서! 한번 생각해 보십시오. 누구나 무엇을 생각하든지 무슨 일을 하든지 자나깨나 나뿐 아닙니까? 그 생각을 완전히 거꾸로 해서 자나깨나 남의 생각, 남의 걱정만 하는 것입니다. 그리고 모든 행동의 기준을 남을 위해 사는 데에 둡니다. 남 돕는 데에 기준을 둔단 말입니다.

그러면 자연히 삼독이 녹아지는 동시에 마음의 눈이 자꾸자꾸 밝아집니다. 그리하여 탐·진·치 삼독이 완전히 다 녹아 버리면 눈을 가리고 있던 것이 다 없어져 버리는데 눈이 안 보일 리 있습니까? 탐·진·치 삼독이 다 녹아 버리는 데에 가서는 눈이 완전히 뜨여서 저 밝은 광명을 환히 볼 수 있고 과거 무량아승지겁부터 내가 부처라는 것을 알 수 있는 동시에, 시방세계가 전부 불국토 아닌 곳이 없음을 알 수 있습니다. 그리하여 미래겁이 다하도록 자유자재한 대해탈의 생활을 할 수 있는 것입니다.

누가 "어떤 것이 불교입니까?" 하고 물으면 이렇게 답합니다.

"세상과 거꾸로 사는 것이 불교다."

세상은 전부 내가 중심이 되어서 나를 위해 남을 해치려고 하는 것이지만, 불교는 '나'라는 것을 완전히 내버리고 남을 위해서만 사는 것입니다. 그러니 세상과는 거꾸로 사는 것이 불교입니다. 그렇게 되면 당장에는 남을 위하다가 내가 배가 고파 죽을 것 같지만, 설사 남을 위하다가 배가 고파 죽는다고 해도, 남을 위해서 노력한 그것이 근본이 되어서 내 마음이 밝아지는 것입니다. 밝아지는 동시에 무슨 큰 이득이 오느냐 하면 내가 본래 부처라는 것을 확실히 알게 되는 것입니다. 본래 부처라는 것을!

자기는 굶어 죽더라도 남을 도와주라고 하면 "스님도 참 답답하시네. 스님부터 한번 굶어 보시지요." 이렇게 말할 것입니다. 그렇지만 70평생을 산다고 해도, 80살을 산다고 해도 잠깐 동안입니다. 설사 100년을 살면서 지구 땅덩어리의 온 재산을 전부 내 살림살이로 만든다고 해봅시다. 부처님은 무량아승지겁 전부터 성불해서 또 무량아승지겁이 다하도록 온 시방법계를 내 집으로 삼고 내 살림살이로 삼았는데 그 많은 살림살이를 어떻게 계산하겠습니까?

인생 100년 생활이라는 것이 아무리 부귀영화를 하고 잘 산다고 해도 미래겁이 다하도록 시방법계, 시방불토에서 무애자재한 그런 큰 생활을 한 그것에 비교한다면 이것은 티끌 하나도 안 됩니다. 조그마한 먼지 하나도 안 됩니다. 내용을 보면 10원짜리도 안 됩니다.

그러나 10원짜리도 안 되는 이 인생을 완전히 포기해서 남을 위해서만 살고 어떻게든 남을 위해서만 노력합니다. 그러면 저 무량아승지겁, 억척만겁 전부터 성불해 있는 그 나라에 들어가고 그 나를 되찾게 되는 것입니다. 결국에는 10원짜리 나를 희생하여 여러 억천만 원이 넘는 '참나'를 되찾게 되는 것입니다. 그러면 괜찮은 장사가 아닙니까. 장사를 하려면 큼직한 장사를 해야 합니다. 내가 중심이 되어 사는 것은 공연히 10원, 20원 가지고 죽이니 살리니 칼부림을 하는 그런 식 아닙니까?

아주 먼 옛날 부처님께서는 배고픈 호랑이에게 몸을 잡아먹히셨습니다. 몸뚱이까지 잡아먹히셨으니 말할 것이 없을 정도입니다. 이것은 무엇이냐 하면 배고픈 호랑이를 위한 것도 있었지만 그 내용에는 큰 욕심, 큰 욕심이 있는 것입니다. 물거품 같은 몸뚱이 하나를 턱 버리면 그와 동시에 시방법계 큰 불국토에서 미래겁이 다하도록 자유자재한 대해탈을 성취할 수 있는 것입니다.

부처님께서 출가하신 것도 그런 것입니다. 나중에 크면 임금이 될 것이지만 이것도 가져 봐야 별것 아닙니다. 서 푼 어치의 값도 안 되는 줄 알고 왕위도 헌신짝같이 차버리고 큰 돈벌이를 한 것 아닙니까?

근래에 와서 순치황제順治皇帝 같은 사람은 만주에 나와서 수년 동안 전쟁을 하여 대청제국大淸帝國을 건설하였습니다. 중국 본토 이외에도 남북만주, 내외몽골, 티베트, 인도차이나에 이르는 대제국을 건설한 것입니다. 그래 놓고 가만히 생각해 보니 참으로 눈을 떠서 미래겁이 다하도록 해탈도를 성취하는 것에 비하면, 이것은 아이들 장난도 아니고 10원짜리 가치도 안 되는 것임을 알게 된 것입니다. 그래서 순치황제는 대청제국을 헌신짝처럼 팽개쳐 버리고 그만 도망을 가버렸습니다.

금산사金山寺라는 절에 가서 다른 것도 아니고 나무하고 아궁이에 불이나 때는 부목負木이 되었습니다. 대청제국을 건설한 순치황제 같은 사람이 절에 가서 공부하기 위해 나무해 주고 스님 방에 불이나 때주고, 이렇게 되면 그 사람은 공부를 성취 안 하려야 안 할 수 없습니다.

순치황제가 출가할 때 "나는 본시 서방의 걸식하며 수도하는 수도승이었는데, 어찌하여 만승천자로 타락하였는고?〔我本西方一衲子 緣何流落帝王家〕"하고 탄식하였습니다. 만승천자의 부귀영화를 가장 큰 타락으로 보고 그 보위寶位를 헌신짝같이 차버린 것입니다.

이것도 생각해 보면 욕심이 커서 그렇습니다. 대청제국이란 그것은 10원짜리도 못 되고, 참으로 눈을 바로 뜨고 보면 시방법계에서 자유자재하게 생활할 터인데 이보다 더 큰 재산이 어디 있겠습니까? 지나간 이야기를 한 가지 하겠습니다.

6·25사변 때 서울대학에서 교수하던 문박사라고 하는 이가 나를 찾아와서 하는 말입니다.

"스님들은 어째서 개인주의만 합니까? 부모형제 다 버리고 사회와 국가도 다 버리고 산중에서 참선한다고 가만히 앉아 있으니 혼자만 좋으려고 하는 그것이 개인주의 아니고 무엇입니까?"

"그래요? 그런데 내가 볼 때는 스님들이 개인주의가 아니고 당신이 바로 개인주의요!"

"어째서 그렇습니까? 저는 사회에 살면서 부모형제 돌보고 있는데, 어째서 제가 개인주의입니까?"

"한 가지 물어보겠는데, 당신은 여태 50평생을 살아오면서 내 부모 내 처자 이외에 한번이라도 남을 생각해 본 적 있습니까? 양심대로 말해 보시오."

"그러고 보니 참으로 순수하게 남을 위해 일해 본 적은 없는 것 같습니다."

"스님들이 부모형제 버리고 떠난 것은 작은 가족을 버리고 '큰 가족'을 위해 살기 위한 것입니다. 내 부모 내 형제 이것은 '작은 가족'이고. 이것을 버리고 떠나는 그 목적이 어디에 있느냐 하면 모든 중생을 평등하게 보기 때문이지요. 그러니까 내 손발을 묶는, 처자 권속이라고 하는 쇠사슬을 끊어 버리고 오직 큰 가족인 일체중생을 위해서 사는 것이 불교의 근본입니다. 내 부모 내 처자 이외에는 한번도 생각해 본 적이 없다는 당신이야말로 철두철미한 개인주의자 아니오?"

"스님 해석이 퍽 보편적이십니다."

"아니야, 이것은 내가 만들어 낸 말이 아니고 해인사의 팔만대장경판에 모두 그렇게 쓰여 있어요. '남을 위해서 살아라' 하고. 보살의 육도만행六度萬行 6바라밀의 처음이 무엇인고 하니 베푸는 것입니다. 정신적으로 물질적으로 남을 돕는 것, 그것이 바로 보시예요. 팔만대장경 전체가 남을 위해서 살라고 가르치고 있습니다."

"……."

"그러니 승려가 출가하는 것은 나 혼자 편안하게 좋으려고 그러는 것이 아니고 더 크고 귀중한 것을 위해 작은 것을 버리는 겁니다. 그래서 결국에는 무소유無所有가 되어 마음의 눈을 뜨고 일체 중생을 품안에 안을 수 있게 되는 거지요."

우리가 마음의 눈을 뜨려면 반드시 탐내는 마음 이것을 버려야 하는데, 탐욕을 버리려면 '나만을 위해서, 나만을 위해서' 하는 이 생각을 먼저 버려야 합니다. 전에도 이야기하지 않았습니까? 불공이라고 하는 것은 부처님 앞에 갖다 놓고 절하고 복 비는 것이 아니고 순수한 마음으로 남을 돕는 것이 불공이라고.

부처님께서 『보현행원품普賢行願品』에 아주 간곡하게 말씀하시지 않았습니까? 당신 앞에 갖다 놓는 것보다도 중생을 잠깐 동안이라도 도와줄 것 같으면 그것이 자기 앞에 갖다 놓는 것보다도 여러 억천만 배 비교할 수 없는 공덕이라고 말입니다.

이것은 무엇이냐 하면 결국 마음의 눈을 떠서 미래겁이 다하도록 영원한 큰 살림살이를 성취하게 되는 것입니다. 그러니 남을 도와주는 것이 부처님에게 갖다 놓은 것보다 비유할 수 없을 만큼 큰 공덕이 있다고 말씀하신 것입니다. 한 가지 예를 들겠습니다.

일본에 '나카야마 미키'라는 여자 분이 있습니다. 일본에서도 굉장한 부자로 살았는데, 어느 날 이 사람이 공부를 해서 마음의 눈을 떠버렸습니다. 눈을 뜨고 보니 자기 살림살이는 별것이 아니라는 것을 깨닫고는 큰살림을 해야겠다 생각하고 남편에게 말했습니다.

"이제까지는 내가 당신 마누라였는데 오늘부터는 내가 당신 스승이오. 내가 깨쳤어. 내가 하나님이니까 내 말을 들으시오."

"이 사람이 미쳤나? 왜 이러지? 그래, 어떻게 하라는 거요?"

"우리 살림살이를 전부 다 팝시다. 이것 다 해봐야 얼마나 되나요. 모두 다 남에게 나누어줍시다. 그러면 결국에는 참으로 큰 돈벌이를 할 수 있습니다. 아주 큰 돈벌이가 됩니다."

그리하여 재산을 다 팔아서 모두 남에게 줘버렸습니다. 이제 내외는 빈손이 되었습니다. 밥은 얻어 먹으면서 무엇이든지 남에게 이익이 되는 것, 남에게 좋은 것, 남 돕는 것을 찾아다니면서 하는 것입니다. 그래서 여자의 몸으로 일본 역사상 유명한 큰 인물이 되었던 것입니다.

자신들의 조그만 살림살이를 나눠주고서는 결국 돈벌이는 크게 한 것입니다.

내가 이렇게 말한다고 해서 '나도 큰 살림살이 한번 해봐야겠다' 이렇게 작정하고 집도 팔고 밭도 팔고 다 팔 사람 있습니까? 손 한번 들어 보십시오.

그렇게 되면 얼마나 좋겠습니까? 자기 재산 온통 팔아서 가난한 사람들 나누어준다면. 그렇게만 되면 내가 목탁 가지고 따라다니면서 그 사람을 위해 아침저녁으로 예불하며 모실 것입니다. 그런 사람이 있다면 말입니다.

설사 그렇게까지 극단적으로는 못 하더라도 우리의 생활 방침은 어떻게 해서든지 남을 위하는 것이어야 합니다. 남을 위하는 이것이 참으로 나를 위하는 것인 줄을 알아야 합니다. 남을 위하는 것이 참으로 나를 위한 것이고 나를 위해 욕심부리는 것은 결국 나를 죽이는 것입니다. 남을 위해 자꾸 노력하면, 참으로 남을 돕는 생활을 할 것 같으면 결국에는 마음의 눈을 떠서 청천백일靑天白日을 환히 볼 수 있는 것입니다. 그러니 어려운 것을 많이 할 것 없이 한 가지라도 남을 돕는 생활을 해보자는 것입니다.

우리 불교가 앞으로 바른 길로 서려면 승려도 신도도 모두 생활 방향이 어느 곳으로 가야 하느냐 하면 남을 돕는 데로 완전히 돌려져야 합니다. 승려가 예전같이 산중에 앉아서 됫쌀이나 돈푼이나 가지고 와서 불공해 달라고 하면 그걸 놓고 똑딱거리면서 복 주라고 빌고 하는 그런 생활을 그대로 계속하다가는 불교는 앞으로 영원히 사라지고 맙니다.

절에 다니는 신도 역시 그렇습니다. 남이야 죽든 말든 전혀 상관없이 살다가 내 자식은 어디가 조금만 아파도 쌀 한두 되 짊어지고 절에 가서는 "아이고, 부처님, 우리 자식 얼른 낫게 해주십시오." 하는 이런 식의 사고방식을 가져서는 참된 부처님의 제자가 아닙니다.

승려도, 신도도 부처님 제자가 아닙니다. 이렇게 해서는 아무 발전이 없습니다. 산중에 갇혀서 결국에는 아주 망해 버리고 맙니다. 그런데 안타까운 것은 불교 승단에는 승려 전문 대학이 없다는 것입니다. 마을에서도 그렇지 않습니까. 마을 사람들도 논을 팔아서라도 자식을 공부시키려고 합니다. 자식 공부시키는 것이 가장 큰 재산인 줄을 알기 때문입니다.

우리 불교에서도 승려를 자꾸 교육시켜야 합니다. 자기도 모르는데 어떻게 포교하며 또 어떻게 남을 지도하겠습니까? 그래서 어떻게 해서든, 나중에는 법당의 기왓장을 벗겨 팔아서라도 '승려들을 교육시키자' 하는 것이 내 근본생각입니다. 이것은 앞으로 종단적인 차원에서 꼭 해야 할 것입니다.

그러면 이제 결론을 말씀드리겠습니다.

모든 생명이 억천만 겁 전부터 본래 부처이고 본래 불국토에 살고 있는데 왜 지금은 캄캄 밤중에서 갈팡질팡하는가? 마음의 눈을 뜨지 못해서 그렇다. 그렇다면 마음의 눈을 뜨는 방법은 무엇인가? 화두를 부지런히 참구해서 깨치든지 아니면 남을 돕는 생활을 해야 합니다. 떡장사를 하든, 술장사를 하든, 고기장사를 하든 무엇을 하는 사람이든지 화두를 배워서 마음속으로 화두만 하면 되는 것입니다. 그러니 마음속으로 화두를 하고 행동은 남을 돕는 일을 꾸준히 할 것 같으면 어느 날엔가는 마음 눈이 번갯불같이 번쩍 뜨여서, 그때에야 부처님께서 말씀하신 무량아승지겁 전부터 본래 부처이고 본래 불국토에 살고 있다는 그 말씀을 확실히 알게 되는 것입니다. 그때부터는 참으로 인간 세상과 천상의 스승이 되어서 무량대불사無量大佛事를 미래겁이 다하도록 하게 될 것입니다.

그때는 춤뿐이겠습니까? 큰 잔치가 벌어질 텐데.
그렇게 되도록 우리 함께 노력합시다.

영혼의 세계

|1981년 음 10월 30일, 방장 대중법어|

지난 수천 년 동안에 많은 사람들에게 논란과 시비가 되면서도 완전히 결론을 내리지 못한 문제가 있습니다. 바로 영혼에 대한 문제입니다. 어떤 과학자나 철학자, 종교가는 영혼이 꼭 있다고 주장하는가 하면 또 어떤 학자들은 영혼 같은 것은 없다고 주장합니다. 이러한 싸움은 수천 년 동안 계속되어 내려왔습니다.

그러면 불교에서는 이 문제를 어떻게 취급하는가? 대승이나 소승이나 어느 경론을 막론하고 팔만대장경에서 부처님께서는 한결같이 생사윤회生死輪廻를 말씀하셨습니다. 사람이 죽으면 그것으로 끝이 아니고, 생전에 지은 업業에 따라 몸을 바꾸어 가며 윤회를 한다는 것입니다. 윤회는 우리 불교의 핵심적인 원리의 하나입니다.

그러면 윤회란 것은 확실히 성립되는 것인가? 근래 세계적인 대학자들은 윤회를 한다는 영혼 자체를 설명할 수 없다고 합니다. 그런데 어떻게 윤회를 설명할 수 있겠습니까?

그래서 이렇게 말하는 사람들도 있습니다. "윤회는 부처님께서 교화를 위해 방편方便으로 하신 말씀이지 실제 윤회가 있는 것은 아니다. 윤회가 있고 인과가 있다고 하면 겁이 나서 사람들이 행동을 잘하게 하려고 교육적인 방편으로 하신 말씀이다."

그런데 근래 과학이 물질만이 아니라 정신과학도 자꾸 발달함에 따라 영혼이 있다는 것이, 윤회가 있다는 것이, 또한 인과가 분명하다는 것이 점차로 입증되고 있습니다. 그렇다면 어떻게 해야 할 것인가? 어떤 방법으로 어떻게 하면 생사윤회를 벗어나는 해탈의 길이 열릴 수 있는가? 해탈의 내용은 어떤 것인가? 그런 의문들에 관해 이야기하고자 합니다.

이러한 문제들에 대한 확실한 판단을 내려야만 부처님 가르침을 따르는 제자로서, 또 신앙생활을 하는 데에나 불교를 포교하는 데에, 그리고 수행하여 성불하는 데에 근본적인 토대가 설 수 있는 것입니다. 이것을 바로 알고 바로 믿어야만 바른 행동을 할 수 있는 것입니다.

이제 불교에서 말하는 윤회는 세계의 많은 학자들에 의해서 그 베일이 벗겨지고 있습니다. 사람이 죽으면 그만이 아니고 다시 태어난다는 사실에 대해 세계적으로 많이 연구하고 있습니다. 그 중에서도 가장 신빙성이 높고 객관성을 띠고 있는 연구방법으로 전생기억前生記憶이라는 것이 있습니다.

대개 두서너 살 되는 어린아이들에게서 나타나는 것인데, 이들이 말을 배우게 되면서 전생 이야기를 하는 것입니다. "나는 전생에 어느 곳에 살던 누구인데 이러이러한 생활을 했다." 이런 식의 이야기를 합니다. 그 말을 따라서 조사를 해보면 모두 사실과 맞는 것입니다. 이것이 전생기억입니다. 한 가지 예를 들어 보겠습니다.

지금으로부터 25년 전 터키 남부의 '아나다'라는 마을에 '이스마일'이라는 어린애가 있었습니다. 그 집은 정육점을 하는데, 태어난 후 일 년 반쯤 되는 어느 날 저녁에 아버지와 침대에 누워 있다가 문득 이런 소리를 하는 것입니다.

"나는 이제 우리 집에 갈래요. 이 집에는 그만 살겠어요."

"이스마일아, 그게 무슨 소리냐. 여기가 네 집이지 또 다른 네 집이 어디 있어?"

"아니야, 여기는 우리 집이 아니야! 우리 집은 저 건너 동네에서 과수원을 하고 있어요. 내 이름도 '이스마일'이 아니고 '아비스스루무스'야. 아비스스루무스라고 부르세요. 그렇지 않으면 이제부터는 대답도 안 할 테야."

이러는 것입니다. 그러면서 또 말했습니다.

"나는 저 건너 동네 과수원집 주인인데 50살에 죽었어. 처음에 결혼한 여자는 아이를 못 낳아서 이혼하고 새로 장가를 갔어. 그리고는 아이 넷을 낳고 잘 살았지. 그러다가 과수원의 일하는 인부들과 싸움이 일어나서 머리를 맞아 죽었어. 마구간에서 그랬지. 그때 비명소리를 듣고 부인하고 애들 둘이 뛰어나오다가 그들도 맞아 죽었어. 한꺼번에 네 사람이 죽었지. 그 후 내가 당신 집에 와서 태어난 거야. 아이들 둘이 지금도 그 집에 있을 텐데, 그 애들이 보고 싶어서 안 되겠어."

그리고는 자꾸 전생의 자기 집으로 간다고 합니다. 그런 소리 못하게 하면 웁니다. 그러다가 또 전생 이야기를 합니다. 한번은 크고 좋은 수박을 사왔습니다. 이 어린애가 가더니 제일 큰 조각으로 쥐고는 아무도 못 먹게 하는 것입니다.

"내 딸 '구루사리'에게 갖다 줄 테야. 그 애는 수박을 무척 좋아하거든."

그가 말하는 전생에 살던 곳은 별로 멀리 떨어지지 않은 곳이어서 그 마을 사람들이 간혹 이스마일의 동네에 오기도 했습니다. 한 번은 웬 아이스크림 장수를 보더니 뛰어나가서 말했습니다.

"내가 누군지 알겠어?"

알 턱이 있겠습니까?

"나를 몰라? 내가 '아비스스루무스'야. 네가 전에는 우리 과수원의 과일도 갖다 팔고 채소도 갖다 팔았는데 언제부터 아이스크림 장사를 하지? 내가 또 네 할례割禮도 해주지 않더냐?"

이렇게 이야기하는 것이 모두 사실과 맞는 것입니다. 이것이 자꾸자꾸 소문이 났습니다. 터키는 회교국으로서 회교 교리상 윤회를 부인하는 곳입니다. 그러므로 만약 재생을 주장하면 결국 그 고장에서 살 수 없게 되는 것입니다.

그래서 어른들은 '아비스스루무스'가 전생 이야기를 하지 못하도록 자꾸 아이의 입을 막으려고 하였으나, 우는 아이를 달래려면 도리가 없었습니다. 아이가 세 살이 되던 해입니다. 확인도 해볼 겸 아이를 과수원으로 데리고 갔습니다. 함께 가는 사람이 다른 길로 가려고 하면 아이는,

"아니야, 이쪽 길로 가야 해."

하면서 한번도 가보지 않은 길을 앞장서서 과수원으로 조금도 서슴지 않고 찾아 들어가는 것입니다. 과수원에는 마침 이혼한 전생 마누라가 앉아 있다가 웬 어린애와 그 뒤를 따라오는 많은 사람들을 보고 눈이 둥그렇게 되어 쳐다보았습니다. 어린애는 전생 마누라의 이름을 부르며 뛰어가더니 다리를 안으며 말했습니다.

"너 고생한다."

어린 아이가 중년의 부인을 보고 '너 고생한다'라니. 부인은 더욱 당황했습니다.

"놀라지 마. 나는 너의 전생 남편인 '아비스스루무스'인데 저 건너 동네에서 태어나서 지금 이렇게 찾아왔어."

또 아이들을 보더니,

"사귀, 구루사리, 참 보고 싶었다."

하면서 흡사 부모가 자식을 대하듯 하는 것입니다. 그러더니 사람들을 자기가 맞아 죽은 마구간으로 데리고 갔습니다.

전에는 좋은 갈색 말이 한 필 있었는데 그 말이 안 보이니 어떻게 되었는지 묻고, 팔았다고 하니 무척 아까워했습니다. 그리고 그곳에서 일하던 여러 인부들을 보지도 않고서 누구누구, 한 사람씩 이름을 대면서 나이는 몇 살이고 어느 동네에 산다고 줄줄 이야기를 하는데 모두 맞습니다. 그런데 어떻게 전생의 과수원 주인이 아니라고 할 수 있습니까?

이것이 결국 세계적인 화제 거리가 되어 '이스마일'이 여섯 살이 되던 1962년 학자들이 전문적이고 과학적으로 조사 검토하기 위해 조사단을 조직하였습니다. 이때 일본에서도 다수의 학자들이 참여했습니다. 그 조사 보고서에서 보면 확실하고 의심할 수 없는 전생기억으로 다음과 같은 것이 있습니다.

그 과수원 주인이 생전에 돈을 빌려 준 것이 있었는데 '아비스스루무스'가 죽어 버린 후 그 돈을 갚지 않았습니다. 이스마일은 그 돈 빌려 간 사람을 불렀습니다.

"네가 어느 날 돈 얼마를 빌려 가지 않았느냐. 내가 죽었어도 내 가족에게 갚아야 할 것이 아니냐. 왜 그 돈을 떼어먹고 여태 갚지 않았어?"

　돈 빌려 간 날짜도 틀림없고 액수도 틀림없었습니다. 안 갚을 수 있겠습니까! 이리하여 전생의 빚을 받아냈습니다. 이것은 죽은 '아비스스루무스'와 돈 빌려 쓴 두 사람 외에는 아무도 모르는 비밀이었습니다. 그런 것을 틀림없이 환하게 말하는데, 이것을 누가 어린애에게 말해 줄 것이며 또 어린애가 어떻게 알 수 있겠습니까? 이렇게 하여 '이스마일'은 '아비스스루무스'의 재생이라는 데에 확정을 짓고 보고서를 냈습니다.
　이렇게 '이스마일'의 예와 같은 전생기억의 사례는 학계에 보고된 것만 해도 무수히 많습니다. 그 중에 한두 가지만 더 이야기하겠습니다.

　몇 해 전 스리랑카에서의 일입니다.
　태어난 지 37개월 된 쌍둥이가 자꾸 전생 이야기를 하는 것입니다. 그래서 조사단이 아이를 전생에 살았다는 곳으로 데리고 갔습니다. 그리고는 근처의 주민들을 수백 명 모으고 그 가운데에 그 아이의 전생의 부모형제를 섞어 두었습니다. 조사단이 그 아이더러 전생의 부모형제를 찾아보라고 하였습니다. 그랬더니 그 많은 사람들 사이에서 "이 사람은 아버지, 이 사람은 어머니, 이 사람은 누나, 이 사람은 형님……." 하면서 가족을 한 사람 한 사람 다 찾아내는 것이었습니다.

　또 세 살 되는 어느 아이는 전생 이야기를 하는데 그는 다이빙 선수였다고 자랑했습니다. 그래서 물었습니다.

"지금도 다이빙할 수 있겠니?"

"그럼요, 할 수 있고말고요. 전에 많이 했는데요."

이리하여 세 살 되는 어린애를 높은 다이빙대 위에 올려놓게 되었습니다. 그러자 어린애는 다이빙을 하는 것입니다. 조금도 무서워하지 않고, 조금도 서툴지 않게 서슴없이 다이빙을 하는 것입니다.

전생기억이란 이런 식입니다. 또 흔히 보면 천재니, 신동이니, 생이지지生而知之니 하는 아이들이 있습니다. 태어나서부터 한번도 글을 배운 적이 없는데 글자를 다 아는 것입니다. 아무리 어려운 책을 보여도 모두 읽을 줄 아는 것입니다. 이런 것을 생이지지라고 하는데 나면서부터 다 아는 것입니다. 이 생이지지가 바로 전생기억입니다. 전생에 배운 것이 없어지지 않고 금생에 그대로 가지고 넘어온 것입니다. 또 처음 가보는 곳인데도 낯이 설지 않고, 처음 만난 사람인데도 친근감이 가는 경우는 전생의 기억이 희미하게 되살아나기 때문입니다.

그렇다면 전생기억을 가진 사람은 얼마나 되는가? 대부분의 사람은 우매하여 전생기억이 캄캄하지만 조금 희미한 사람도 있고 분명한 사람도 가끔 있습니다.

전생기억이 분명하여 증거가 될 만한 사람을 전문으로 조사 연구하는 학자와 단체가 있는데, 그 중에서 세계적으로 가장 유명한 이가 미국 버지니아 대학에 있는 이안 스티븐슨입니다. 그는 세계 도처에 연락기구를 조직하여 전생기억을 가진 아이나 어른이 있어 연락을 하면 학자들을 보내어 갖가지 조사를 통해 확인하여 그것이 확실한가를 알아보도록 하는 작업을 계속했습니다. 그리하여 수년에 걸쳐 600여 명의 자료를 수집하였으며, 그 중 대표적인 20여 명에 대한 사례를 뽑아서 책으로 출판하였습니다. 바로 『윤회를 암시하는 스무 가지 사례』라는 책입니다. 이 책은 전생기억에 대한 보고서로는 가장 확신이 있는 유명한 책으로 세계 각국에서 많이 번역되어 있습니다. 그 이후 수년이 지난 1975년까지는 1천 3백여 명에 대한 자료를 수집하였다고 합니다. 수십 명도 상당한 숫자인데 1천 3백 명이라는 자료에 어떻게 반대할 수 있겠습니까?

또 전생기억 이외에 차시환생借屍還生이란 것이 있습니다. 사람이 죽어서 다시 나는 것이 아니고 내 몸뚱이는 아주 죽어버리고 남의 송장을 의지해서, 즉 몸을 바꾸어서 다시 살아나는 경우입니다. 1916년 2월 26일자 중국 〈신주일보神州日報〉에 보도된 것입니다.

중국 산동성에 최천선崔天選이라는 사람이 살았습니다. 무식한 석공이었는데, 32살이 되는 해에 그만 병이 들어 죽었습니다. 장사 지낼 준비를 다 마친 사흘째 되는 날입니다. 관에서 무슨 소리가 들리고 사람 기척이 나서 부랴부랴 관을 깨고 풀어 보니 죽었던 사람이 깨어나 멀뚱멀뚱한 눈으로 사람들을 쳐다보고 있는 것입니다.

"우리 아들이 죽었다가 다시 살아났다. 우리 아버지가 살았다."

그 부모, 부인, 자식들은 기뻐 어쩔 줄을 몰랐습니다. 그런데 가만히 보니 식구들을 하나도 못 알아보는 것입니다. 무엇이라고 말을 하는데 무슨 말인지 알아들을 수가 없었습니다.

'죽었다 깨어나더니 정신 착란이 되어서 집안 식구들도 못 알아보고 말도 알아들을 수 없는 소리를 하는가 보다' 이렇게 생각했습니다. 그렇게 또 며칠이 지났습니다. 그 동안 기운을 차리고 건강도 많이 회복되었습니다. 그런데도 여전히 식구들을 못 알아보고 또 말을 하는데 무슨 말인지 모르겠습니다. 본인도 퍽 답답한 것 같았습니다. 마침 주위에 붓과 벼루가 있는 것을 보더니 종이 위에 글을 쓰는 것입니다. 그런데 글을 아주 잘 씁니다. 본래는 일자무식一字無識인데. 그 글 내용을 보니, 이 사람은 중국사람이 아니고 베트남 사람이었습니다. 그곳에서도 글은 한자를 쓰지만 말은 다릅니다.

"나는 베트남 어느 곳에 사는 유건중劉建中이라는 사람인데 병이 들어서 치료하기 위해 땀을 낸다고 어머니가 두터운 이불을 덮어 씌워 땀을 내다가 그만 깜박 잠이 들었는데 깨어나 보니 여기 이렇게 와 있다."라는 내용이었습니다. 자기는 죽어 버리고 베트남 사람의 혼만 중국 산동성으로 온 것입니다.

이것도 일종의 전생입니다. 전생이란 것이 반드시 몸뚱이가 죽고 어머니 뱃속에서부터 다시 나는 것만이 아니고 죽은 육신이 그대로 다시 살아나는데 영혼만이 바뀌는 경우가 있습니다. 이것을 차시환생이라고 합니다. 남의 육체를 빌려 다시 태어나는 것을 말합니다.

그가 기력을 완전히 회복한 후 중국말을 조금씩 가르쳐 주었습니다. 여러 달 동안을 가르쳐서 중국말을 조금씩 할 수 있게 되었습니다. 그러나 자꾸 전생에 살던 곳으로 가려고 하는 것입니다. 이것이 자꾸 소문이 났습니다.

나중에는 북경대학에서 데리고 가서 여러 가지로 정신 감정을 해보고 치료도 하였습니다만, 정신은 조금도 이상이 없었습니다. 또 그가 말한 베트남에 사람을 보내어 조회를 해보았습니다. 과연 유건중이란 사람이 살다가 죽었다는 것이 확실하고 또 그가 말한 전생의 일이 모두 다 사실이었습니다. 그러니 최천선이라는 사람이 죽었다 깨어났는데, 베트남 유건중의 혼이 산동성 최천선의 몸을 빌려 환생했다는 것이 완전히 증명된 것입니다. 이런 일은 참 희귀한 일이라고 하여 정부에서 이 사람에게 내내 연금을 주었습니다. 이것은 세계적으로 유명한 사건이 되었습니다.

지금까지 이야기한 것은 모두 당사자가 전생기억을 갖고 있어서 이야기하는 경우들입니다만, 또 심리학에서 전생을 조사하는 방법이 있습니다. 심리학에서는 최면술을 사용하여 그 사람의 전생을 알 수 있는 방법이 연구된 것인데, '연령퇴행年齡退行'이라는 것입니다. 최면을 걸어서 최면 상태에서 사람의 연령을 자꾸자꾸 후퇴, 역행시키는 것입니다.

즉 스무 살 되는 사람을 최면을 걸어서 열 살로 만듭니다. 그러면 열 살 먹은 사람이 되어 그때의 행동이나 말을 그대로 하는 것입니다. 또 네 살이 되도록 만듭니다. 그러면 네 살 때의 노래를 하고 행동을 하는 것입니다. 한 살로 만들어 놓으면 울기만 합니다. 말도 못 하고. 이런 것을 연령퇴행이라고 하는 것인데 심리학에서 인정하는 것입니다.

의학에서도 이것을 인정하고 있습니다. 어떤 사람이 병이 났는데 아무래도 그 원인을 알 수 없을 때 연령퇴행을 시켜서 그 원인을 조사해 봅니다. 그러면 10년이나 20년 전의 옛날에 그 원인 되는 것이 있음을 알 수 있습니다. 그러면 이것이 전생 문제와는 어떤 관계가 있는가? 연령퇴행을 하여 한 살로 만들어 둡니다. 그러면 4, 50세 되는 사람도 손발을 바둥거리고 뻑뻑 울면서 어린애 몸짓만 할 뿐입니다. 이번에는 "네가 태어나기 1년 전, 2년 전에는 어디 있었느냐?" 하고 묻습니다. 그러면 주소 성명이 완전히 바뀌어 버립니다.

예를 들어 여기 해인사 골짜기에 사는 사람을 연령퇴행을 시켜 한 살까지 가는 것입니다. 그리고는 태어나기 3년 전을 묻는 것입니다. 그러면 주소 성명이 바뀌어져서 전라도 어느 곳의 누구라든지, 일본 어느 곳 사람이라든지, 사람이 완전히 달라져 버리는 것입니다. 그때부터는 과거의 기억으로 돌아가는 것입니다. 이것을 정신과학에서 전생회귀前生回歸라고 합니다. 전생으로 돌아간다 이 말입니다. 전생으로 돌아가서 한 생뿐만이 아니고 이생, 삼생 …… 수십 생까지 올라가는 방법입니다.

심리학에서는 인간의 정신 상태를 세 가지 단계로 나눕니다. 지금 이렇게 이야기하는 것은 의식 상태입니다. 의식 상태 안에 잠재의식이 있고 잠재의식 속에 무의식 상태가 있습니다. 이것은 의식이 완전히 끊어진 그런 상태입니다.

프로이드가 잠재의식은 어지간히 연구하여 발표하였지만 무의식에 대해서는 별로 공을 세우지 못했습니다. 이 무의식 상태에 대해 큰 공을 세운 사람이 바로 영국의 캐논 박사입니다. 그는 원래 정신과 의사인데 영국 국가에서 주는 가장 최고의 명예인 나이트Knight 작위까지 받은 대학자로 영국, 프랑스, 이탈리아, 서독, 미국 등 5개국 학술원의 지도교수이기도 합니다. 그의 가장 큰 공적은 전생 조사에 있습니다.

그도 처음에는 과학자의 입장에서 영혼도 있을 수 없고 윤회도 없다고 철두철미 부정하였습니다. 그러나 최면술을 이용한 무의식 상태에서 전생회귀를 시켜 보니 자꾸 전생이 나타나는 것이었습니다. 연령퇴행하여 열 살, 한 살, 출생 이전으로 시간을 되돌리면 전생, 삼생, 십생 ……, 저 로마시대로까지 역행되어 전생이 나타나는 것이었습니다. 이런 것들을 다른 사실의 기록과 조사해 보면 모두 맞는 것입니다. 이렇게 하여 1천 3백여 명에 대한 전생 자료를 수집하여 1952년, 『인간의 잠재력』이라는 책으로 출판하였습니다.

이 캐논보고서에 의하면 병이 들어서 아무리 치료를 해도 낫지 않는데 전생회귀를 통해서 조사를 해보면 그런 병들이 전생에서 넘어온 것으로, 그 전생의 발병 원인에 의거해서 치료하니 병이 낫는 것이었습니다. 이것이 유명한 전생 요법으로 거기에 보면 이런 사례가 있습니다.

어떤 사람이 물만 보면 겁을 냅니다. 바다를 구경한 적도 없고 큰 강 옆에 살지도 않았습니다. 그런데도 물만 보면 겁을 내는데 아무리 치료를 해도 소용이 없었습니다. 그래서 전생회귀를 시켜 보니 그는 전생에 지중해를 내왕하는 큰 상선의 노예였습니다. 그런데 상선의 상인들에게 죄를 지어서 쇠사슬에 묶인 채 바닷물 속으로 던져져서 빠져 죽었던 것입니다. 그때 얼마나 고생을 했겠습니까? 그러니 금생에 물만 보면 겁을 내는 것입니다. 이 원인에 의거해서 치료를 하니 병이 나았습니다.

또 한 사람은 높은 계단을 무서워 오르지 못하는 것입니다. 그 사람의 전생을 보니 그는 전생에 중국의 장군인데 높은 낭떠러지에서 떨어져 죽었던 것입니다. 그래서 높은 곳만 보면 겁을 내는 것이었습니다.

이런 캐논보고서의 사례에 의거해서 학자들이 전생 요법을 개발하여 요즈음 세계적으로 크게 유행하고 있습니다. 1977년 10월 3일자 〈타임Time〉지에 보면 이에 관해 자세히 소개되어 있습니다. 세계적으로 권위 있는 잡지에서 자신 있게 보도할 때에는 부인하기 어려운 것입니다. 이처럼 전생이 있다는 것은 물론이고 병 치료에 있어서도 전생요법이 세계적으로 유행하게 되었는데도 전생과 윤회에 대한 의심을 갖는다면 불교를 안 믿어야 될 것입니다.

그러면 전생이 있고 윤회를 한다고 할 때 어떤 법칙에서 윤회를 하는가? 내가 마음대로 원하기만 하면 김 씨가 되고 남자가 되고 할 수 있는가? 캐논보고에 의거해서 살펴보면 그것은 순전히 불교에서 얘기하는 인과 법칙에 의한다는 것이 판명되었습니다.

인과 법칙이란 선인선과 악인악과善因善果 惡因惡果입니다. 콩 심은 데 콩 나고 팥 심은 데 팥 난다는 말입니다. 이것은 자연의 법칙입니다. 착한 원인에는 좋은 결과가 생기고 나쁜 원인에는 좋지 않은 결과가 생긴다 이 말입니다. 이제 전생을 알 수 있게 되었으니 어떤 사람이 전생에 착한 사람이었는지 악한 사람이었는지를 알아서 그 사람의 금생의 생활이 행복한지 불행한지를 비교해 보면, 전생에 악한 사람이면 반드시 금생에 불행한 사람이고 전생에 착한 사람이면 반드시 금생에 행복한 사람이라는 것입니다.

부처님께서 말씀하셨습니다.

전생 일을 알고자 하느냐?
금생에 받는 그것이다
내생 일을 알고자 하느냐?

금생에 하는 그것이다
欲知前生事 今生受者是
欲知來生事 今生作者是

　전생에 내가 착한 사람이었나 악한 사람이었나를 알고 싶으면 금생에 내가 받는 것, 지금 행복한 사람이냐 불행한 사람이냐를 살펴보면 됩니다. 다음 생에 내가 행복하게 살 것인가 불행하게 살 것인가를 알고 싶으면 지금 자신이 하는 일을 보면 알 수 있습니다. 현대의 정신과학에서는 인과를 인도말인 카르마Karma, 業라고 하여 이제는 세계적인 학술용어가 되었습니다.
　인과문제에 대해 가장 큰 공을 세운 사람은 미국의 에드가 케이시입니다. 그에 관해서는 전기도 많이 나와 있는데, 그를 '기적인'이라고 부르는데 기적을 행사하는 사람이라는 뜻입니다. 어떤 기적을 행사하느냐 하면, 남의 병을 진찰하는데 주소 성명만 가르쳐 주면 수천 리나 멀리 떨어져 있어도 그 병을 모두 진찰할 수 있습니다. 그리고서 처방을 내고 병을 치료하는데 다 낫는다는 것입니다. 이렇게 하여 무려 3만 명 이상이나 치료를 했습니다.
　미국 뉴욕에 앉아서 영국 런던에 있는 귀족들을 진찰할 수 있으며, 이탈리아의 로마에 있는 사람들도 진찰할 수 있는 것입니다. 이것뿐만이 아닙니다. 어떤 사람은 자기 친구가 영국 런던에 갔는데 지금 어디서 무엇을 하고 있는지 케이시에게 물어봅니다. 그의 답을 듣고서 바로 뉴욕에 전화를 해보면 그의 말이 그대로 맞습니다.
　케이시가 병을 진찰해 보면 그 원인이 전생에서 넘어오는 것이 많은 것을 알았습니다. 그런데 그는 예수교도였습니다. 예수교에는 전생이 없지 않습니까? 그래서 자기의 종교와 반대되는 것이라고 하여 병 치료하는 것을 그만두려고 했습니다. 그러나 주위의 학자들이 종교와 학문과는 다르다고 그를 설득하여 이것을 학문적으로 끝까지 조사해 보자고 의논이 되었습니다. 이리하여 병 치료하는 것은 그만두고 전생 조사를 본격적으로 시작하여 2천 5백 명의 전생을 조사하였습니다.

그의 사후에도 버지니아 비치에서는 그의 원거리 진찰과 전생투시前生透視에 대한 수많은 기록을 많은 학자들이 연구하고 있으며 많은 책들이 발행되고 있습니다. 그 중에서도 특히 『초능력의 비밀』과 『윤회의 비밀』, 이 두 권은 공산국가를 제외한 거의 모든 국가에서 번역되었습니다. 에드가 케이시의 전생투시에 의한 전생과 금생과의 인과를 보면 이렇습니다.

어떤 사람은 자식을 낳고 사는 부부간에도 그 사이가 무척 나쁩니다. 그 전생을 알아보니 서로가 원한이 맺힌 사이입니다. 내외간에 잘 지내는 사람을 알아보니 전생에 아버지와 딸 관계이거나 혹은 어머니와 아들 관계입니다. '그럴 수가 있을까?' 하겠지만 우리들이 몰라서 그렇지 본래 인과란 그렇게 맺어지는 것입니다.

우리들이 업장은 두텁고 눈은 어두워 이해가 가지 않으니 곤란한 것입니다. 숙명통宿命通, 전생의 일을 훤히 아는 능력을 하여 전생을 환히 들여다볼 수 있으면 별 문제가 없겠지만, 그래서 이런 때에 현대의 과학자들이 연구한 전생과 윤회 및 인과에 대한 좋은 자료를 소개하면 부처님 말씀을 믿고 이해하는 데 보탬이 되지 않겠느냐는 것입니다.

지금까지 이야기해 왔듯이 부처님이 말씀하신 '윤회를 한다, 인과가 있다'라는 것은 현대의 과학적 자료로도 충분히 설명이 되는 것입니다. 내가 항상 하는 말이지만 이 우주의 진리를 다 깨달은 부처님께서 윤회를 말씀하셨으니 이것을 믿으면 그만입니다. 캐논이라든지 케이시라든지 하는 과학자가 중요한 것이 아닙니다. 부처님께서 3천여 년 전에 모두 말씀하셨는데 현대 과학이 이에 가까이 오고 있는 것뿐입니다.

그러니 불교 믿는 사람은 부처님 말씀 중에서 이해가 안 되는 것은 우선 내 이해가 부족한 줄 알아야 합니다. 무조건 배척하거나 반대할 것이 아니라 스스로 체험하며, 알고 또 바르게 실천하도록 노력합시다.

신심信心이 성지聖地다

|1981년 음 11월 30일, 방장 대중법어|

어떤 것이 부처인고
금사탄 여울가의 마씨부인이로다
如何是佛　金沙灘頭馬郞婦

　이것은 임제종의 3세인 풍혈스님의 법문입니다. 어떤 스님이 풍혈스님에게 묻기를 "어떤 것이 부처입니까?" 하니 "금사탄 개울가의 마씨부인이다." 하였습니다.
　이 말이 떨어지는 곳, 즉 근본 뜻은 각자가 공부를 하여 확철히 깨쳐서 참으로 자성을 밝혀야 알지 그 전에는 모르는 것이니 부지런히 공부할 뿐이고, 단지 '금사탄두마랑부'라는 말의 출처는 어떤 것인가 하는 것은 이야기할 수 있습니다.

　중국 섬서성에 '금사탄'이라는 유명한 강이 있습니다. 당나라 정원貞元 때, 어디서 어떻게 왔는지도 모르는 천하일색의 여인이 이 강에서 살고 있었습니다. 사방에서 돈 있는 사람, 벼슬 높은 사람 등 온갖 사람들이 그 여인에게 청혼하였는데, 여인이 말했습니다.
　"내 몸은 하나인데 청혼하는 이가 여러 사람이니 내 조건을 들어주는 사람에게 시집가겠습니다."

조건은 바로 『법화경法華經』 「보문품普門品」을 외우는 사람에게 시집가겠다는 것입니다. 그러자 하룻밤 사이에 20명이 다 외우고 달려왔습니다. 이번에는 『금강경金剛經』을 외워 오라고 했습니다. 그러면 그 사람에게 시집간다는 것입니다.

그 다음날 새벽에 보니 또 10여 명이나 되었습니다. 이번에는 『법화경』을 다 외워 오라는 것입니다. 『법화경』은 좀 많은데도 그래도 이 처녀에게 장가들 욕심으로 죽자하고 외웠습니다.

마침내 마씨집 아들 즉 마랑馬郎이라는 사람이 사흘만에 다 외우고 달려왔습니다.

"참 빨리 외우셨습니다. 한번 외워 보십시오."

줄줄줄 다 외우는 것입니다.

"내가 참으로 천하에 좋은 낭군을 찾아다니는 터인데 당신같이 좋은 낭군을 만났으니 이젠 한이 없습니다. 당신에게 시집가겠습니다."

이렇게 결정되어 혼인날을 받고 성례成禮를 했습니다. 결혼식이 끝나고 신부가 방으로 들어갔는데, 잠시 후 축하객들이 채 헤어지기도 전인데 신부가 "아이구 배야, 아이구 머리야!" 하더니 갑자기 데굴데굴 구르다가 덜컥 죽어 버렸습니다.

마랑은 이 처녀에게 장가가기 위해 밤잠도 안 자고 외우고 또 외웠는데 신부가 죽어 버리다니!

그런데 금방 죽은 여인의 시체가 썩어서 당장 진물이 줄줄 흐르는 것입니다. 천하일색, 그 아름답던 사람이 당장에 죽더니 금방 오물이 흘러내리니 참으로 흉합니다.

아무리 만승천자萬乘天子가 좋다 해도 죽어서 썩으면 그만이듯이, 아무리 미인이지만 죽어서 썩으니 그만입니다. 부랴부랴 관을 짜서 산에 묻어 버렸습니다.

그래도 죽기 전의 그 처녀가 마씨집 아들의 눈앞에 어른거립니다. 자신이 박복하다고 한탄하며 며칠이 지났습니다. 그때 웬 스님 한 분이 마씨집 아들을 찾는 것입니다.

"일전에 이곳에서 처녀 한 사람이 죽지 않았습니까. 그 묘소가 어디 있습니까?"

묘소를 안내하자 스님이 갖고 있던 석장錫杖으로 묘를 탁 치니 묘가 둘로 갈라지면서 그 속에는 누런 황금뼈가 소복하게 쌓여 있습니다. 불과 며칠 전에 죽은 사람을 묻었는데 석장으로 추켜드니 금쇄골金鎖骨입니다. 뼈 마디마디가 고리가 되어서 머리 부분을 드니 발 뒤끝까지 끌려 올라왔습니다. 그때 스님이 말했습니다.

"이것을 알겠느냐?"

"모르겠습니다."

"그 처녀가 바로 관세음보살이야. 이곳 섬서성 사람들이 하도 신심이 없어서 너희들을 제도하기 위해 관세음보살님이 처녀 몸을 나투어 온 것이야. 이 금쇄줄을 보게!"

그제서야 마랑은 깨달았습니다.

"참으로, 참으로 내가 관세음보살님을 친견했구나!"

"이렇게 관세음보살이 좋은 법문을 해주었으니 그대들은 불교를 부지런히 믿으라!"

이렇게 말하고 스님은 허공으로 날아가 버렸습니다.

이것이 유명한 '금사탄두마랑부', 금사탄 개울가의 마씨부인이라는 것입니다. 중국 고사에서만이 아니고 불교를 좀 아는 분은 상식적으로 다 아는 이야기입니다.

문제는 과연 그럴 수 있을까?, 관세음보살이 화현化現하다니, 도저히 믿을 수가 없다는 것입니다. 그러나 이해가 안 된다고 하여 그것을 거짓말이라고 한다면 산 채로 지옥에 떨어집니다.

관세음보살이 세인世人에게 나타난 사례는 아주 흔합니다. 그 중에서도 가장 유명한 곳이 보타락가산寶陀洛迦山입니다. '보타'란 인도말로 '희다'는 뜻이고, '낙가'는 꽃이란 말로 '흰 꽃'이란 뜻입니다. 관음도량觀音道場은 백화도량白華道場입니다.

보타락가산에 조음동潮音洞이라는 곳이 있습니다. 나는 못 가보았지만 사진으로 여러 번 보았습니다. 그곳에는 누구든지 정성껏 기도하면 수시로 관세음보살이 나타납니다. 그래서 중국에는 성지와 명소가 많지만 돈이 많이 생기는 곳은 보타락가산입니다. 온 천하 신도들이 관세음보살 친견하려고 많이 오기 때문입니다.

향을 꽂고 정성껏 기도를 하며 수백 수천 명이 모여 있는데, 관세음보살이 나타나서 혹 법문도 하고 여러 동작하는 것을 보는 것입니다. 그런 것을 보면 신심이 솟아나서 신도들이 돈을 막 쏟아놓고 갑니다. 그래서 해방 전까지만 해도 보타락가산 절 한 곳에만도 대중스님이 4천여 명이 살았습니다. 그리고 신도들이 자꾸 와서 관세음보살을 친견한 후에는 돈을 쏟아 놓고 갑니다.

그런데 제일 문제되는 것은 사신공양捨身供養입니다. 관세음보살 친견에 너무 감격하여 "이 몸을 관세음보살께 바치겠다."며 높은 절벽에서 떨어져 몸을 공양하는 것입니다. 그래서 사신공양을 못하도록, 관세음보살이 나타나는 주변에는 이리저리 막아서 사람이 죽지 못하도록 조치를 했습니다. 그래도 흔히 사신공양 사건이 일어났습니다. 이것이 유명한 보타락가산의 관세음 현신現身입니다.

관세음보살은 보타락가산에만 나타나는 것이 아니고 금사탄두에도 나타나는 것입니다. '금사탄두마랑부'라는 이 이야기는 보통 사람이 말한 것이 아니고 선종의 가장 큰 종파인 임제종의 적손嫡孫인 풍혈風穴스님이 하신 말씀입니다.

그러나 풍혈스님이 말씀하신 그 내용, 법문의 근본 뜻은 앞에서도 말했듯이 확철히 깨치기 전에는 모르는 것으로, 그것은 공부해야 되는 것이며, 그 연유가 어찌된 것인가를 나는 말한 것입니다.

이것보다 더 선가에서 유명하며 기적적인 법문이 있습니다.

'전삼삼 후삼삼前三三 後三三'이라는 것입니다.

이 법문은 유명한 『벽암록碧巖錄』 100칙則에도 들어 있습니다. 이것은 문수보살이 말씀하신 이야기입니다.

무착문희無着文喜 선사가 문수보살을 친견하려고 오대산에 갔다가 금강굴金剛窟 앞에서 웬 영감 한 분을 만났습니다. 그 영감을 따라가니 아주 좋은 절이 있어서 그 절에 들어가 영감과 앉아서 이런저런 이야기를 나누었습니다.

그 영감이 물었습니다.

"남방 불법은 어떻게 행합니까?"
"말세 중생이 계행이나 지키고 중노릇합니다."
"절에는 몇 사람이나 모였는지요?"
"3백 혹은 5백 명 모여 삽니다."

南方佛法　如何住持

末法比丘　小奉戒律

多少衆

或三百　或五百

무착스님도 한마디 묻고 싶었습니다.

"여기는 불법이 어떠합니까?"
"범인과 성인이 같이 살고, 용과 뱀이 섞여 살지요."
"그럼 숫자는 얼마나 됩니까?"
"앞으로 3, 3, 뒤로도 3, 3입니다."

此間如何住持

凡聖同居　龍蛇混雜

多少衆

前三三　後三三

'용과 뱀이 섞여 살고 범인과 성인과 같이 산다'는 말은 보통으로 들으면 그저 그런 것 같지만 그 뜻이 깊은 곳에 있습니다. 겉말만 따라 가다가는 큰일 납니다. 무착선사도 그 말뜻이 무엇인지는 모르고 노인과 작별했습니다.

　한참 나오다가 돌아보니 절은 무슨 절, 아무것도 없습니다. 그래서 자기가 그것에 대해 게송偈頌을 읊은 것이 있습니다.

　　시방세계 두루 성스러운 절

눈에 가득히 문수와 말을 나누나
당시는 무슨 뜻을 열었는지 모르고
머리를 돌리니 다만 푸른 산 바위뿐이더라.
　　廓周沙界聖伽藍　滿目文殊接話談
　　言下不知開何印　廻頭只見翠山巖

그 후에 또 문수보살을 친견하여 법문을 들은 것이 있습니다. 불교 선문에서 흔히 알고 있는 내용입니다.

누구나 잠깐 동안 고요히 앉으면
강가 모래같이 많은 칠보탑을 만드는 것보다 낫도다.
보배탑은 끝내 무너져 티끌이 되지만
한 생각 깨끗한 마음은 부처를 이루는도다.
　　若人靜坐一須臾　勝造恒沙七寶塔
　　寶塔畢境碎微塵　一念淨心成正覺

이 게송을 아는 사람은 많겠지만, 그 출처가 어디서 나오는 것인지 모르는 사람이 많을 것입니다. 이것은 무착문희 선사가 오대산에 가서 문수보살을 친견하고 문수보살이 '직접' 문희스님에게 설한 법문입니다. 그러니 관세음보살뿐 아니고 문수보살 같은 그런 대보살들도 32응신應身만이 아니라 3백, 3천, 몇 백천억 화신化身을 나툴 수 있는 것입니다.

누구든지 불법을 성취하여 대해탈부사의大解脫不思議 경계를 얻을 것 같으면 문수보살도 될 수 있고 관세음보살도 될 수 있고 보현보살도 될 수 있으며, 백천 화신을 나타내어 자유자재하게 일체 중생을 제도할 수 있는 것입니다.

문수보살을 보면 가장 유명한 성지가 중국의 오대산인데, 그곳에 가서 실제로 친견한 기록도 많이 있습니다. 실제로 문수보살이 사자를 타고 나타나는가 하면, 노인으로 또는 동자童子가 되어 나타나는 수가 있고 여러 가지로 몸을 나투어 비유로써 중생을 교화합니다. 그래서 누구든지 신심이 있고 오대산에 가서 기도를 많이 하는 사람이면 문수보살을 직접 친견할 수 있었습니다.

그러면 우리가 오대산에 가야 문수보살을 친견하고 보타산에 가야 관세음보살을 친견할 수 있는가. 아닙니다. 그렇지 않습니다.

부처님께서 항상 하신 말씀이 있습니다.

> 중생을 제도하기 위해
> 방편으로 열반을 나타내지만
> 내가 실제 죽는 것 아니고
> 항상 여기서 법을 설한다.
> 爲度衆生故　方便現涅槃
> 而實不滅度　常住此說法

'상주차설법常住此說法', 항상 여기 계시면서 설법하시는 것입니다. '여기'란 시방세계, 처처處處가 여기입니다. 꼭 영축산만 여기가 아닙니다. 보타산이 어느 곳이냐? 사람 사람의 신심이 보타산입니다. 철저한 신심으로 기도를 하면 어디든지 나타납니다. 관세음보살이 나타나는 곳이 보타산인 겁니다. 문수보살 나타나는 곳이 오대산입니다. 오대산이 따로 없고 보타산이 따로 없습니다. 사람마다 신심에 있습니다.

신심信心! 신심으로 공부도 기도도 하면, 누구든지 살아서 관음도 문수도 볼 수 있으며 산부처님도 볼 수 있습니다. 신심으로 공부하고 기도할 뿐이지 다른 것은 아무것도 없습니다.

일승법一乘法과 방편方便

|1981년 음 11월 15일, 방장 대중법어|

시방 국토 가운데
오직 일승법만 있고
이승도 없고 삼승도 없는데
부처님의 방편설도 빼놓는다.
十方國土中 唯有一乘法 無二亦無三 除佛方便說

쉽게 말하자면 온 시방세계는 이대로가 항상 있는 세계(常住法界)이고, 걸림이 없는 세계(無礙法界)이고, 하나의 참 진리의 세계(一眞法界)인데, 이것을 무장애법계無障礙法界라고 하는 것입니다. 또 이것을 일승법一乘法이라고 합니다.

우리 불교가 있음으로써 무애법계, 무장애법계가 있는 것이 아니고, 본시 이 시방세계라 하는 것은 일진법계, 무애법계, 무장애법계인데 부처님이 그것을 바로 아시고 그것을 중생에게 소개하신 것입니다. 그래서 시방세계라 하는 것은 전체가 일승뿐입니다. 무애법계, 일승법계뿐이지 그 외에는 하나도 없습니다. 딴 것은 없습니다.

그런데 부처님은 이런저런 말씀을 하시고, 온갖 말씀을 다 하셨습니다. 일승 이외의 법문을 많이 하셨습니다. 그러면 그것은 어떻게 처리할 것인가?

그것은 딴 것이 아니라, 못 알아들으니까 방편方便으로 이런 말씀 저런 말씀을 하신 것이지 그것이 실설實說은 아닌 것입니다. 그래서 참으로 부처님 법문을 알려면 일승법계의 소식을 알아야만 부처님의 뜻을 알 수 있는 것이지 그 외의 방편설로는 모릅니다. 방편설은 실제가 아니라는 말입니다.

부처님이 성도成道하시고서 '돈설화엄頓說華嚴'이라고, 처음 한꺼번에 『화엄경』을 설해 버렸습니다. 『화엄경』을 설해 놓으니 귀가 막히고 눈이 멀어서 아무도 보는 사람이 없고 듣는 사람도 없고 하니, 아무도 알아듣지 못합니다. 모르는 것을 부처님 혼자 아무리 미래겁이 다하도록 말씀하신들 무슨 소용이 있겠습니까.

말씀하시나 안 하시나 중생에게는 아무 소용이 없습니다. 아무래도 이 사람들이 귀가 어둡고 눈이 어두워 이러하니, 차차 키워 가지고 귀도 조금 듣고 눈도 조금 밝게 해 가지고 일승一乘 법문을 해야 되겠다, 하고 물러섰습니다. '퇴설삼승退說三乘'이라, 물러서서 삼승법문을 설한 것입니다.

거기에서 여러 가지 잡동사니가 막 나옵니다. 이런저런 말도 나오고, 유치원 아이를 보면 유치원 아이에 해당하는 법문을 하고, 초등학교 아이들을 보면 또 그에 해당하는 법문, 중학생, 고등학생, 대학생 등 이렇게 여러 가지 수기설법隨機說法을 합니다.

이것은 사람 보아 가면서 옷 해 입히는 식입니다. 키 작은 사람은 옷을 짧게 해서 입히고, 키가 큰 사람에게는 옷을 길게 해서 입히고, 이런 식입니다.

그러니 팔만사천 법문이 벌어진 것입니다. 중생 근기根機가 팔만사천으로 모두 다 각각 다르니, 그게 소위 방편설方便說입니다. 그것은 전부 실설이 아닙니다.

처음에 일승법문, 돈설화엄 할 때 그때에 모두 알아 버렸으면 눈깔사탕 따위는 필요 없는 것 아닙니까. 유치원 이야기, 초등학교, 중학교, 대학 이야기 모두 할 필요 없는 것입니다. 그런데 못 알아들으니까 할 수 없이 유치원부터 대학교에 이르기까지 법문이 모두 나오는 것입니다.

그렇게 하다가 어느 정도 커졌습니다. 부처님 법문을 알아들을 만큼 근기가 성숙한 것입니다. 그래서 최후에 『법화경』과 『열반경』을 설한 것입니다. 이것은 방편으로 말한 연유를 말한 것입니다.

그래서 처음에 『화엄경』을 설한 것이 일승법문이고 최후에 또 『법화경』을 설한 것이 일승법문인데, 화엄, 법화 중간에 40년 동안 설한 그것은 전부 다 방편설입니다.

거기에 가면 온갖 법문이 다 있습니다. 온갖 것이 다 있는데 그것도 실제로 꼭 필요한 것입니다. 사람 키우기 위해서는 필요하지 않을 수 없는 것입니다. 그러면 일승이란 것은 과연 어떤 것이냐. 이것도 생각해 봐야 합니다. 그것은 실법實法이니까.

화엄과 법화가 일승을 대표한다고 말합니다. 그런데 화엄, 법화는 어떤 진리에 서 있는가? 그 내용은 어떤 것인가?

일승 원교의 교리를 근본적으로 조직하여 집대성한 사람이 천태지자天台智者 선사입니다. 『법화경』에 대해 천태선사가 정의한 말씀이 있습니다.

원교라 함은 중도를 나타낸 것이니 양변을 막아 버렸다
圓敎者　此現中道　遮於二邊

일승원교란 것은 실지 그 내용이 중도中道인데 중도란 것은 양변을 여읜 것이라는 말입니다.

양변이란 유有와 무無, 시是와 비非, 선善과 악惡, 이것이 전부 양변입니다. 상대세계에서는 모든 것이 전부 양변으로 되어 있는데, 그 차별적 양변이란 것은 실법이 아닙니다.

그리고 또 이렇게 말씀하셨습니다.

마음이 밝고 깨끗하면 양변을 쌍으로 막고
정히 중도에 들면 이제를 쌍으로 비춘다.
心卽明淨　雙遮二邊　正入中道　雙照二諦

말하자면 도를 자꾸자꾸 많이 닦아 가지고 마음이 깨끗해졌다는 말입니다. 그러면 마음이 자연히 밝을 것 아닙니까.

수도修道를 많이 해서 마음이 완전히 밝고 깨끗해져 버리면, 번뇌망상이 하나도 없이 얼음알같이 그렇게 깨끗해져 버리면, 그러면 양변을 여의는 것입니다. 그런 동시에 정正히 중도에 들어갈 것 같으면 진제眞諦와 속제俗諦, 그것도 양변과 같은 것인데 2제諦를 쌍으로 비춘다는 말입니다.

앞에서는 마음이 밝아 가지고 확철히 도를 깨칠 것 같으면 쌍으로 이변을 막아 버린다, 이변을 초월한다고 했고, 그러면 그것이 중도에 들어간 것입니다.

중도에 들어가면 '2제를 쌍으로 비춘다'는 말은 진속이 서로 통한다는 말입니다. 그러면 2제, 진眞과 속俗이 서로 합하고 선과 악이 서로 합합니다. 서로 융합한다는 말입니다.

결국 차별적인 선악이나 유무의 양변을 완전히 초월하는 동시에 이것이 완전히 융합하는 것을 중도라 하며, 이것이 원교圓敎이고, 이것이 일승이다, 그 말입니다.

천태스님 말씀은 『법화경』 위주인데, 『법화경』의 '제법실상諸法實相'이란 것은 '현실 이대로가 절대絶對'라는 말로, 이것은 그 원리가 어느 곳에 있느냐 하면, 현실의 모든 차별적 양변을 완전히 떠나서 양변이 서로 융합한다는 말에 있습니다.

그러면 '차遮'와 '조照'라 하는 말, 양변을 초월한다(遮)와 양변이 서로 통한다(照), 라는 이것이 어떻게 다른가?

양변을 여읜다, 초월한다는 이 말은, 비유를 하자면 하늘에 구름이 꽉 끼어 있어 해가 안 보이지만 구름이 확 걷히면 해가 확연히 드러난다는 말과 같습니다. 양변을 초월한다는 말은 '구름이 걷힌다'는 말과 마찬가지입니다.

또 양변이 서로 통한다 하는 것은 '해가 드러났다' 이 말입니다. '구름이 걷혔다' 하면 으레 '해가 드러났다'는 말이 되는 것이고 '해가 드러났다'고 하면 '구름이 걷혔다'라는 말이 되는 것입니다. 그래서 '차'와 '조'가 둘이 아닙니다. 그래서 쌍차쌍조雙遮雙照, 쌍으로 걷히고 쌍으로 초월하고! 쌍으로 비추고 쌍으로 통하고!

쌍으로 통한다 하는 것은 초월한다는 말입니다. 그래서 일승원교, 중도라 하는 것은 모든 차별을 초월하고 모든 차별들이 원융무애하여 서로 융통자재한다, 이 말입니다. 이런 세계를 일승원교라 하는 것입니다.

그리고 일진법계라 하는 것은 모든 것이 다 평등하여 전부 진여眞如뿐입니다. 그렇게 되면 모든 것이 융통자재해지는 것입니다. 이것을 무애법계無礙法界라 합니다.

유무도 가림이 없고, 시비도 가림이 없고, 선악도 가림이 없고, 이래서 모든 것이 무애자재, 무애법계인 것입니다. 일진법계一眞法界 즉 무애법계이고, 무애법계 즉 일진법계인데, 이것을 중도라 하고 이것을 원교라 하는 것입니다.

법화에서는 이렇게 설명했는데, 원교대종圓敎大宗이라고 하는 화엄에서는 일승을 어떻게 설명했는가, 그것을 한번 생각해 보아야 하겠습니다.

화엄이라고 하면 요새 강원에서 배우는 『화엄청량소華嚴淸凉疏』라는 것이 있는데, 청량淸凉스님이 여기에서 화엄종취華嚴宗趣에 대해 정확히 정의를 내리고 있습니다.

    곧 비추며 막고 곧 막으며 비추니
    쌍으로 비추며 쌍으로 막아서 둥글게 밝아 일관하면
    이 종취에 계합하는도다.
    卽照而遮 卽遮而照 雙照雙遮 圓明一貫 契斯宗趣

즉조이차卽照而遮, 곧 비추면서 막는다. 결국 모든 것이 융통자재했다, 즉 모든 것을 초월했다는 말입니다. 그런 동시에 즉차이조卽遮而照니 모든 것이 융통한다는 말입니다.

즉 모든 것을 초월할 때에 모든 것이 다 융통해 버리고, 모든 것이 융통할 때 모든 것이 다 초월해 있다는 말입니다. 그러니 쌍조쌍차雙照雙遮가 되지 않습니까. 쌍으로 다 통하고 양변을 초월했다, 즉 양변이 서로서로 융통하고 양변이 서로서로 초월했다는 말입니다. 그렇게 되면 원명일관圓明一貫, 둥글게 밝다, 모든 것이 다 원만구족圓滿具足해진다는 것입니다. 그렇게 일관할 것 같으면 계사종취契斯宗趣, 화엄종취華嚴宗趣에 맞다 그 말입니다.

근본요지는 어느 곳에 있느냐 하면 화엄종취라는 것은 다른 곳에 있는 것이 아니고 쌍차쌍조에 있다, 그 말입니다. 쌍차쌍조라 하는 것을 확실히 바로 알면 이 화엄종취를 알 수 있습니다. 이것이 청량국사의 화엄종취에 대한 정의입니다.

천태스님은 말씀하시기를, "중도란 것이 쌍차쌍조이니 이것을 바로 알면 중도인 동시에 일승이고 원교이고 법화도리다."라고 말씀하셨으며, 청량스님은 "화엄이 원교인데 화엄도 또한 딴 것이 아니라 쌍차쌍조인데, 이 도리를 분명히 알 것 같으면 화엄도리의 종취를 알 수 있다."고 말씀했습니다.

화엄에 대해 천태스님과 청량스님의 말씀이 다른 것은, 원교라는 것은 같은데 화엄종에서는 『법화경』을 대승종교大乘終敎라 해서 '최후의 교리'이지 '원만원교'는 못 된다고 말씀하신 것이나, 그것은 서로서로 입장이 다르기 때문에 이리도 표현하고 저리도 표현한 것입니다.

이랬든 저랬든 간에 불교에서 가장 구경인 최후 원리를 설한 경을 화엄, 법화라 하는데, 이를 총칭하여 일승원교一乘圓敎라 합니다.

그러니 일승원교란 그 대표적인 천태스님과 청량스님의 말씀과 정의에 의하면 쌍차쌍조하는 중도에 서 있는 것이 즉 화엄이요, 법화다, 이것입니다.

쌍차쌍조라는 것, 이것이 이론적으로 들어가면 아주 어려운 것입니다. 양변을 완전히 초월하여 양변이 완전히 합해서 통한다, 그러면 화엄의 사법계四法界가 벌어집니다.

사법계는 '이법계理法界, 사법계事法界, 이사무애법계理事無礙法界, 사사무애법계事事無礙法界'를 말합니다.

그런데, 결국 이사무애법계, 사사무애법계를 말하려고 이법계, 사법계를 말한 것으로 이법계 중에 사법계가 있는 것이고 사법계 중에 이법계가 있는 것이지, 이법계와 사법계가 따로 있는 것이 아닙니다.

즉 이법계 사법계를 따로 세웠지만 각각 이법계 중에 사법계, 사법계 중에 이법계, 이렇게 하여 이사理事가 무애無礙입니다. 이사가 서로 거리낌이 없다는 말입니다. 그러니 결국 천삼라天森羅 지만상地萬象이 하나도 무애법계 아님이 없습니다. 그리하여 온 시방세계의 모든 존재가 중도 아닌 것이 하나도 없고, 절대 아닌 것이 하나도 없다, 이렇게 결론이 내려집니다. 이것이 화엄과 법화의 근본 이론입니다.

그러면 현실 이대로가 절대로서, 내 말했듯이 극락세계를 딴 데 가서 구할 것 없고 천당을 딴 데 가서 구할 것이 없습니다. 실지 근본원리인 쌍차쌍조하는 중도도리를 확실히 깨쳐 버리면 이대로 전체가 무애자재, 무장애법계인 것입니다.

그러면 앉은 자리 선 자리가 극락입니다. 근본요지는 어디 있나 하면, 눈을 바로 떴나 못 떴나 이것입니다. 내가 항상 하는 소리이지만 해가 아무리 떠 있다고 해도 눈감고는 광명이 안 보입니다. 아무리 우리가 무애법계, 일승법계, 진여법계, 무장애법계에 살고 있지만 눈을 감고 앉아서 자꾸 "안 보인다, 안 보인다" 하면 그것 참 딱한 노릇 아닙니까.

참으로 다행한 것은 우리가 눈을 떴든지 감았든지 간에 이 무장애법계, 광명의 세계가 있는 것은 사실이고, 거기에 살고 있는 것이 사실이라는 점입니다. 아무리 눈을 감고 엎어지고 자빠지고, 자빠지고 엎어지고 하더라도 자기가 눈을 떠서 광명을 못 본다 그뿐이지 이 광명의 세계, 무애법계, 일진법계에 살고 있는 것은 사실입니다. 그러니 그 사실을 확신하고 노력하여 눈만 뜨면 모든 것이 다 해결되는 것입니다.

그런데 일진법계, 무애법계, 무장애법계 이외에 그와 모순되는 말이 많이 있지만 그것은 전부 방편설입니다. 방편가설일 뿐 실설 實說이 아닙니다.

그러니 어떻게 하든지 노력하여 실설을 따라가야지 방편가설인 줄 알면서 그것을 따라갈 필요는 없는 것입니다. 방편가설을 따라간다면 그것은 좀 정신없는 사람입니다.

그렇지만 아직 나이 어려서 아무것도 모르는 유치원 꼬마들에게 아무리 대학 과정을 배우라고 해도 모르니 그것을 또 어떻게 해야 합니까. 그러니 할 수 없이 유치원 과정부터 배우는 것입니다. 일승이 실지로 근본법은 근본법이지만 일승을 위해서는 방편가설이 전부 다 필요한 것입니다.

지금까지의 이야기를 종합해 보면, 시방국토十方國土 중에 유유일승법唯有一乘法이라, 일승법뿐입니다. 본래 전체가 일승법계이고, 전체가 무애법계이고, 전체 이대로가 절대의 세계입니다.

무이역무삼無二亦無三, 이승도 없고 삼승도 없는데 그러면 왜 부처님은 여러 가지 말씀을 하셨는가? 그게 모두 방편설입니다. 설사 아무리 방편설을 설하였지만, 우리가 아무리 어둡다 어둡다 하지만, 사람 개개인 전체가 다 광명 속을 벗어나서 살 수는 없습니다. 눈을 감았든가 떴든가 간에 눈을 감은 것과 뜬 것은 다르지만 광명 속에, 일진법계 속에, 무장애법계 속에 살고 있는 것만은 조금도 틀림이 없습니다.

그러면 이것이 가장 구경법究竟法이냐? 그건 아닙니다. 교리적으로 볼 때에는 일승법이 실實이고 삼승三乘은 권權이다, 이렇게 봅니다. 그러나 교리적으로 본다 해도 나중에 가서는 전체가 중도 아닌 것이 없습니다. 삼승도 중도 아닌 것이 없게 되는 것입니다.

그러면 그런 무애자재한 교리, 사법계라든지 제법실상이라든지 무애법계, 일승원교라 하는 것이 우리 불교의 구경究竟이냐? 그게 아닙니다. 교외별전教外別傳인 선禪이란 것이 있습니다. 일승이니 하며 아무리 큰소리 치지만 이것은 말에만 그칠 뿐, 말! 말이지 실은 아닙니다. '교'라 하는 것은 뭐라고 하든 '말'이지 '실'은 아닙니다. 아무리 일승이 실법이라고 하지만 그것도 빨간 거짓말입니다.

일승 이야기 아무리 해봤자 밥 이야기는 배 안 부릅니다. 아무 소용없습니다. 이것 가지고는 해탈 못 한다, 그 말입니다. 이것만 가지고서는! 밥은 실제 떠먹어야 됩니다. 그러니 오직 참으로 마음의 눈을 뜨려면 참선參禪을 해야 됩니다. 그것을 교외별전, 즉 선이라 하는 것입니다.

'교'라 하는 것은 부처님 말씀이고 '선'이라 하는 것은 부처님 마음을 전한 것인데, 말씀이란 것은 마음을 깨치기 위해 한 것이지 딴 것 아닙니다. 요리강의라는 것은 밥 잘 해 먹자는 것인데 밥 잘 해 먹자는 이외에 뭐가 있습니까. 요리강의를 천날 만날 해도 배가 부르는가, 아무 소용없습니다.

그러니 교외별전에서 볼 때는 일승 아니라 더한 일승이라도 이것 전부가 방편이고 전부 가설인 것입니다. 실지에 아무 소용없는 것입니다. 진정眞淨스님 말씀이 있습니다.

다함이 없는 자성바다는 한 맛이나
그 한 맛마저 끊어져야 나의 선이다.
無盡性海含一味　一味相沈是我禪

무진성해無盡性海, 다함이 없는 자성바다, 자성바다 전체가 한 맛이니, 일진법계 무애법계다 그 말입니다. 일미一味라 하는 그것이 즉 무애입니다. 어째서 일미가 무애냐 하면, 이 우주 세계라 하는 것은 차별로 되어 있습니다. 선과 악이 다르다, 그 말입니다.

이것이 일미가 되려면, 한 맛이 되려면 서로 완전히 통해 버려야 됩니다. 안 통하면 한 맛이 안 됩니다. 결국 일미라 하는 것은 전부가 통하는 세계, 색과 공이 통하고 모든 것이 다 통해 있는 세계인 것입니다.

그러나 진정한 안목에서 볼 때는 일미상침시아선一味相沈是我禪이라, 일미, 한 맛이란 것, 무애, 모든 것이 통했다는 것, 중도니 뭐니

하지만 사실에 있어 아무 소용이 없다, 그 말입니다. 실지와는 소용이 없는 것입니다. 그러니 항상 하는 소리 아닙니까.

"손가락을 가지고 달을 가리키면 달을 보지 손가락을 보지 말라." 일승불교가 "실實이다, 실이다!"라고 하는 이것도 달을 가리키는 손가락이지 달은 아닙니다. 그러니 여기에 얽매여도 안 됩니다. 결국 화엄이니 법화니 하는 것이 "실이다, 실이다" 하고 자꾸 주장을 하지만 내용에 있어서는 달을 가리키는 손가락에 불과한 동시에 이것도 방편가설입니다.

화엄, 법화 일승원교가 다 방편가설인 줄을 분명히 알아야만 비로소 자기 마음을 깨치는 길로 들어갈 수 있는 것이지 "일승원교가 참으로 우리 불교의 진리다, 그것이 구경이다, 최고다" 이렇게 할 것 같으면 실제에 있어서 우리가 항상 손가락에만 매달려 있지 달은 영원히 못 보고 만다는 말입니다.

그래서 오늘 내가 말하고자 하는 것은 시방세계가 전부 일승불교이며 일승도리인데, 일승도리라 하는 것은 무애법계 즉 중도에서 있습니다. 이 중도란 불생불멸입니다. 또 양변을 여읜 것, 생멸이 완전히 통하는 무애법계란 말입니다.

이것을 '교'에서는 실이라 하여 구경법이라 하는데, 참으로 사실을 알고 보면 이것도 일종의 방편이고 가설이며, 달 가리키는 손가락이지 달은 아니더란 말입니다. 그러니 우리는 화엄이고 법화고, 일승이고 원교고 다 내버려야 된다, 이 말입니다. 저 태평양 한복판에.

그리고 어떻게든 노력해서 손가락만 보지 말고 달을 봐야 되겠다 이것입니다. 예전에 늘상 조사스님들이 하신 말씀이 있습니다.

부처님과 조사를 원수같이 보아야만

비로소 공부할 분分이 있도다.

見佛祖如 寃家相以 方有參學分

그러면 예전 조사스님들의 어록語錄은 모두 실인 것 같은 생각이 들겠지요. 물론 화엄, 법화와는 틀립니다. 그러나 나중에 참으로 바로 깨쳐 놓고 보면 조사스님의 어록도 사실에 있어서 '눈 속 가시〔眼裏荊棘〕'다, 그 말입니다.

그래서 참으로 초불월조超佛越祖, 부처도 초월하고 조사도 초월하는 이런 출격대장부가 되어야만 비로소 횡행천하橫行天下하고 "내 말 한번 들어보라"고 하든지 "내 말 듣지 말아라" 하든지 할 수 있는 것이지, 이 방편에 얽히고 저 방편에 얽히고 하여 이리 넘어지고 저리 넘어지고 하면 영원토록 살아나지 못하는 것입니다.

내가 또 이렇게 말하니, "허, 그러면 다 필요 없네. 그 뭐 화엄, 법화도 필요 없고 조사어록도 필요 없다고 하는데, 그러면 그런 것 다 뭐 할 필요 있나, '이 뭣고!'만 하면서 앉아 있으면 안되겠나!"

그야 물론 그렇습니다. 그리 하면 그만이지만 그러나 아직 그리 하지 못하는 사람에게는 유치원에서는 유치원 과정이 필요하고 초등학교에서는 그 수준에 맞는 과정이 필요하듯이 모든 방편이 다 필요한 것입니다. 아직까지 유치원 자격밖에 안 되는 사람이 일초직입여래지一超直入如來地 한다고 말만 그렇게 들었지 실제로는 그렇게 안 됩니다.

생각을 해보십시오. 조그만 돌도 하나 못 드는 어린애가 큰 바위를 들려고 한다든지 태산을 짊어지고 가려고 하면 되겠습니까. 안 된다, 이 말입니다.

　이렇듯 자기 역량에 따라서 방편도 실이 되고 실도 방편이 되는 것이니, 우리가 모든 것에서 한 법에 국집局執해도 못쓰고 또 한 법이라도 함부로 버려도 안 됩니다. 사람 사람이 그 정도에 따라서, 경우에 따라서 취할 것은 취하고 버릴 것은 버려야 합니다.

　원 근본은 "부처도 초월하고 조사도 초월해서 불타와 조사 보기를 원수같이 보아야만 참으로 공부할 분이 있다." 이 말입니다. 이것이 근본목표가 되어야 합니다. 그때서야 참으로 크게 눈을 뜨고 살불살조殺佛殺祖하는 그런 대출격장부가 될 것입니다.

　이만 했으면 방편이 무엇이다 하는 것, 그에 대해 무엇을 취하고 어떻게 해야겠다는 것을 우리가 다 알 수 있게 되었을 것이니, 강원에서는 경經 부지런히 익히고 선방에서는 화두話頭 부지런히 해 가지고 어떻게든 자기 하는 공부를 하루바삐 빨리 성취하도록 노력합시다.

무심無心이 부처다

|1982년 음 4월 30일, 방장 대중법어|

불교라고 하면 부처님이 근본입니다. "어떤 것이 부처냐" 하고 묻는다면 여러 가지로 대답할 수 있지만 그러나 실제로 부처라는 그 구체적인 내용을 말하기는 좀 곤란한 것입니다. 그러나 불교의 근본 원리 원칙을 생각한다면 곤란할 것도 없습니다.

모든 번뇌망상 속에서 생활하는 것을 중생이라 하고 일체의 망상을 떠난 것을 부처라고 합니다. 모든 망상을 떠났으므로 망심이 없는데 이것을 무심無心이라고 하고 무념이라고도 합니다. 중생이란 망상 속에서 생활하고 있습니다. 그러면 중생이라는 한계는 어디까지인가?

저 미물인 곤충에서부터 시작해서 사람을 비롯하여 십지등각十地等覺까지 모두가 중생입니다. 참다운 무심은 오직 제8아뢰야 근본무명根本無明까지 완전히 끊은 구경각究竟覺 즉 묘각妙覺만이 참다운 무심입니다. 이것을 부처님이라고 합니다.

그러면 망상 속에서 사는 것을 중생이라고 하니 망상이 어떤 것인지 좀 알아야 되겠습니다. 보통 팔만사천 번뇌망상이라고 하는데, 이것을 구분하면 크게 두 가지로 나눌 수 있습니다.

첫째는 의식意識입니다. 생각이 왔다 갔다, 일어났다 없어졌다 하는 이것이 의식입니다. 둘째는 무의식無意識입니다. 무의식이란 의식을 떠난 아주 미세한 망상입니다. 그래서 불교에서는 의식을 제6식第六識이라 하고 무의식을 제8식第八識, 아뢰야식이라고 하는데, 이 무의식은 참으로 알기가 어렵습니다. 8지보살도 자기가 망상 속에 있는 것을 모르고 아라한阿羅漢도 망상 속에 있는 것을 모르며 오직 성불成佛한 분이라야만 근본 미세망상을 알 수 있습니다.

앞에서 이야기했듯이 곤충 미물에서 시작해서 십지, 등각까지 전체가 망상 속에서 사는데, 7지보살까지는 의식 속에 살고 8지 이상, 10지, 등각까지는 무의식 속에서 삽니다.

의식세계든 무의식세계든지 전부 유념有念인 동시에 모든 것이 망상입니다. 그러므로 제8아뢰야 망상까지 완전히 끊어 버리면 그때가 구경각이며, 묘각이며, 무심입니다.

무심의 내용은 무엇인가? 이것은 거울에 비유할 수 있습니다. 불교에서는 본래의 마음자리를 흔히 거울에 비유합니다. 거울은 언제든지 항상 밝아 있습니다. 거기에 먼지가 쌓이면 거울의 환한 빛은 사라지고 깜깜해서 아무것도 비추지 못합니다. 망상은 맑은 거울 위의 먼지와 마찬가지이고, 무심이란 것은 거울 자체와 같습니다.

이 거울 자체를 불성佛性이니 본래면목本來面目이니 하는 것입니다. 모든 망상을 다 버린다는 말은 모든 먼지를 다 닦아낸다는 말입니다. 거울에 끼인 먼지를 다 닦아내면 환한 거울이 나타납니다. 그리고 동시에 말할 수 없이 맑고 밝은 광명이 나타나서 일체 만물을 다 비춥니다.

우리 마음도 이것과 똑같습니다. 모든 망상이 다 떨어지고 제8 아뢰야식까지 완전히 떨어지면 크나큰 대지혜 광명이 나타나게 됩니다. 이것은 비유하자면 구름 속의 태양과 같습니다. 구름 다 걷히면 태양이 드러나고 광명이 온 세계를 다 비춥니다. 이와 같이 우리의 마음도 모든 망상이 다 떨어지면 대지혜 광명이 나타나서 시방법계十方法界를 비추인다는 말입니다.

이처럼 일체 망상이 모두 떨어지는 것을 '적寂'이라 하고, 동시에 대지혜 광명이 나타나는데 이것을 '조照'라고 합니다. 이것을 적조寂照 혹은 적광寂光이라고 하는데, 고요하면서 광명이 비치고 광명이 비치면서 고요하다는 말입니다.

우리 해인사 큰 법당을 '대적광전大寂光殿'이라고 하는데 부처님이 계시는 곳이란 뜻입니다. 이것이 무심의 내용입니다. 무심이라고 해서 저 바위처럼 아무 생각 없는 그런 것이 아니고 일체 망상이 다 떨어진 동시에 대지혜 광명이 나타나는 것을 말합니다.

또 무심은 바꾸어 말하면 불생불멸不生不滅이라고 표현할 수 있습니다. 불생이란 일체 망상이 다 떨어졌다는 말이고, 불멸이란 대지혜 광명이 나타난다는 말이니, 즉 불생이란 '적'이고 불멸이란 '조'입니다. 그러니 불생불멸이 무심입니다.

무심을 경經에서는 정혜定慧라고도 합니다. 정定이란 일체 망상이 모두 없어진 것을 말하고, 혜慧라는 것은 대지혜 광명이 나타나는 것을 말합니다. 그래서 정혜등지定慧等持를 부처님이라고 합니다. 이 무심을 완전히 성취하면 또 견성이라고 합니다. 성불인 동시에 열반인 것입니다.

육조六祖스님께서 말씀하시지 않았습니까?

무상 대열반이여!
뚜렷이 밝아 항상 고요히 비추는도다.
無上大涅槃　圓明常寂照

흔히 사람이 죽는 것을 열반이라고 하는데, 죽어서 아무것도 없는 것은 열반이라고 하지 않습니다. 모든 망상이 다 떨어지면서 동시에 광명이 온 법계를 비추는 적조가 완전히 구비되어야 참다운 열반입니다.

고요함〔寂〕만 있고 비춤〔照〕이 없는 것은 불교가 아니고 외도外道입니다. 일체 망상을 떠나서 참으로 견성을 하고 열반을 성취하면 일체의 속박에서 벗어나 대자유인이 되는데, 이것을 해탈解脫이라고 합니다.

해탈이란 결국 『기신론起信論』에서 간단히 요약해서 말씀한 대로 "일체 번뇌망상을 다 벗어나서 구경락인 대지혜 광명을 얻는다〔離一切苦 得究竟樂〕"이 말입니다.

이상으로 성불이 무엇인지 무심이 어떤 것인지 대강 짐작할 수 있을 것입니다. 누구든지 참으로 불교를 하는 사람이라면 그 근본이 성불에 있는 만큼 실제로 적조를 내용으로 하는 무심을 실증實證해야 합니다. 그렇다면 어떤 사람에게는 이런 능력이 있고 어떤 사람에게는 이런 능력이 없는 것인가? 근본은 누구든지 다 평등합니다. 평등할 뿐만 아니라 내가 항상 말하듯이 중생이 본래 부처이지, 중생이 변하여 부처가 되는 것이 아닙니다.

다시 명경明鏡을 예로 들겠습니다. 이것은 새삼 내가 지어낸 얘기가 아니고 불교에서 전통적으로 말해 오고 있는 것입니다.

명경은 본래 청정합니다. 본래 먼지가 하나도 없습니다. 동시에 광명이 일체 만물을 다 비춥니다. 그러니 광명의 본체는 참다운 무심인 동시에 적조, 적광, 정혜등지定慧等持이고 불생불멸 그대로다, 이 말입니다.

그런데 중생이 참으로 청정하고 적조한 명경 자체를 상실한 것처럼 된 것은 무엇 때문인가? 아무리 깨끗한 명경이라도 먼지가 앉을 것 같으면 명경이 제 구실을 못합니다. 그러나 본래의 명경은 조금도 변함이 없습니다. 먼지가 앉아 있어서 모든 것을 비추지 못한다는 것뿐이지 명경에는 조금도 손실이 없습니다. 먼지만 싹 닦아 버리면 본래의 명경 그대로 아닙니까? 그래서 중생이 본래 부처라는 것은 명경이 본래 깨끗하다는 것을 의미합니다.

그렇다면 자성自性이 본래 청정한데 어찌해서 중생이 되었나? 먼지가 앉아 명경의 광명을 가려 버려서 그런 것뿐이지 명경이 부서진 것도 아니고 흠이 생긴 것도 아닙니다. 다만 먼지가 앉아서 명경이 작용을 완전하게 못 한다, 그뿐입니다.

그러니 우리가 참다운 명경을 구하려면 다시 새로운 명경을 만드는 게 아니고 먼지 낀 거울을 회복시키면 되는 것처럼 본래의 마음만 바로 찾으면 그만입니다.

내가 항상 "자기를 바로 봅시다" 하고 말하는데, 먼지를 완전히 닦아 버리고 본래 명경만 드러나면 자기를 바로 보게 되는 것입니다. 마음의 눈을 뜨라고 할 때 마음의 눈이란 것도 결국 무심을 말하는 것입니다. 표현이 천 가지 만 가지 다르다고 해도 내용은 일체가 똑같습니다.

그러면 우리 불교에서 말하는 무심은 세속의 사상과는 어떤 관계가 있는가를 생각해 봐야 하겠습니다. 예전의 고인들의 책이나 얘기를 들어볼 것 같으면 유교, 불교, 도교, 유불선 3교가 다르지 않다고 얘기합니다. 그러나 그것은 천부당만부당합니다. 유교라든가 도교 등은 망상을 근본으로 하는 중생세계에서 말하는 것으로 모든 이론, 모든 행동이 망상으로 근본을 삼고 있습니다.

그러나 모든 망상을 떠난 무심을 증득한 것이 우리 불교입니다.

비유를 하자면 유교니 도교니 하는 것은 먼지 앉은 그 명경으로써 말하는 것이고 불교는 먼지를 싹 닦은 명경에서 하는 소리인데, 먼지 덮인 명경과 먼지 싹 닦아 버린 명경이 어떻게 같습니까? 그런데도 유, 불, 선이 꼭 같다고 한다면 그것은 불교의 무심을 모르고 하는 말입니다. 십지등각도 중생의 경계인데 유교니 도교니 하는 것은 더 말할 것 있습니까?

중생의 경계, 그것이 진여자성을 증득한 대무심경계와 어떻게 같을 수 있습니까. 그리고 예전에는 유·불·선 3교만 말했지만 요즘은 문화가 발달되고 세계의 시야가 더 넓어지지 않았습니까. 온갖 종교가 다 있고 온갖 철학이 다 있는데 그것들과 불교와는 어떤 관계가 있는가?

동서고금을 통해서 어떤 종교, 어떤 철학 할 것 없이 불교와 같이 무심을 성취하여 거기서 철학을 구성하고 종교를 구성한 것은 없습니다. 실제로 없습니다. 이것은 내가 딱 잘라서 말할 수 있는 것입니다. 서양의 어떤 큰 철학자, 어떤 위대한 종교가, 어떤 훌륭한 과학자라고 해도 그 사람들은 모두가 망상 속에서 말하는 것이지 망상을 벗어난 무심경계에서 한 소리는 한마디도 없다, 그 말입니다.

내가 처음에 이야기했듯이 불교에는 부처님이 근본인데 부처님이란 무심이란 말입니다. 모든 망상 속에 사는 것을 중생이라 하고 일체 망상을 벗어난 무심경계를 부처라고 합니다.

불교에서는 무심이 근본이니만큼 불교를 내놓고는 어떤 종교, 어떤 철학도 망상 속에서 말하는 것이지 무심을 성취해서 말하는 것은 없습니다. 이것을 혼돈해서는 안되겠습니다. 그만큼 불교란 것은 어떤 철학이나 어떤 종교도 따라올 수 없는 참으로 특출하고 독특한 것이 있습니다.

그러면 이제 망상 속에서 하는 것하고 망상을 완전히 떠난 것하고를 비교해서 생각해 봅시다. 다시 명경의 비유를 들겠습니다.

명경에 먼지가 앉으면 모든 것을 바로 비추지 못합니다. 먼지를 안 닦고 때가 앉아 있으면 무슨 물건을 어떻게 바로 비출 수 있겠습니까? 모든 물건을 바로 비추려면 먼지를 깨끗이 닦아내야 합니다. 이와 마찬가지로 망상 속에서는 모든 사리事理, 모든 원리, 모든 진리를 바로 볼 수 없습니다. 망상이 눈을 가려서 바로 볼 수 없습니다. 모든 진리를 알려면 망상을 벗어나서 무심을 증證하기 이전에는 절대로 바로 알 수 없습니다. 구경각을 성취하여 무심을 완전히 증득한 부처님 경계 이외에는 전부 다 삿된 지식이요, 삿된 견해〔邪知邪見〕입니다.

대신에 모든 번뇌망상을 완전히 떠나서 참다운 무심을 증득한 곳, 즉 먼지를 다 닦아낸 깨끗한 명경은 무엇이든지 바로 비추고 바로 알 수 있습니다. 이것을 정지정견正知正見이라고 합니다.

이렇게 볼 때 세상의 모든 종교나 철학은 망상 속에서 성립된 것인 만큼 사지사견이지 정지정견이라고는 할 수 없습니다. 정지정견은 오직 불교 하나뿐입니다. 바로 보지 못하고 바로 알지 못하면 행동도 바로 못 합니다.

생각해 보십시오. 눈감은 사람이 어떻게 바로 걸을 수 있겠습니까? 먼지 앉은 명경이 어떻게 바로 비출 수 있겠습니까? 망상이 마음을 덮고 있는데 어떻게 바로 알 수 있으며, 어떻게 바로 볼 수 있으며, 바른 행동을 할 수 있겠습니까? 그러므로 바른 행동이라 하는 것은 오직 참으로 무심을 증해서 적광적조寂光寂照를 증하기 전에는 올바른 행동을 할 수 없습니다.

그렇다면 어떤 것이 부처냐? 하고 물었을 때 바로 앉고, 바로 보고, 바로 행하고, 바로 사는 것이 부처인 것입니다. 결국 우리는 누구나 다 바로 알고 싶고, 바로 보고 싶고, 바로 살고 싶을 것입니다. 그러나 마음의 눈이 캄캄해서 눈감은 봉사가 되어 있는데 어떻게 바로 살 수 있겠습니까?

쉽게 말하자면 바른 생활을 하자는 것이 불교인데 망상 속에서는 바른 생활을 할 수 없다 이 말입니다. 오직 무심을 증해야만 바른 생활을 할 수 있는 것입니다. 십지등각도 봉사입니다. 왜냐, 부처님께서 항상 말씀하셨습니다. 십지등각이 저 해를 보는 것은 비단으로 눈을 가리고 해를 보는 것과 같아서, 비단이 아무리 엷어도 해를 못 보는 것은 보통의 중생과 똑같습니다. 그래서 십지등각이 사람을 지도하는 것도 봉사가 봉사를 이끄는 것과 마찬가지입니다. 사람을 바로 이끌려면 자기부터 눈을 바로 떠야 하고, 바로 알아, 바로 행동해야 되겠습니다.

이제 지금까지 이야기한 것을 간추려 보면, 망상 속에 사는 것을 중생이라 하고 모든 망상을 벗어난 것을 부처라 합니다. 모든 망상이 없으니 무심입니다. 그러나 그 무심은 목석木石과 같은 무심이 아닙니다. 그것은 거울의 먼지를 완전히 다 닦아 버릴 것 같으면 모든 것을 비추는 것과 같으며, 구름이 걷히어 해가 드러나면 광명이 비치는 것과 같습니다.

모든 망상이 나지 않는 것을 불생不生이라 하고, 대지혜 광명이 항상 온 우주를 비추는 것을 불멸不滅이라 하는데, 이것이 무심의 내용입니다. 이 무심은 어떤 종교, 어떤 철학에도 없고 오직 불교밖에 없습니다. 또 세계적으로 종교도 많고 그 교주들의 안목도 각각 차이가 있습니다마는 모두가 조각조각 한 부분밖에 보지 못했단 말입니다.

불교와 같이 전체적으로 눈을 뜨고 청천백일靑天白日같이 천지만물을 여실히 다 보고 말해 놓은 것은 실제 없습니다. 그러니 우리 불자들은 자부심을 가지고 노력해서 실제 무심을 증해야 되겠습니다. 밥 이야기 천날 만날 하면 무슨 소용이 있습니까, 직접 밥을 떠먹어야지요. 그렇다고 해서 없는 무심을 만들어 내라는 것이 아닙니다. 우리 자신이 본래 무심입니다. 이것이 불교의 근본 입장입니다.

내가 자꾸 "중생이 본래 부처다" 하니까 "우리가 보기에는 중생들밖에 없는데 중생이 본래 부처란 거짓말이 아닌가?" 하고 오해할 수도 있겠습니다마는, 아까 명경의 비유는 좋은 비유가 아닙니까. 먼지가 앉은 중생의 명경이나 먼지가 다 닦인 부처님 명경이나 근본 명경은 똑같습니다. 본시 이 땅 속에 큰 금광맥이 있는 것입니다. 광맥이 있는 줄 알면 누구든지 호미라도 들고 달려들 것 아닙니까, 금덩이를 파려고.

우리가 '성불! 성불!' 하는 것도 중생이 어떻게 성불하겠느냐 할지 모르겠습니다만 그게 아닙니다. 본래 부처입니다. 그러니 본래면목, 본래의 모습을 복구만 하면 되는 것입니다. 우리가 본래 부처란 것을 확실히 자신하고 노력하면 본래 부처가 그대로 드러날 것이니 자기의 본래 모습을 바로 볼 수 있는 것입니다. 그러니 딴 것은 아무것도 없습니다.

오직 화두만 부지런히 하여 우리의 참모습인 무심을 실증합시다.

불佛·법法·승僧

|1982년 5월 15일, 방장 대중법어|

마음 청정이 부처요 마음 광명이 불법이요
청정하고 광명하여 거리낌없는 것이 스님이다.
心淸淨是佛 心光明是法 淨光無礙是僧

이것은 임제臨濟스님 법문인데, 실제로 심청정心淸淨이 되고, 심광명心光明이 되고, 정광무애淨光無礙가 되어야 바로 깨친 사람이라 할 수 있습니다.

마음이 '청정하다', '깨끗하다' 하면 어느 정도로 깨끗한 것인가? 구름 한 점 없는 허공, 그 허공이 참 깨끗합니다만 그것은 마음이 깨끗하다고 하는 것과는 비교도 안 됩니다.

그래서 허공이 깨끗하다는 그것도 또 한 방망이 맞아야 한다〔虛空也須喫棒〕고 말합니다. 마음 깨끗한 것에 비하면 허공도 깨끗한 것이 못 된다는 말입니다.

마음이 깨끗한 것을 명경에 비유합니다. 먼지 한 점 없는 그 명경이 얼마나 깨끗하겠습니까. 그러나 마음이 깨끗하다는 것은 명경이 깨끗하다는 그런 유類가 아닙니다. 어떤 스님이 말했습니다.

명경을 부수고 오라 너와 서로 보리라
打破鏡來 與汝相見

그렇다면 불교에서 수행해 가는 차제次第로 보아서는 어느 정도가 되어야 참으로 깨끗한 마음, 청정한 마음인가?

구경각을 성취하기 전에는 십지등각十地等覺도 심청정이 아닙니다. 왜냐하면 십지등각은 아주 거친 망상[麤重妄想]은 떨어졌지만 자신도 모르게 제8아뢰야의 미세한 망상[微細妄想]이 남아 있기 때문입니다.

불교에서 말하는 무의식세계인 제8아뢰야 근본무명까지 완전히 떨어져야만 이것이 참다운 청정입니다. 그러면 허공보다 더 깨끗하고 거울보다 더 깨끗합니다. 이 자리는 일체 망상이 다 떨어진 무심경계로 진여자성이니, 성불, 견성이니 하는데, 이것은 말로서가 아니고 실제 경험에서 그 경지를 체득體得해야 됩니다.

모든 망상이 다 떨어지고 무심無心경계가 나타나면 목석과 같은 무심인가, 아닙니다. 거기에서, 그 깨끗한 마음에서 큰 광명이 나타납니다. 이 광명을 예전 스님들은 천일병조千日並照라고 말했습니다. 천일병조! 해가 하나만 떠도 온 세계가 이렇게 환히 밝은데 하나, 둘, 셋도 아니고 천 개의 해가 일시에 두루 비추는 것입니다. 그렇지만 이것도 오히려 유한입니다. '천千'이라는 숫자가 있으니까.

마음이 청정한 여기에 생기는 광명은 천 개의 해가 한꺼번에 비추인다 해도 오히려 적당하지 않은 광명이니 불가설不可說, 말로써는 다 표현할 수 없는 것입니다.

시방제불이 일시에 출현하여 하루 이틀도 아니고 미래겁이 다

하도록 이 광명을 설명하려 해도 다하지 못하는 참다운 광명이다, 이 말입니다. 이제 심광명이라 하는 것을 알 수 있을 것입니다.

마지막으로 정광무애淨光無礙, 즉 청정과 광명이 서로서로 거리낌이 없다, 둘이 아니라는 것입니다. 이것은 불이 있으면 빛이 있고 빛이 있으면 불이 있는 것과 같습니다. 청정은 불에다 비유할 수 있고 광명은 빛에다 비유할 수 있어서 불이 즉 빛이고 빛이 즉 불입니다. 빛 여읜 불이 따로 없고 불 여읜 빛이 따로 없습니다. 그러니 둘이 될 수 없는 이것을 무애라 합니다.

육조스님도 정定과 혜慧를 말할 때 불과 빛에 비유하여 말씀하셨습니다. 근본 요점은 어디 있느냐 하면 심청정, 심광명을 성취하여 참으로 허공보다 더 깨끗하고 명경보다 더 깨끗한 무심경계만 증득하면 자연히 거기서 천 개의 해가 일시에 비추는, 비유할 수 없는 그런 대지혜 광명이 나타난다는 것입니다. 이것을 정광무애라 합니다. 빛 따로 있고 불 따로 있는 것이 아니고 빛이 즉 불이고 불이 즉 빛이다, 이런 말입니다.

이리하여 '청정'은 부처님[佛]이라 하고, '광명'은 법法이라 하고, '무애'는 스님[僧]이라 하여 불법승 삼보三寶가 되는데 세 가지가 각각 다른 것이 아닙니다. 불[火]이라 말할 때는 부처님을 표현하고, 빛[光明]이라 말할 때는 불법을 표현하고, 불이 즉 빛이고 빛이 즉 불이다 말할 때는 스님을 표현하는 것이니, 표현은 각각 달라도 내용은 똑같습니다. 불이 빛이고 빛이 불이지 딴 것이 아닙니다. 그래서 불법승 삼보 즉 청정, 광명, 무애가 하나인 것입니다.

이것을 불교에서는 "셋이 즉 하나이고, 하나가 즉 셋이다[三卽一 一卽三]"라고 합니다.

이 근본법을 바로 깨쳐서 실제로 증득할 것 같으면 그때에야 비로소 불법을 아는 동시에 모든 속박을 다 벗어나서 자유자재한 대해탈을 성취한 때입니다.

그러면 모든 속박은 왜 생기느냐? 번뇌망상이 있기 때문입니다. 이것이 우리 마음의 눈을 가리고 있으면 우리가 자유롭게 다니는 것 같지만 실제로는 자유가 하나도 없습니다. 번뇌망상이 다 떨어지고 무심을 증득하여 대지혜 광명이 나타나는 경지를 성취할 것 같으면 모든 속박을 다 벗어나게 되는데, 이것을 진정한 자유라고 합니다.

눈감은 봉사에게 무슨 자유가 있습니까? 이리 가도 엎어지고 저리 가도 엎어지고 조금도 자유가 없지만 자기가 눈을 뜨면 온 천지를 마음대로 활동할 수 있습니다.

또 한편으로 생각하면 이런 의심이 생길 수도 있습니다.

왜 우리를 봉사라 하는가? 크게는 산도 보고 작게는 먼지도 다 보는데 어째서 우리를 두고 눈감았다고 하는가?

한 가지 비유를 말하자면 우리가 깨쳤다는 것은 꿈을 깨는 것과 같습니다. 누구든지 꿈을 꾸고 있을 때는 그 꿈속에서는 모든 활동이 자유자재하고 아무 거리낌이 없는 것 같지만 그것이 꿈인 줄 모릅니다. 일단 꿈을 턱 깨고 나면 "아하! 내가 참으로 꿈속에서 헤매었구나" 하는 것을 알 수 있습니다.

이와 마찬가지입니다. 중생들이 세상을 살면서 그것이 꿈인 줄을 모릅니다. 꿈속에 사는 줄을 모릅니다. 실제 그 꿈을 깨고 나야, 그제서야 비로소 여태까지 꿈속에서 살았구나 하는 것을 참으로 알 수 있습니다.

꿈에서 깨어난 사람이 아니면 꿈을 모르는 것과 같이, 깨쳤다는 것은 실지 마음의 눈을 떠서 깨어나기 전에는 이해하기가 참으로 곤란합니다. 예전 장자莊子도 "크게 깨고 나서야 큰 꿈을 알 수 있다〔大覺然後知大夢〕"고 하였습니다.

중생이 번뇌망상의 유심有心 속에 사는 동안은 전체가 꿈입니다. 그래서 십지등각도 꿈속에 사는 줄 알아야 됩니다. 오직 제8아뢰야 근본무명이 완전히 끊어져서 구경각을 성취해야만 그때에야 꿈을 바로 깨친 사람, 즉 부처입니다.

성불하기 전에는 꿈을 바로 깬 사람이 아니고 동시에 자유로운 사람이 아닙니다. 중생의 자유라 하는 것은 꿈속 자유이고 깨친 사람의 자유라 하는 것은 꿈을 깬 뒤의 자유이니, 꿈속에서의 자유를 어떻게 '자유'라고 할 수 있겠습니까. 꿈과 생시가 같을 수는 없는 것입니다.

이제 내가 말한 깨쳤다는 것을 대강은 짐작할 것입니다. 깨쳤다는 내용이, 성불했다는 내용이 무심에 있는데 무심을 증하면 거기에서 대지혜 광명이 생기고 대자유가 생깁니다. 그때에야 비로소 꿈을 깬 사람, 마음의 눈을 뜬 사람이 되어 대자유자재한 활동을 하게 되는 것입니다.

이렇게 되면 부처도 필요 없고, 조사祖師도 필요 없고, 팔만대장경도 다 필요 없습니다. 부처다, 조사다 하는 것은 다 중생이 꿈을 깨우기 위한 약에 지나지 않습니다. 약! 중생의 근본병인 꿈을 완전히 깨우고 나면 약이 무슨 소용이 있습니까. 병이 있을 때 약이 필요하지 병이 다 낫고 나면 약이 필요 없습니다.

그러니 꿈을 완전히 깨워서 참다운 해탈을 성취하면 그때 가서는 부처도 필요 없고 조사도 필요 없는 참다운 대자유입니다.

장부가 스스로 하늘 찌르는 기운 있거니
부처가 간 길은 가지 않는도다.
丈夫自有沖天氣 不向如來行處行

내 길, 내가 갈 길이 분명히 다 있는데 무엇 한다고 부처니 조사니 하여 딴 사람이 가는 길을 따라가느냐 말입니다. 이것이 우리 불교의 참다운 대자유자재를 말하는 것입니다.

여기서 종교 일반에 대해 조금 이야기하겠습니다.
종교는 여러 가지가 있지만 대개 초월신超越神을 주장합니다. 이 현상계現象界를 떠난 저 천상에 있는 초월신을 주장하면서, 모든 것을 그 초월신에 맡기고 그 밑에 무조건 절대 복종하게 되어 있습니다. 무엇이든지 그 초월신의 뜻대로 되게 해주시오, 이런 식입니다. 이리하여 죽고 나면 그 초월신이 사는 곳에 가서 같이 산다는 것입니다. 초월신을 섬기면서.
그러나 자기 자유는 하나도 없습니다. 일거일동이 초월신의 지배하에서 초월신의 뜻대로 살 뿐입니다. 이렇게 되면 영원히 초월신의 속박을 받는 것이니, 그런 사상은 노예도 덕이라고 이야기할 수 있지 않습니까. 초월신은 주인이 되고 모든 사람은 종같이 되어 그 지배를 받아야 되니 자기 자유는 하나도 없습니다. 기침도 한 번 크게 못 한다는 식입니다.
그러나 우리 불교의 주장은 다릅니다. 본시 인간이란 불성佛性

이 다 있어서 자성自性이 청정하고 깨끗하여 거기에는 부처님도 설 수 없고 조사도 설 수 없습니다. '심청정'하여 깨끗하다고 한 거기에서는 부처도 때(垢)이고, 조사도 때입니다. 팔만대장경은 더 말할 것도 없는 것이고!

그토록 깨끗한 곳, 일체 망상이 다 떨어진 곳에서는 부처의 지배도 받지 않고 조사의 지배도 받지 않고, 어떤 지배도 받지 않는 대자유 대해탈 경계입니다. 어떤 속박도 있을 수 없습니다. 그런데 외부의 상대적인 무슨 지배를 받고 무슨 속박을 받고 하겠습니까. 그런 것은 불교에서는 근본적으로 대 금기禁忌입니다. 이것이 대해탈인 동시에 성불이며 열반이라고 하는 것입니다.

서양 사람들도 자유에 대해 많이들 말합니다. 인간은 자유이며 평등이라고. 그러나 참다운 자유는 심청정을 실제로 증하고 심광명을 증해서 청정과 광명이 거리낌없이 무애한 그 속에서 놀아야만 비로소 참으로 대자유자재한 생활을 할 수 있는 것입니다. 그러기 전에는 이리 얽히고 저리 얽히고 무조건 복종하고, 이렇게 되면 자유가 어디 있습니까?

인간은 근본적으로 해탈되어 있습니다. 해탈되어 있는데 번뇌망상 때문에 여러 가지 구속이 생겨났습니다. 번뇌망상만 완전히 끊어 버리고 무심을 증하여 본래의 대자유를 회복할 것 같으면, 그러면 천상천하天上天下에 유아독존唯我獨尊입니다. 내가 가장 높다 그 말입니다. '나'라는 것도 설 수 없는 것인데, 부처님께서 말로 표현하자니 천상천하 유아독존이라고 그렇게 말씀하신 것입니다.

그래서 우리가 참다운 자유를 얻으려면 심청정, 심광명, 정광무애를 성취한 대해탈 경계를 성취하면 천상천하에 무애자재합니다.

그런 자유자재한 생활을 하는 것이 불교의 근본목표입니다.

이렇게 되면 『기신론』에서 말하듯이 모든 고통을 벗어나서 구경락을 얻습니다〔離一切苦 得究竟樂〕.

설사 초월신을 숭배하여 그 세계에 가서 난다고 해도 거기에서도 신에게 완전히 복종해야 하는 그런 고통이 있습니다. 그러면 이 일체고離一切苦가 안 됩니다. '이일체고'라 하는 것은 부처님의 속박도 받지 않고 어떠한 속박도 받지 않는다는 말입니다. 그래야만 참다운 대자유입니다. 이런 대자유는 우리 불교 이외에는 없다고 나는 단정합니다.

불교에서 해탈이다, 자유다 하는 것에는 어느 종교 어느 사상에서도 따라올 수 없는 큰 자유자재가 있음을 알아야 됩니다. 내 물건이지만 이것이 진금眞金인가 잡철雜鐵인가, 그것도 구별 못 해서야 되겠습니까. 실제 진금을 잡철로 착각해서는 큰일납니다.

이 대자유를 성취하려면 어떻게 해야 되느냐? 불교부터 버려야 합니다. 자꾸 부처님 믿고 조사를 의지하고 하면 결국은 거기에 구애되어 버립니다. 그래서 이 법을 성취하려면 자기 마음이 본시 부처라는 것, 이것 이외에는 전부 다 믿지 말아야 합니다. "마음이 부처다〔卽心是佛〕" 이것만이 바른 믿음〔正信〕이고, 이것 이외에 딴 것을 무엇이든 믿으면 그것은 삿된 믿음〔邪信〕입니다. 그래서 자기 마음만 믿고 팔만대장경도 버리라고 항상 말합니다.

고불고조古佛古祖도 이렇게 말했습니다.

> 참으로 이 법을 성취하려면
> 부처와 조사를 원수와 같이 보라

見佛祖如寃家相似人

부처와 조사를 원수와 같이 보라니! 그러면 어떻게 하라는 것인가? 자기 마음만 믿어야 합니다.

자기 마음이 부처이고 자기 마음이 조사입니다. 자기 마음이 극락이며 자기 마음이 천당입니다. 자기 마음을 놓고는 아무것도 없습니다. 부처와 조사는 꿈속에서 하는 소리입니다. 부처와 조사를 원수같이 보라고 하면 말 다한 것 아닙니까.

예수교를 공부하는 어떤 사람이 벽에 부닥쳤습니다. 더 나아갈 수가 없게 되었습니다. 그래서 불교의 참선을 해보겠다고 나를 찾아왔습니다. 이런저런 이야기를 해보았습니다.

"근본문제를 해결하려면 참선을 해야 되는데, 당신이 참선을 하려면 근본조건이 있어."

"무슨 조건입니까?"

"스님들도 참선을 하려면 불교부터 버려야 되는데, 당신이 예수교를 버리지 않으면 이 공부는 못 해. 예수교라는 속박에서부터 벗어나야 돼!"

"스님, 가서 생각해 보고 오겠습니다."

"허허, 생각해 보고 온다는 말은 안 온다는 말 아냐? 예수교 못 버리면 아예 오지 말아. 그래서는 백 년 해봤자 참선參禪이 안 돼."

내가 처음에 '심청정'이라 한 것은 부처와 조사도 설 수 없는 그런 청정을 말한 것입니다. 팔만대장경도 여기 와서는 때(垢)란 말입니다. 그러니 우리 대중들도 이것을 깊이 믿고 오직 자기가 본시 부처라는 것, 자기 마음 이외에 불법佛法이 없고, 자기 마음 이외에 부처가 따로 없다는 것을 철두철미하게 믿고 오직 화두를 열심히 공부해야 합니다. 그래서 바로만 깨치면 그 속에서 대자유자재한 부사의不思議해탈경계를 성취할 수 있습니다.

요점은 어디 있느냐? 밥 이야기 아무리 해봐야 소용없습니다. 실제로 밥을 먹느냐 안 먹느냐, 이것입니다. 공부 부지런히 해서, 화두話頭 부지런히 해서 내 말이 헛된 말이 안 되고 실제로 이것을 성취한 사람이 하나라도 생기도록 노력해야 안되겠느냐, 이것입니다.

그런데 이것만은 분명히 해야 하겠습니다. '자기만을 믿으라'고 한다고 "옳지, 술 생각이 나는데 한번 가볼까?" 이렇게 했다가는 큰일 납니다. 그것은 자기가 아닙니다. 망상이고 도둑놈이란 말입니다. 내가 누누이 말하지만 '자기'란 것은 '깨끗한 자기'를 말함이지 '거짓의 자기'를 말하는 것이 아닙니다.

마을 성인인 공자孔子도 이렇게 말했습니다. "70살이 되니 마음이 하고 싶은 대로 하여도 법도에 어긋나지 않았다〔七十從心所欲 不踰矩〕."고. 동으로 가고 싶으면 동으로 가고, 서로 가고 싶으면 서쪽으로 가고, 앉고 싶으면 앉고, 무슨 짓을 해도 법도에서 어긋나지 않는다는 말입니다. 나쁜 짓 안 한다는 말입니다.

심청정, 허공보다 더 깨끗한 이 마음을 실제로 알고 보면, 직접 자기가 증득해 놓고 보면 이리 가도 대해탈 경계, 저리 가도 대해탈 경계, 부처님 행동 그대로입니다. 저 시방세계를 다 찾아봐도 술 먹고 싶어 날뛰는 그런 사람은 그 깨끗한 거울 속에는 없습니다. 이것을 알아야 됩니다.

태평양 한복판, 물이 깊고 깊어서 태풍이 불어 아무리 바닷물이 움직이고 움직여도 깨끗한 물 그대로입니다. 그렇지만 얕은 구정물을 보고서 "물은 꼭 같지?" 이렇게 나오면 그때는 깨끗한 물은 평생 못 보고 마는 것입니다.

　내가 말하는 것은 참으로 허공보다 더 깨끗한 마음, 그것을 말했습니다. 그것은 일체의 선과 악이 다 떨어진 곳이고 부처와 조사도 설 수 없는 곳입니다. 청정한 자기를 바로 믿고, 청정한 자기를 바로 깨칩시다.

봉암사 결사 結社

|1982년 음 5월 15일, 방장 대중법어|

지나간 이야기를 하나 하겠습니다. 예전 봉암사에 살던 얘기입니다. 요새 와서 봉암사 살던 것을 묻는 사람들이 많이 있고, 또 지금 봉암사에서 잘해 보겠다고 사람이 일부러 와서 묻기도 하고, 딴 사람들도 이야기 좀 해 주었으면 하는데, 사실 보면 봉암사에 여럿이 함께 살았지만은 내가 주동이 되어 한 만큼, 내가 그 이야기를 하기는 곤란합니다만 여러 형편으로 봐서 조금 이야기 하겠습니다.

봉암사에 들어 간 것은 정해년丁亥年, 내 나이 그때 36세 때입니다. 지금부터 35년 전입니다. 봉암사에 들어가게 된 근본 동기는, 죽은 청담스님하고 자운스님하고 또 죽은 우봉스님하고, 그리고 나하고 넷인데, 우리가 어떻게 근본 방침을 세웠느냐 하면, 전체적으로나 개인적으로나 임시적인 이익관계를 떠나서 오직 부처님 법대로만 한번 살아보자, 무엇이든지 잘못된 것은 고치고 해서 '부처님법대로만 살아보자', 이것이 원願이었습니다. 즉 근본 목표다 이 말입니다. 그렇다면 처소는 어디로 정하나? 물색한 결과 봉암사에 들어가게 되었습니다. 처음에 들어갈 때는, 우봉스님이 살림 맡고, 보문

스님하고 자운스님하고, 나하고 이렇게 넷이 들어갔습니다. 청담스님은 서로 약속은 했었지만 해인사에서 가야총림伽倻叢林 한다고 처음 시작할 때는 못 들어오고. 그 뒤로 향곡香谷, 월산月山, 종수宗秀, 젊은 사람으로는 도우道雨, 보경寶境, 법전法傳, 성수性壽, 혜암慧菴, 종회의장 하던 의현義玄이는 그때 나이 열서너댓 살 되었을까? 이렇게 해서 그 멤버가 한 20명 되었습니다. 살기는 약 3년 살았습니다.

처음에 들어가서 첫 대중공사大衆公事를 뭘 했느냐 하면, 혹 이런 이야기하면 '지금이라도 실천하자고 하는가?' 이렇게 의심할는지 모르겠지만, 살았던 그대로 이야기하는 것이지 지금 당장 꼭 이대로 하자는 말은 아닙니다. 우선 법당 정리부터 먼저 하자, 이렇게 되었습니다. 세상에 법당 정리를 하다니 무슨 소리인가?

우리 한국 불교는 가만히 보면 간판은 불교 간판을 붙여 놓고 있지만, 순수한 불교가 아닙니다. 칠성단도 있고, 산신각도 있고, 온갖 잡신들이 소복이 들어앉아 있습니다. 법당에 잡신들이 들어앉을 수는 없는 것이니 법당 정리부터 먼저 하자, 그리하여 부처님과 부처님 제자 이외에는 전부 다 정리했습니다. 칠성 탱화, 산신 탱화, 신장 탱화 할 것 없이 전부 싹싹 밀어내 버리고 부처님과 부처님 제자만 모셨습니다.

자세히 이야기를 하려면 여러 날 해야 되니 자세히 다는 이야기 못하겠고, 그 다음이 이제 불공佛供인데, 불공이란 것은 자기가 무엇이든 성심껏 하는 것이지 중간에서 스님이 축원해 주고 목탁 치고 하는 것은 본시는 없는 것입니다. 꼭 부처님께 정성 드리고 싶은 신심 있는 사람이 있으면 자기가 물자를 갖다 놓고 자기 절하라 말입니다. 우리가 중간에서 삯군 노릇은 안 한다 이것입니다.

그래 놓으니 불공은 그만 싹 다 떨어져 버렸습니다. 대개 절에 칠성 신도가 많은데, 칠성 안 해줄 뿐만 아니라 부처님 앞에서라도 목탁 치고 축원은 안 해 주니 누가 불공하러 오겠습니까. 그만 신도 싹 다 떨어져 버렸습니다. 그리고 영혼 천도薦度가 문제되는데, 부처님 말씀에 누구 죽어 7·7재를 지낼 때에 부처님 경을 읽어 주라고 했지 뭐 두드리고 하라는 말씀 없거든요. 마침 들어가니 49재 하는 사람이 있는데, 3재쯤 되었어요. 쭈욱 이야기하고는, "당신네가 꼭 해달라고 하면 경은 읽어 주겠지만 그 이외에는 해 줄 수 없소." 했습니다.

"그러면 재 안 하렵니다. 그런데 스님들은 어떻게 사십니까?"

"우리 사는 것은 걱정 마시오. 산에 가면 소나무 솔잎 꽉 찼고, 개울에 물 철철 흘러내리고 있고, 우리 사는 것 걱정하지 말고 당신들이나 잘 하시오."

이래서 불공 막아 버렸지, 천도해 주는 것 막아 버렸지, 어떻게 할 것이냐? 우리 무기는 따로 없습니다. 동냥하는 것뿐입니다. 동냥해서 사는 것입니다. 이제 법당은 어느 정도 정리되는데 가사니, 장삼이니, 바리때니 이런 것이 또 틀렸다 말입니다.

부처님 법에 바리때는 와철瓦鐵입니다. 쇠로 하든지 질그릇으로 하지 목木바루는 금한 것입니다. 그런데 쓰고 있습니다. 가사袈裟 장삼長衫을 보면, 가사니 장삼을 비단으로 못하게 했는데, 그 당시에 보면 전부 다 비단입니다. 색깔도 벌겋게 해서, 순수한 색이 아니고 괴색壞色을 해야 되는 것이니 그것도 비법非法입니다. 그래서 비단 가사, 장삼, 그리고 목바리때, 이것을 싹 다 모아 가지고 탕탕 부수고 칼로 싹싹 자르고 해서 마당에 갖다 놓고 내 손으로 불 싹 다 질렀습니다.

그리고서 시작했습니다. 가사는 그 전 해에 대승사大乘寺에서 조금 만든 것이 있었으나 완전히 된 것이 아니고, 봉암사에서 근본적으로 출발했습니다. 비단으로 안하고, 또 괴색으로 우리가 물을 들였습니다. 바리때가 없어서 처음에는 양재기를 펴다가 나중에 옹기점에 가서 옹기를 맞추어서 썼습니다.

장삼은 법대로 된 예전 장삼이 송광사松廣寺에 한 벌 있었습니다. 예전 보조普照스님께서 입던 장삼인데, 자운스님이 양공양복장이거든, 보고 와서는 이전 장삼을 버리고 새로 만들었습니다. 지금 입고 있는 장삼이 그것입니다.

육환장六環杖도 새로 만들고, 요새는 안 하지만 스님은 언제든지 육환장 짚게 되어 있으니까. 삿갓도 만들었습니다. 삿갓을 만들어 놓으니 이것은 조선 5백년 동안 스님들 압박하려고 만든 것인데 왜 내놓느냐고 사방에서 공격이 많이 들어왔습니다. 그건 모르는 소리야. 일본도 지금 선승禪僧들은 삿갓 쓰고 있고, 예전 중국에서도 보면 법문에 삿갓이야기 많이 나오고, 청규清規에 삿갓 쓰도록 다 있어. 그리고 아침에는 꼭 죽을 먹었습니다.

공양은 사시巳時밖에 없으니까, 오후에는 약석藥石이라고 있습니다. 근본적으로 율律에 보아서는 저녁 공양은 없는데, 청규에는 약석이라고, 약藥이라 해서 참선하는 데에 너무 기운이 없어도 안 되므로 바리때 펴지 말고 조끔씩 먹도록 되어 있습니다. 포살布薩도 처음으로 거기서 했습니다.

이런 식으로 해서 제도를 완전히 바꾸었습니다. 일종의 혁명인 셈이지요. 이런 중에서 제일 어려운 것이 무엇이냐 하면 '무엇이든지 우리 손으로 한다'는 것입니다.

밥해 먹는 것도 우리 손으로 한다, 나무하는 것도 우리 손으로 한다, 밭 매는 것도 우리 손으로 한다. 일체 삯군, 일꾼은 안된다 말입니다. 이것이 '일일부작 일일불식一日不作, 一日不食'의 청규 근본정신이니까 그래서 부목負木도 나가라, 공양주도 나가라, 전부 다 내보내고 우리가 전부 다 했습니다. 쉬운 것 같지만 실제는 이것이 가장 어렵습니다. 곡식도 전부 다 우리 손으로 찧고, 나무도 우리 손으로 하고, 밭도 전부 우리가 매고, 이것이 실제 어려운 것입니다. 이런 식으로 살았습니다.

신도들과의 관계는 어찌되어 있느냐 하면, 스님 보고 "야야", "자자" 하지 "스님" 소리하는 것이 없습니다. 이런 소리, 나이 많은 사람은 다 알 것입니다. 스님이 다 뭐야, 자기 종 취급인데. 나도 처음 승려되어 그런 소리 들어봤습니다.

우리도 보살계菩薩戒를 하자. 법을 세우려면 보살계를 해야 되니까. 자운스님이 『범망경梵網經』을 익혀 가지고 처음으로 보살계를 했습니다. 보살계 한다는 소문이 이리저리 나가지고, 서울로, 부산으로, 대구로, 진주, 마산, 저 먼 데서부터 사람들이 많이 왔어요. 그 심심 산골에 수백 명이 왔어요, 방에 꽉 앉혀 놓고 말했습니다.

"당신네가 여태까지 절에 다니면서 부처님께는 절했지만, 스님들 보고 절 한 일 있나? 생각해봐, 스님은 부처님 법을 전하는 당신네 스승이고 신도는 스님한테서 법을 배우는 사람이야. 당신네는 제자고, 스님은 스승인데, 법이 거꾸로 되어도 분수가 있지 스승이 제자 보고 절하는 법이 어디 있어. 조선 5백 년에 불교가 망하다 보니 그렇게 되었는데 그것은 부처님 법이 아니야. 부처님 법에는 신도는 언제나 스님들한테 세 번 절하게 되어 있어. 그러나 부처님 법대로 하려면 여기 다니고, 부처님 법대로 하기 싫으면 오지 말아. 그렇다고 꼭 우리 말대로 하라 이 말도 아니야. 하기 싫은 사람은 나가 나가란 말이야."

한 사람도 안 나가요.

"그럼 부처님 법대로 하겠다는 말인데, 꼭 부처님 법대로 하려면 일어서서 절 세 번씩 하란 말이야. 그것이 부처님 법이니까. 억지로 하라는 것 아니야. 하기 싫은 사람은 나가."

그랬더니 전부 일어나서는 절을 세 번씩 했습니다. 절을 다 하고 난 후에 말했습니다.

"이것은 부처님 법이니 어디서든지 스님들을 만나면 꼭 세 번씩 절을 해야지 그렇지 않으면 신도가 아니야."

신도가 스님들 보고 절한 것, 근세에는 이것이 처음입니다. 그리고 다시 보살계를 합니다. 당시에 들으니 보살계첩 한 장에 천 원 받는다 하는데, 40년 전 천 원이면 큰돈입니다. 내가 말했습니다.

"우리나라에 불사佛事는 많은데 흔히 불사, 불사하지만 불사하는 것 나는 하나도 못 봤어. 전부 장사하지, 장삿속이란 말이야. 우리는 불사 좀 해보자. 장사는 하지 말고."

그때 계첩을 모두 새로 만들었습니다. 그래놓고는 이제 시작입니다. 보살계를 받으려면, 천화불千化佛이라 해서 천 번을 절을 해야 되는데, 밤새도록 절을 시킵니다. 그 중에 한 70살 되는 늙은이가 뻗정다리입니다.

"스님, 저는 다리가 이래서."

"다리가 그러면 계 안 받으면 될 것 아니오. 절을 안 하면 계를 받을 수 없습니다."

또 한 80살 되는 늙은이가 말했습니다.

"스님, 저는 아파서 일주일 동안 미음만 먹다가 왔습니다. 여기 보십시오. 미음단지."

"절 못하면 보살계 안 받으면 될 것 아니오. 나가시오, 나가!"

나중에 보니 그 늙은이들이 더 절을 잘합디다. 그렇게 절을 시켰습니다. 천 배 절을 시킨 후에 보살계를 하는데 미리 큰 죽비를 많이 만들었습니다. 두들겨 패려고. 그 전에 계살림 하는 것 보니까. 한쪽으로는 법상에서 뭐라고 뭐하고 하는데 한쪽으로는 이야기하는 사람, 자는 사람 등등 별별 사람이 꽉 찼습니다. 이렇든 저렇든 간섭은 안 한다 말입니다. 왜 그러냐 하면 계첩만 팔아먹으면 그만이니까. 우리가 다 봐두었거든.

그래서 "앉을 때는 꼭 꿇어앉아라" "합장해라" 그래놓고, "잘못 꿇어앉아도 때려주라" "합장 잘못해도 때려주라" "졸아도 때려주라" "이야기해도 때려주라" 이 네 가지를 범하는 사람은 무조건 큰 죽비로 죽도록 때려준다고 엄포를 놓았습니다.

젊은 사람이 군데군데 서 가지고 턱턱 때려준다, 그건 때려주어야 자비지, 안 때려주면 자비가 아니니까. 여기서 철썩, 저기서 철썩, 몇 번을 깜짝깜짝 놀라더니 그만 아무도 조는 사람이 없습니다. 걸어 다닐 때도 어디 기를 펴고 다녀, 숨도 크게 못 쉬는 판인데. 그리하여 계살림을 사흘간 원만히 잘했습니다. 그렇게 하고 난 후에 원주를 불렀습니다.

"그래도 쌀 좀 남았지? 남은 쌀 전부 밥 다해라."

"허! 그걸 어쩔려구요."

"어쩌든지 내가 알아 할 터이니 밥 다해라."

남은 쌀로 전부 밥을 해서는 주먹밥을 만들어서 한 덩이씩 안겨 주었습니다. 지금도 살아 있는 8, 90살 되는 사람이 더러 있는데, 그때, 그것 사흘동안 한 것보다도 몇 줌 남은 쌀 그것까지 싹싹 긁어 가지고 밥해서 한 주먹씩 안기는데 그만 하늘이 무너지는 것 같더랍니다. 그래놓고 보니 7천 원이나 빚졌다고 해요. 40년 전 7천 원이면 큰돈입니다.

우리는 또 동냥 나다닙니다. 총무원장 하다가 수도암에 가 있는 법전스님, 자운스님, 따라 다니면서 동냥한다고 어떻게나 욕을 봐났던지. 지금도 이야기한다고 해요. 참 동냥한다고 욕봤어요. 석 달 안에는 어디고 기침소리도 한군데 나는 데가 없었습니다.(석 달 안에는 대중공양 안 받기로 한 때문)

석 달이 지나고 나니 대중공양이 들어오는데 딱 벼르고 있었던 모양입니다. 사방에서 대중공양이 들어오는데 감내를 할 수 있어야지. 여기서도 공양이 들어오고, 저기서도 공양이 들어오고, 돈도 들어오고, 장삼하자, 가사하자, 뭣도 하자, 막 불사가 벌어지는데 그만 장사를 여러 수십 배 해버렸습니다.

"우리가 장사를 하나, 농사를 짓나, 뭣하나. 결국은 신도 것 먹고 사는데, 신도 것 얻어먹어도 법답게 얻어먹고, 신도가 절에 다녀도 신심으로 갖다 줘야 되지. 이것 뭐냐. 신도가 오면 돈 몇 푼 그것 먹으려고 발밑을 슬슬 기고, 그것은 보통 사람도 할 짓이 못되는데, 우리가 부처님 제자라 하면서 그래서야 되겠느냐고, 앞으로 법답게 들어오는 것은 법답게 받으면 안되느냐고."

신도가 바늘 하나를 가져와도 대중으로 들여와야지, 어느 스님 개인으로는 안 됩니다. 한번은 마산에서 어느 신도가 걸망을 하나 지어 보냈습니다. 청담스님 드리라고. 그때는 법명이 순호스님이지.

"우리는 개인적으로 지정하는 것은 안 받기로 했어. 가져가시오."

"그러면 대중으로 들여놓으면 안 됩니까?"(심부름하는 이의 말)

"이것이 당신 걸망이야?"

쫓아 버렸습니다. 그 걸망이 마산으로 돌아가 가지고 대중에 들여 놓는다고 다시 돌아왔어요. 그래 이제 걸망을 모두 다 조사를 했습니다. 옷 하나라도 제일 떨어진 사람에게 맨 처음 주니까. 돌아 보니 순호스님 걸망이 가장 떨어졌어요.

"이 걸망은 순호스님이 주인인가 보다."

바늘 한 개, 양말 한 짝, 무엇이든지 대중으로 들여 놓아야지 개인을 지정해서는 쫓겨가는 판입니다. 그래 가지고, 약도 들어오고, 인삼도 들어오고, 삼은 전부 다 삼차를 해서 한 컵씩 쭈욱 둘러 먹고 하였습니다. 잘 살든가 못 살든가 똑같이 평등하게 살자 이것입니다. 이렇게 하며 살다 보니 스님들 같다는 생각이 들었던 모양입니다.

절하는 것을 예로 들면, 향곡스님은 좀 늦게 참여했습니다. 자운스님 잘 알지만, 거기 들어가 살면서 내가 편지를 냈습니다. 엽서로 우리가 여기 사는데 공부하러 오라, 안 오면 내가 가서 토굴에 불을 질러 버린다고. 그 편지 받고 당장 쫓아 왔어요. 이렇게 도반道伴을 생각할 수 있느냐고 하면서. 집 지키는 사람을 구해놓고 후년 봄에 오겠다 하더니.

그래 향곡스님이 왔는데, 마침 점촌에서 신도들이, 특히 나이 많은 노인들이 깨끗한 옷을 입고 왔어요. 그 전날 비가 왔는데. 한 신도가 내가 마당에 서 있는 걸 보더니 그 자리에서 절을 넙죽 세 번 하거든. 그걸 보고 깜짝 놀라버렸다고 해요.

아무리 절을 하지만, 비 온 뒤 진 구렁에서 넙죽넙죽 절을 세 번이나 하니, 향곡스님이 어떻게 보겠어. 그런데 알고 보니 그이가 전진한錢鎭漢 씨 어머니라. 그때 사회부 장관했지요. 장관 어머니라는 사람이 스님보고 진 구렁에서 절을 세 번이나 해놨으니 참 이상했던 모양입니다. 두고두고 향곡스님이 그 이야기를 했습니다.

천도하는 것도, 처음에는 아까도 이야기했듯이 재가 하나 들었다가 가 버렸는데, 가만히 보니 사는 사람들이 스님같고 귀신을 맡기면 천도가 될 것 같은 생각이 들었던 모양입니다. 하나씩 둘씩 재 해달라고 들어와요. 우리 법대로 『금강경金剛經』이나 『심경心經』을 읽어 주는데, 그만 재가 어떻게나 많이 드는지, 왜 그런가 들어보니, 무슨 탈이 나가지고 무당을 데려다 굿을 한다, 별짓을 다해도 천도가 안 되는데, 봉암사에만 잡아넣으면 그만이다, 이것입니다. 자꾸 온다 말입니다. 자, 『금강경』은 너무 시간이 걸려서 안 된다. 『심경』을 하자. 『심경』 칠 편, 그것도 안 되어서 나중에는 삼 편씩 해주었습니다. 그래도 '스님네들 법대로'만 해달라는 것입니다.

처음에는 봉암사에 가 있으니 동국대학교에서 사람이 와서는 각 사찰의 산판을 2할씩 떼어 가기로 종단에서 정식 결의했으니 내놓으라는 것입니다. 동국대학교 이사장이 김법린金法麟 씨인데 우리 잘 아는 사람이라. 동국대학교가 봉암사 보다 뭘 더 잘하고 산다고 우리 봉암사 것 달라고 해. 못 주겠다. 꼭 받아 가고 싶으면 이사장이 직접 오라고 해. 그리고는 그만 안 주었어요. 온들 주나. 김법린이 내 성질 잘 아는 사람인데. 산판, 봉암사 산판이 얼마나 좋으냐 말입니다. 산림계, 군, 도 경찰서, 본산, 종무원, 총무원으로 해서 짜고는 봉암사 산판 베껴 먹으려고 자꾸 산판을 하자 합니다. 한번은 한 40~50명이 트럭으로 막 왔어요. 협박을 할 참이라, 산판 하자고, 큰방에 모두 앉혀 놓고 쭈욱 이야기를 했습니다. 우리가 봉암사에 그냥 이렇게 사는 것 같아도 앞으로 큰 수도원修道院을 세울 것인데 집을 지으려면 이 나무들이 다 쓰일 터이니 산판을 할 수 없다고. 그랬더니 도의 산림국장이라는 사람이 "스님들이 그런 좋은 이상을 가지고 있다면 어떻게든지 봉암사 산판은 책임지고 못하도록 하겠습니다."라고 약속을 했어요. 도 산림국장이 책임지고 산판 막겠다고 하니 딴 사람들은 아무 말도 못하지!

또 한번은 군인들이 빨갱이 토벌대라 하면서 70~80명 와서 절에서 잤는데, 나는 그때 생식할 때라 그 옆 극락전에 있으니 순호 스님이 왔어요. 군인들이 싸움하러 가면서 밥해 달라고 하는데 밥 안해 줄 수 있느냐는 것입니다. 그것은 말이 안 되는 소리거든요. 싸움하러 가면서 밥해 달라는데 어떻게 하느냐 이것이라. 안 된다고 했지요. 그리고는 그 대장을 불렀습니다.

"당신들은 군율軍律이 안 서면 싸움할 수 없는 것이고, 우리 절에도 법이 있어. 우리가 여기 들어온 뒤로 여태 한번도 아침에 밥해 먹은 적이 없어. 당신네들이 들어서 우리가 여태까지 죽 끓여 먹던 법을 깨야 되겠어?"

"그래서는 안 되지요."

"그럼, 어떻게 해야 되겠어?"

"글쎄, 군인들을 죽 먹여서는 싸움하기 곤란하고."

"여기서 동네가 십 리가 되나 백 리가 되나, 조금만 돌아가면 동네 아니야. 거기 가서 밥해 달라고 하면 얼마든지 해줄 것 아니야."

"하! 참 그렇네요."

하면서 동네에 가서 밥해 먹고 싸들고 싸움하러 갔다는 것입니다.

한번은 며칠 간 어디를 좀 갔다 오니 밭이 환해서 밭고랑 밑에 개미가 보일만하고 떡이 떨어지면 주워 먹어도 괜찮을 만큼 밭이 훤합니다. 내가 없을 때 원주가 삯군을 대서 밭을 매어버린 겁니다.

"원주 스님 오라 해봐라."

"우리 원주 스님이 보살이야. 대중 데리고 밭 매느라고 참 욕봤어. 그동안에 어떻게 저 많은 밭을 다 맸어."

가만히 보니 일이 틀린 모양이거든. 뭐 어쩌고 변명을 해요.

"이 도둑놈아! 누가 삯군 대라고 했나? 삯군 안 대기로 안 했나! 왜 봉암사 규율을 깨버렸어?"

그만 당장 가라고 소리 질러 버렸지요. 그 이튿날 아침에 보니까 새벽에 달아나버리고 없어요. 그렇게 좀 지독하게 했습니다. 나무를 하는데 식구 수대로 지게를 스무 개 정도 만들었습니다. 그래 놓고 나무를 하는데 하루 석 짐씩 했습니다. 석 짐씩 하니 좀 고된 모양입니다. 나무하다 고되니까 몇이 도망을 가버렸습니다.

보다 못한 자운스님이 말했습니다.

"이러다간 대중이 다 없어져. 나뭇짐을 내려야 돼. 두 짐씩만 해."

"뭐 어째? 그러면 어떻게 우리가 살 거야? 사람하나 가면 한 짐씩 올릴 참이야. 하루 석 짐 하는데 사람하나 도망가면 넉 짐하고 둘 도망가면 다섯 짐하고 살 거야."

"그러면 안 돼. 다 도망가버려."

"그러면 자운스님하고 내하고 둘이 남을 것 아닌가?"

"에잇, 나도 갈 참이야."

참, 자운스님, 처음부터 시작해서 끝까지 참으로 고생 많이 했습니다. 이런 식으로 봉암사에서 살았습니다. 그러면 왜 여태까지 살지 않았나?

가만히 보니 시절이 좀 잘못 돌아간다 말입니다. 나무를 베어다가 켜서는 책이 좀 있었는데 나무로 궤짝을 짜 가지고 책을 모두 궤속에 넣었습니다. 그래 놓고 향곡스님을 시켜서 트럭을 하나 가져오라 해서는 책을 밤중에 실어다가 향곡스님 토굴인 월래月來에 갖다 놓았습니다. 6·25사변이 일어나기 바로 일 년 전입니다. 그래 놓고 청담스님에게 말했습니다.

"아무래도 우리가 여기 못살 것 같은데, 후년에는 결국 이사를 해야 되니 통영 근방에 절 하나 얻을 데 없나?"

"고성 문수암이 참 좋아. 가면 당장 줄 거야."

"절대 비밀이야. 대중이 알면 안돼."

절대 비밀로 하여 고성 문수암을 딱 얻어 놓았습니다. 대중은 모르게. 그래 놓고 가을이 되고 보니, 뭣인가 아무래도 심상치 않

아. 거기 있으면 안되겠다 말입니다. 딴 사람은 있어도 괜찮지만 나는 거기 있으면 안 된다 말입니다. 그래서 추석 지나고 난 뒤에 대중공사를 했습니다.

"나는 여러 가지 관계상 여기서 떠나야 되니까 그리 알고, 오늘부터는 순호스님, 순호스님이 입승봤거든 입승스님한테 전부 맡기니 입승스님 시키는 대로 하시오."

이렇게 하고 봉암사에서 나왔습니다. 그리고 나는 월래에 와서 겨울은 거기 있었습니다. 그런데 결제結制해 놓고 얼마 안 있어서 그만 공산당들이 달려들어 버렸다 말입니다. 오던 길로 나를 찾더라 해요. 한 20명이 총을 메고 달려들었는데 굉장했다고 합디다. 보경스님이 그때 죽을 뻔하고, 내 대신으로 보경스님 죽인다고 탑거리로 끌고 나가고, 탕탕 다 털리고 월래로 쫓아왔어. 어떻게 할까 묻더군요. 그렇지만 산림중이니 멀리 옮길 수 있습니까. 점촌 포교당으로 옮기라고 했습니다. 그렇게 있다가 해제解制하고서 고성 문수암으로 싹 다 옮겼습니다. 그때 법전스님 같은 사람들이 스무 살쯤 먹었는데, 지금은 60객이 다 됐지요.

그러자 뭐 여름이 되니 그만 툭 터지는데, 6·25사변이 났어요. 비행기가 진주 폭격하고 하는 것, 고성 문수에서 다 보았습니다. 그 뒤에 내내 봉암사 주변 사람들이 이상하게 생각하더랍니다. 그 스님이 뭣 좀 아는가 하고. 미리 싹싹 다 피해 버려놨으니. 그것이야 소발에 쥐잡기로 어쩌다 그렇게 된 것이지 내가 알고 한 것은 아닙니다. 이래서는 안되겠다 싶어서 미리 그렇게 했는데 만약 1년 전에 책을 안 옮겼으면 책은 모두 다 불타버리고, 우리 대중도 그때 큰 욕을 봤을 겁니다.

봉암사 지내온 것은 대충 이런 식이었습니다. 지금 남은 것이 무엇이냐 하면 가사가 남았고, 장삼도 남았고 바리때도 남았는데, 바리때는 요새 들어볼라치면 흔히 목바루가 더러 나온다고 하는데, 그것은 부처님이 금한 것이니 안 써야 됩니다. 지금 보면 여러 가지 남은 것이 좀 있는데, 남고 안 남고 그것이 문제가 아닙니다. 우리가 법을 세워서 전국적으로 펴고자 한 것도 아니었고, 그 당시 우리가 살면서 부처님 법대로 한다고 하면 너무 외람된 소리지만, 부처님 법에 가깝게는 살아야 안되겠나 그것이었습니다.

이제 중요한 것은 대충 이야기 한 셈인데, 우리가 신심으로 부처님 법을 바로 지키고 부처님 법을 바로 펴서 신도들을 교화하면 이들이 모두 신심을 내고 하여 우리 스님들이 잘 안 살려야 잘 안 살 수 없습니다. 천상천하 유아독존, 가장 잘 사는 것이 승려다, 이 말입니다. 우리가 언제든지 좋으나 궂으나 할 것 없이 이해를 완전히 떠나서 신심으로 부처님만 바로 믿고 살자 이것입니다. 우선은 좀 손해 본다 싶어도 결국에는 큰 돈벌이가 되는 것입니다. 그걸 알아야 됩니다.

봉암사에 살 때 이런 이야기 많이 했습니다. 먹고 살 길이 없으면 살인강도를 해서 먹고 살지언정 천추만고에 거룩한 부처님을 팔아서야 되겠느냐고.

우리가 어떻게든 노력해서 바른 길로 걸어가 봅시다.

부처님같이 존경하라

|1982년 음 5월 29일, 방장 대중법어|

저 원수를 보되
부모와 같이 섬겨라
觀彼怨家 如己父母

이것은 『원각경圓覺經』에 있는 말씀입니다. 중생이 성불 못 하고 대도大道를 성취 못 하는 것은 마음속에 수많은 번뇌, 팔만사천 가지 번뇌망상이 있기 때문입니다. 이 많은 번뇌 가운데서 무엇이 가장 근본 되는 것인가. 그것은 증애심憎愛心, 미워하고 좋아하는 마음이라고 부처님께서 말씀하셨습니다. 그래서 선가禪家의 3조 승찬대사는 『신심명信心銘』에서 이렇게 말했습니다.

다만 증애심만 떨어지면
통연히 명백하도다.
但莫憎愛 洞然明白

이 증애심이 실제로 완전히 떨어지려면 대오大悟해서 대무심大無心 경계를 성취해야 합니다. 무심삼매에 들어가기 전에는 경계에 따라서 계속 증애심이 발동하므로 이 병이 참으로 고치기 어려운 것입니다.

그러나 우리 불자들은 대도를 목표로 하므로 부처님 말씀을 표준삼아 이것이 생활과 행동의 기준이 되어야 합니다. 또 한편으로 생각하면 내가 가장 미워하는 사람, 나에게 가장 크게 죄를 지은 사람을 부모와 같이 섬겨라 하는 것은 무리한 요구일 것입니다.

'나쁜 사람을 용서하라'거나 '원수를 사랑하라'는 것은 또 모르겠지만 원수를 부모같이 섬기라 하니, 이것은 부처님께서나 하실 수 있는 말이지 다른 사람은 감히 이런 말조차 못 할 것입니다.

그런데 사실 불교에서는 '용서'라는 말 자체가 없습니다. 용서라는 말이 없다고 잘못한 사람과 싸우라는 말은 물론 아닙니다. 상대를 용서한다는 것은 나는 잘했고 너는 잘못했다, 그러니 잘한 내가 잘못한 너를 용서한다는 이야기인데, 그것은 상대를 근본적으로 무시하고 하는 말입니다. 상대의 인격에 대한 큰 모욕입니다.

불교에서는 '일체중생의 불성은 꼭 같다〔一切衆生 皆有佛性〕'고 주장합니다. 성불해서 연화대 위에 앉아 계시는 부처님이나 죄를 많이 지어 무간지옥無間地獄에 있는 중생이나 자성自性 자리, 실상實相은 똑같습니다. 그래서 아무리 죄를 많이 짓고 아무리 나쁜 사람이라도 겉을 보고 미워하거나 비방하거나 한층 더 나아가서 세속 말로 용서란 있을 수 없습니다.

그러면 어떻게 해야 하는가?

아무리 죄를 많이 지었고 나쁜 사람이라도 그 사람을 부처님같이 존경하라는 것입니다. 이것이 우리 불교의 생명이라 해도 과언이 아닙니다. 부처님을 실례로 들어도 그와 같습니다. 부처님을 일생 동안 따라다니면서 애를 먹이고 해치려고 온갖 수단을 가리지 않던 사람이 '제바닷타〔調達〕'입니다.

보통 보면 제바닷타가 무간지옥에 떨어졌느니 산 채로 지옥에 떨어졌느니〔生陷地獄〕 하는데 그것은 모두 방편입니다. 중생을 경계하기 위한 방편입니다. 어찌 됐건 그러한 제바닷타가 부처님에게는 불공대천의 원수인데 부처님은 어떻게 원수를 갚았는가?

성불成佛, 성불로서 갚았습니다.

죄와 복을 깊이 통달하여
시방세계에 두루 비추었다
深達罪福相　徧照於十方

착한 일 한 것이 시방세계를 비춘다고 하면 혹시 이해할는지 모르겠습니다만, 악한 짓을 한 무간지옥의 중생이 큰 광명을 놓아서 온 시방법계를 비춘다고 하면 아무도 이해하지 않으려 할 것입니다.

가장 선한 것을 부처라 하고 가장 악한 것을 마귀라 하여 이 둘은 하늘과 땅 사이〔天地懸隔〕입니다마는, 사실 알고 보면 마귀와 부처는 몸은 하나인데 이름만 다를 뿐입니다. 그러므로 아무리 죄를 많이 지었다 해도 그 사람의 자성에는 조금도 손실이 없고, 아무리 성불했다 하여도 그 사람의 자성에는 조금도 더함이 없습니다. 그러므로 마귀와 부처는 한 몸뚱이이면서 이름만 다를 뿐 동체이명同體異名입니다. 비유하자면 겉에 입은 옷과 같은 것입니다.

제바닷타가 아무리 나쁘다고 하지만 그 근본 자성, 본모습은 부처님과 조금도 다름이 없습니다. 그래서 부처님께서 나중에 제바닷타가 성불하여 크게 불사佛事를 하고 중생을 제도한다고 했습니다. 제바닷타가 성불한다고 『법화경』에서 수기授記하였습니다.

이것이 불교의 근본정신입니다. 부처님이 말씀하신 "원수를 보되 부모와 같이 섬긴다"는 이것이 우리의 생활, 행동, 공부하는 근본지침이 되어야 하겠습니다.

우리 불교에 들어오는 첫째 지침은 '모든 중생을 부처님과 같이 공경하고 스승과 같이 섬겨라'입니다. 우리 불교를 행하는 사람은 누구든지 착한 사람, 나쁜 사람은 물론 소나 돼지나 짐승까지도 근본자성은 성불하신 부처님과 조금도 다르지 않다는 것을 알고 부처님과 같이 존경을 해야 합니다.

그러니까 우리 불교 믿는 사람은 상대방이 떨어진 옷을 입었는지 좋은 옷을 입었는지 그것은 보지 말고 '사람'만 보자는 말입니다.

옛날 이런 이야기가 있습니다.

나라에 큰 잔치가 있어서 전국의 큰스님들을 모두 초청했습니다. 그때 어떤 스님 한 분이 검박한 생활을 하고 있었는데 그 잔치에 초청되었습니다. 본시의 생활 그대로 낡은 옷에 떨어진 신을 신고 대궐문을 지나려니 문지기가 못 들어가게 쫓아내는 것입니다. 그래서 이번에는 좋은 옷을 빌려 입고 다시 갔더니 문지기가 굽신굽신 하면서 얼른 윗자리로 모셨습니다.

그때 다른 스님들은 잘 차려진 음식들을 맛있게 먹고 있는데 이 스님은 음식을 자기의 옷에 들이붓고 있습니다.

"스님, 왜 이러시오. 왜 음식을 자꾸 옷에다 붓습니까?"

"아니야, 이것은 날보고 주는 게 아니야. 옷을 보고 주는 것이지!"

그리고는 전부 옷에다 붓는 것입니다. 얼마나 좋은 비유입니까.

허름한 옷 입고 올 때는 들어오지도 못하게 하더니 좋은 옷 입고 오니 이렇게 대접하는 것입니다. 겉모습만 보고 사는 사람은 다 이렇습니다.

혹 이렇게 생각하는 사람도 있을 것입니다. "오늘 법문하시면서 큰 짐을 지워 주시네. 그건 부처님이나 하실 수 있지 우리가 어떻게 할 수 있나. 말 한마디만 잘못 해도 당장 주먹이 날아드는데 어쩌란 말인가." 하고 항의할 수도 있겠습니다.

그러나 사실은 그렇지 않습니다. 내가 지나간 실례를 몇 가지 들겠습니다.

옛날에 현풍 곽씨 집안의 한 사람이 장가를 들었는데, 그 부인의 행실이 단정치 못했습니다. 시부모 앞에서도 함부로 행동하고, 의복도 바로 입지 않고, 언행이 전혀 공손치 않아 타이르고, 몽둥이로 때리기까지 하고, 별 수단을 다 해봐도 아무 효과가 없었습니다. 그렇다고 양반집에서 부인을 내쫓을 수도 없는 형편입니다. 그런데 하루는 그 사람이 『맹자孟子』를 펴놓고 읽다가 이런 구절에서 머무르게 되었습니다.

> 사람의 본성은 본래 악한 것 없이 착하다.
> 악한 이고 착한 이고 간에
> 누구든지 그 본성은 다 착하여 모두가 요순과 똑같다.
> 孟子道性善　言必稱堯舜

여기에 이르러 그 사람은 다시금 깨닫고 생각했습니다.
'본래 요순같이 어진 사람인데 내가 잘못 알았구나. 앞으로 우리 마누라를 참으로 존경하리라' 하고 마음먹었습니다.

　예전에 양반집에서는 아침 일찍 사당에 가서 자기 조상에게 절을 했습니다. 이 사람이 다음날 아침 도포 입고 갓 쓰고 사당에 가서 절을 한 후에는 제일 먼저 자기 부인에게 넙죽 절을 했습니다. 부인이 자기 남편을 보니 미친 것 같습니다. 어제까지만 해도 자기를 보고 욕하고 때리더니 이게 웬일입니까. 정색으로 정장을 하고 절을 하니 말입니다.

　"당신이 참으로 거룩합니다." 하면서 남편이 또 절을 합니다.

　막 쫓아내는데도 한사코 따라다니며 절을 하고 이렇게 말합니다.

　"사람이란 본시 모두 착한 것이오. 당신도 본래 착한 사람인데 내가 잘못 보고 욕하고 때렸으니 앞으로는 당신의 착한 성품만 보고 존경을 하렵니다."

　이렇게 하기를 한 달 두 달이 지나다 보니 부인도 자기의 본래 성품이 돌아와서 "왜 자꾸 이러십니까. 이제는 나도 다시는 안 그럴 테니 제발 절은 그만 하십시오" 하는 것입니다.

　"당신이 요순임금과 똑같소. 그런 당신을 보고 내가 어찌 절을 안 할 수 있겠소?" 하며 여전한 남편의 기색에, 결국 부인도 맞절을 하기 시작했습니다.

　"당신이 날보고 요순이라고 하는데 진짜 요순은 바로 당신입니다" 하면서 서로가 요순이라고 존경하며 살아가게 되었습니다. 앞에서 말했듯이, 부처님만이 할 수 있는 일이 아니고 누구든지 할 수 있다는 이야기입니다.

　예전 인도에서는 조석朝夕으로 예불시간에 반드시 지송持誦하는 것이 있었습니다. '마트르체타'라는 스님이 지은 『150찬불송一百五十讚佛頌』이 그것입니다. 의정義淨법사의 『남해기귀전南海寄歸傳』에도 보면, 의정법사가 인도에 갔을 때 전국 각 사찰에서 150찬불송을 조석으로 외우는 것을 보았다고 합니다. 거기에는 이런 말이 있습니다.

　　베푼 은혜 천지보다 깊어도
　　그걸 배반하고 깊은 원수 맺는다.
　　부처님은 그 원수를 가장 큰 은혜로 본다.
　　恩深過覆載　背德起深怨　尊觀怨極境　猶如極重恩

어떤 상대를 부모보다, 부처님보다 더 섬기고 받들고 하는데, 그는 나를 가장 큰 원수로 삼고 자꾸 해롭게 합니다. 이럴 때 상대가 나를 해롭게 하면 할수록 그만큼 상대를 더 섬긴다는 말입니다.

　　원수는 부처님을 해롭게 해도
　　부처님은 원수를 섬기기만 한다.
　　상대는 부처님 허물만 보는데
　　부처님은 그를 은혜로 갚는다.
　　怨於尊轉害　尊於怨轉親　彼恒求佛過　佛以彼爲恩

존어원전친尊於怨轉親! 부처님은 원수를 섬기기만 한다! 근본은 여기에 있습니다. 나는 저 사람에게 잘해 주는데 상대방은 내게 잘해 주는 것은 하나도 없이 다 내버리고 자꾸 나를 해롭게만 합니다. 그런데도 섬기기만 하란 말인가?

그렇습니다. 상대가 나를 해롭게 하면 할수록 더욱더 상대를 받들고 섬긴다는 말입니다. 심원해자심애호深怨害者深愛護! 나를 가장 해치는 이를 가장 받든다. 이것이 부처님 근본사상이고 불교의 근본입니다.

전에도 한번 이야기한 적이 있습니다만 예수교 믿는 사람 몇이 삼천 배 절하러 왔길래 이렇게 말했습니다.

"절을 할 때 그냥 하는 것이 아니고, 하나님 제일 반대하고 예수님 제일 욕하는 그 사람이 제일 먼저 천당에 가도록 기원하면서 절하시오."

그랬더니 참 좋겠다고 하면서 절 삼천배를 다 했습니다.

이것을 바꾸어 생각해 보십시오.

"우리 부처님 제일 욕하고 스님들 제일 공격하는 그 사람이 극락세계에 제일 먼저 가도록 축원하고 절 합시다."

이제는 우리 불자들에게도 이런 소리를 할 때가 왔다는 생각이 듭니다. 이것이 바로 '저 원수를 보되 부모와 같이 섬겨라'는 말인 것입니다.

부처님께서도 그렇게 말씀하셨습니다. 원수를 부모와 같이 섬기게 되면 일체 번뇌망상과 일체중생의 병은 다 없어진다고 말입니다. 중생의 모든 병이 다 없어지면, 그것이 부처입니다. 그렇게 해서 성불하는 것입니다. 우리가 성불을 목표로 하고 사니 만큼 부처님 말씀을 표준삼아서 그렇게 살아가야 합니다. 그때그때 자기감정에 치우쳐 살려고 하면 곤란합니다.

한편으로는 또 이런 의심도 할 수 있을 것입니다.

"예수교에서는 치고 들어오는데 자꾸 절만 하고 있으면 불교는 어떻게 되나? 상대가 한 번 소리 지르면 우리는 열 번 소리 질러야 겁나서 도망갈 텐데, 가만히 있다가는 불교는 씨도 안 남겠다. 자! 일어나자."

그렇게도 생각할 수 있겠지만 그것은 잘못된 것입니다. 그럴수록 자꾸 절하고, 그런 사람을 위해서 기도하고 축원하는, 그런 사상으로 모든 사람들에게 선전하고, 그런 사상으로 일상생활을 실천해 보십시오. 불교는 바닷물 밀듯 온 천하를 덮을 것입니다. 그것이 생활화되면 모든 사람이 감동하고 감복하여 '불교가 그런 것인가!' 하여 불교 안 믿으려야 안 믿을 수 없게 될 것입니다.

그렇다면 장애는 어느 곳에 있는가? 저쪽에서 소리 지른다고 이쪽에서 같이 소리 지르면 안 됩니다. 저쪽에서 주먹 내민다고 이쪽에서도 같이 주먹 내놓아서는 안 됩니다. 불 지른다고 같이 불을 지르면 함께 타버리고 말 것입니다.

저쪽에서 아무리 큰 불을 가져오더라도 이쪽에서 자꾸 물을 들이붓는다면 어찌 그 물을 당할 수 있겠습니까. 결국 불은 물을 못 이길 것입니다. 나중의 성불成佛은 그만두고 전술戰術, 이기는 전술로 말하더라도 불에는 물로써 막아야지 불로 달려들어서는 안 됩니다. 근본은 어디 있느냐 하면, 모든 원수를 부모와 같이 섬기자, 하는 여기에 있습니다.

오늘 법문의 결론을 말하겠습니다.

실상은 때가 없어 항상 청정하니

귀천노유에 상관없이 부처님으로 섬긴다.
지극한 죄인을 가장 존중하며
깊은 원한 있는 이를 깊이 애호하라.
實相無垢常淸淨　貴賤老幼事如佛
極重罪人極尊敬　深怨害者深愛護

모든 일체 만법의 참모습은 때가 없어 항상 청정합니다. 유정有情, 무정無情 할 것 없이 전체가 본래성불本來成佛입니다.

옷은 아무리 떨어졌어도 사람은 성한 사람입니다. 그러니 귀한 이나 천한 이나, 늙은이나 어린이나 전부 다 부처님같이 섬기고, 극히 중한 죄를 지은 죄인까지도 받들어 모셔야 합니다. 동시에 나를 가장 해롭게 하는 사람을 부모같이 섬겨야 한다는 말입니다.

'심원해자심애호深怨害者深愛護!' 나를 가장 해치는 이를 가장 받든다, 이것이 우리 불교의 근본 자세입니다. 이것을 우리의 근본지침으로 삼고 표준으로 삼아서 생활하고 행동해야만 부처님 제자라고 할 수 있고, 법당에 들어앉을 자격이 있다고 생각합니다.

근본은 '원수를 부모와 같이 섬기자'는 여기에 있느니 만큼 우리 서로서로 노력합시다.

구도자의 질문

|1982년 음 6월 30일, 방장 대중법어|

1. 생명은 어디서 와서 어디로 가는 것입니까?

일체 만법이 본래 불생불멸이어서 시공을 초월하여 오고 감去來이 없고, 생명도 또한 거래가 없습니다. 그러므로 화엄에서도 "일체법불생一切法不生이요, 일체법불멸一切法不滅이라."고 하였고 법화에서도 "제법諸法이 종본래從本來로 상자적멸상常自寂滅相이라." 하였는데, 이 적멸상寂滅相은 생멸이 끊어진 불변상不變相을 말합니다. 이 불생불멸을 진여, 법계, 연기, 실상, 법성, 유식, 유심 등 천명만호千名萬號로 이름하나 그 내용은 다 동일합니다. 이는 우주의 근본원리이며 불타의 대각大覺 자체여서 일체 불법이 불생불멸의 기반 위에 서 있습니다.

불생불멸의 원리는 심심난해하여 불타의 혜안慧眼이 아니면 이 원리를 볼 수 없어 불교 이외의 종교나 철학에서는 거론치 못하였으며, 이 불생불멸은 자고로 불교의 전용어가 되어 왔습니다. 그러나 과학이 고도로 발달되어 현대과학에서도 원자물리학으로 자연계는 불생불멸의 원칙 위에 구성되어 있음을 증명하여 불교의 이론에 접근하여 구체적 사실로 설명하고 있습니다.

불타는 3천 년 전에 법계의 불생불멸을 선언하였고, 과학은 3천 년 후에 불생불멸을 실증하여 시간차는 있으나 그 내용은 상통相通합니다. 진리는 하나이므로 바로 보면 그 견해가 다를 수 없습니다. 다만 불타의 혜안이 탁월함에 감탄할 뿐입니다. 불교가 과학에 좌우되는 것은 아니지만, 불교에 접근한 과학이론은 불교를 이해하는 데 도움이 되는 것은 사실입니다.

이 불생불멸의 상주법계常住法界에는 증감과 거래가 영절永絶한 무진연기無盡緣起가 있을 뿐이니, 이것이 제법의 실상입니다. 이 무진연기상의 일체 생명은 성상일여性相一如이며 물심불이物心不二여서 유정무정有情無情의 구별이 없고, 생명은 유정무정의 총칭입니다. 그러므로 무정설법無情說法을 들을 수 있어야만 생명의 참 소식을 알게 되는 것이니 개개생명 전체가 절대여서 생멸거래가 없습니다. 무정 생명론은 너무 비약적인 것 같으나 유정만이 활동하는 것이 아니요, 무정도 항상 활동하고 있으니, 예를 들면, 무정물을 구성하고 있는 근본요소인 소립자素粒子들은 스핀Spin을 가져 항상 자동적으로 운동하고 있습니다. 움직이지 않는 바위들도 간단없이 운동하고 있음을 알아야 합니다.

  백억의 살아 있는 석가가
  취하여 춘풍 끝에 춤추는도다.
  百億活釋迦 醉舞春風端

2. 불교의 이상은 인간의 범주에 머물러야 합니까, 아니면 초월해야 합니까?

불교에서 볼 때에는 생멸 즉 진여이며, 따라서 현실이 절대이므로 번뇌 즉 보리이며, 중생 즉 부처입니다. 그러므로 인간은 본래 일체를 초월하여 일체를 구족한 절대적 존재이니 다시 초월할 것이 아무것도 없습니다. 불타가 출현한 것은 중생이 본래 부처임을 전하는 것뿐이요, 중생을 제불로 변성하려는 것이 아닙니다. 비유하자면, 진금眞金을 어떤 사람이 착각하여 황토로 오인하는 것과 같습니다. 진금을 아무리 오인하여 황토라 호칭하여 사용하여도 진금은 변함없이 진금 그대로입니다. 그러니 진금을 다시 구할 것이 아니요, 오인된 착각 즉 망견만 시정하면 진금 그대로입니다.

이와 같이 일시적 착각으로 본래진불本來眞佛을 중생으로 가칭하여 중생으로 행동하여도 진불은 변함없으므로 불용구진不用求眞이요, 유수식견唯須息見하라. 즉 '진'을 구하지 말고 오직 망견만 제거하면 됩니다. 중생이 바로 진불이며, 사바가 즉 정토이며, 현실이 즉 절대입니다. 그러니 누구든지 편협한 망견을 고집하여 겨울의 얼음을 모르는 여름의 하루살이가 되지 말고 본래시불本來是佛의 진소식을 개오開悟하여야 합니다.

비로자나불의 이마 위 사람이
십자가두에 섰도다.
毘盧頂上人 十字街頭立

3. 진정한 의미의 인간 회복은 무엇입니까?

인간은 본래 일체를 초월하고 일체를 구족한 절대적 존재이니 이것을 '본래시불'이라 합니다. 이 본래시불을 중생으로 착각하여 중생이라 가칭하며 중생으로 행동하고 있으니, 이 망견을 버리고 본래불인 인간면목을 확인하는 것이 인간회복입니다. '진금'을 '황토'로 착각하였으나 활연히 각성하여 진금임을 확인하면 다시는 더 구할 것이 없음과 같습니다.

또한 면경面鏡과도 같습니다. 본래 청정한 면경이 일시적으로 때가 끼어 아무것도 비추지 못하나 그 때만 닦아 버리면 청정한 그 면경이 그대로 드러나서 일체를 비출 것이니 다른 면경을 구할 것이 없음과 같습니다.

그러므로 불교에서는 인간의 본래면목, 즉 심경心鏡을 덮은 때와 먼지를 상세하게 규명하여 그 진애塵埃가 티끌만치도 없도록 철저히 제거함을 인간회복의 본령本領으로 삼고 있습니다. 심경을 덮고 있는 이 진애인 망견을 추중麤重과 미세微細로 양분하여 추중은 제6식, 즉 현재의식이며, 미세는 제8식, 즉 무의식無意識입니다. 이것만 완전히 제거하면 자연 통명洞明하여 진불인 본래면목이 출현하는 것입니다.

면경을 부수고 오너라
푸른 하늘도 또한 몽둥이 맞아야 하는도다.
打破鏡來 靑天也須喫棒

4. 종교 안에서 인간문제가 해결되는 것입니까?

종교를 일반적으로 유한有限에서 무한無限으로, 상대相對에서 절대絶對의 세계에 들어가는 것으로 생각하지만, 불교에서는 유한이 즉 무한이며 상대가 절대임을 주장합니다. 반면 일반 종교는 현실 외에 절대를 따로 세워서 자기가 생존하는 현실유한의 세계를 떠나 절대무한의 세계에 들어감을 목표로 삼습니다.

불교에서는 현실이 즉 절대여서 인간이 절대무한의 세계에 살고 있으니 절대세계를 다시 구할 필요가 없습니다. '절대'를 '상대'로 착각하는 망견만 버리면 삼라만상 전체가 절대이며 일체가 본래 스스로 해탈하니 불교의 진리는 인간문제를 궁극적으로 해결할 수 있습니다.

가령, 태양이 하늘 높이 밝게 떠 있는데 어떤 사람이 눈을 감고서는 "어둡다, 어둡다"고 소리치면 눈뜬 사람이 볼 때에는 참으로 우스울 것입니다. 그러나 어둡다 한탄하지 말고 눈만 뜨면 자기가 본래 대광명大光明 속에서 살고 있음을 알 것입니다.

이와 같으니 다만 눈을 가린 망견만 버리면 자연히 눈을 뜨고 광명이 본래 충만해 있었음을 볼 것이니, 눈만 뜨면 인간이 본래 절대 광명 속의 대해탈인大解脫人임을 알 것입니다.

> 부처도 또한 찾아볼 수 없거늘
> 어떤 것을 중생이라 부르는가.
> 佛也見不得　云何名衆生

5. 불확실성의 이 시대에 사는 현대인의 방황을 어떻게 타개해야 하겠습니까?

광명光明이 적조寂照하여 하사세계河沙世界에 편만遍滿하니 일체가 각각 자기 위치에서 태평太平을 구가하거늘, 무엇이 '불확실'하며 어떻게 '방황'하는지 '불확실', '방황' 등의 언구言句는 진정한 불교사전에는 없습니다.

다만 눈을 바로 뜨고 좌우를 두루 보십시오. 광활한 대로는 우주보다 더 넓고, 혁혁한 광명은 수천 개 태양이 병조並照하는 것과 같아서 설사 천지가 붕괴하더라도 당황할 게 없습니다.

생사다 해탈이다 함은 백일하白日下의 잠꼬대요, 불타니 보살이니 부름은 명경상의 먼지이니, 우리는 본래의 광명을 바로 보아야 합니다.

　　수양버들은 가지마다 푸르고
　　복숭아꽃은 송이마다 붉도다.
　　楊柳系系綠　桃花片片紅

6. 욕망과 물질은 인간에게 무엇입니까?

지공무사至公無私한 욕망과 물질은 무가無價의 진보珍寶입니다. 자기 개인의 사리사욕을 떠나 국가 민족만을 위하는 것도 좋은 일이지만, 인류라는 협소한 한계를 넘어서서 일체 생명을 위한 욕망과 물질이야말로 참다운 보배입니다.

자기 개인을 위한 사리사욕은 물론 해독害毒이고 있을 수 없는 일이지만, 자아를 완전히 잊어버리고 오직 일체를 위해서만 사는 삶은 제불諸佛의 본원本願이며 보살의 대도大道입니다.

만 섬 쌀을 배에 가득 싣고 풀어놓았으나
쌀 한 톨 때문에 뱀이 항아리에 갇혔도다.
萬斛盈舟信手拏　劫因一粒甕呑蛇

7. 불교의 사회 구제는 가능합니까?

'구제'라는 어구는 불교에는 해당하지 않습니다. 모든 생명이 절대적 존재로서 일체의 생명이 불타 아님이 없으므로, 불교에 입문하는 첫 조건이 일체중생을 부모와 같이 존경하고 사장師長과 같이 섬기며 부처님과 같이 시봉하는 것입니다. 그러므로 '봉사'가 있을 뿐 구제와 구원은 없습니다.

남을 돕는 것이 불공佛供임을 항상 역설하지만, 이 '남'이라 하는 것은 절대자를 지칭함이며 절대자는 불佛이므로, 남을 돕는 것이 즉 불공입니다.

보통 남을 돕는다면 부자가 가난한 이를 돕는 태도인데, 이것은 참으로 남을 도울 줄 모르는 것입니다. 참다운 도움은 병든 부모를 자식이 모시듯, 배고픈 스승께 음식을 드리듯, 떨어진 옷을 입으신 부처님께 옷을 지어 올리듯 하여 모든 '남'을 항상 받들어 모시는 태도만이 진정으로 남을 돕는 것입니다.

구제라 함은 이와 반대로 약하고 가난한 상대를 불쌍한 생각으로 돕게 되는 바, 이는 상대의 인격에 대한 큰 모욕이니 불교에서는 구제란 있을 수 없습니다.

어디를 가나 배고픈 부처님, 옷 없는 부처님, 병든 부처님 등이 많이 있습니다. 이들 무수한 부처님들을 효자가 부모 모시듯이, 신도가 부처님 받드는 성심으로 섬기며 돕는 것이 불교의 가르침이니 '봉사'가 있을 뿐 구제는 없습니다.

　　사자는 여우소리를 내지 않도다.
　　獅子不作野干鳴

8. 한국 불교는 1980년대에 무엇을 해야 합니까?

불교에는 만고에 일관된 진리가 있을 뿐, 시대적이거나 지역적인 것은 있을 수 없습니다. 하시하처何時何處를 막론하고 불교의 근본 정신에 입각하여 만사를 행할 따름입니다.

그러므로 어느 때, 어느 곳에서나 일체 생명 즉 중생이 '본래시불'의 기치를 높이 들고 생명의 절대를 널리 전하며, 모든 사심을 떠나 아무것도 구하는 것 없이 일체중생불에게 신명을 다해 봉사하는 것뿐입니다.

　　천 겁을 지나도 과거 아니오

만세에 걸쳐 항상 지금이로다.
歷千劫而不古 亘萬世而長今

9. 수행하는 승려들에게 주고 싶은 스님의 말씀은 무엇입니까?

이 지구가 광대하지만 무변한 허공의 먼 곳에서 바라보면 찾아볼 수도 없는 아주 작은 물체입니다.

허공이 그렇게도 광활하지만 진여법계에 비하면 대해大海의 일적一滴에 불과하므로 공생대각중空生大覺中은 여해일구발如海一漚發이라, 즉 허공이 대각大覺 속에서 생기生起함은 대해의 물거품이 하나 일어남과 같다고 하였습니다.

일체 생명의 본체인 진여법성眞如法性의 공용功用은 불가설불가설不可說不可說이어서 미진제불이 일시에 출현하여 미래겁이 다하도록 언설하여도 법성공용의 일호一毫도 설하지 못합니다.

이렇게 불가사의한 무가진보無價珍寶를 일체 생명이 구유具有하고 있으니, 허망한 몽환 속의 구구한 명예와 이양利養은 일체 버리고 이 무진장의 보고를 활짝 열어서 일체를 이익되게 해야 합니다.

그렇지 않으면 탐타일립미貪他一粒米하여 실각만겁량失却萬劫糧이라, 즉 한 톨의 쌀알을 탐하여 만겁의 양식을 잃어버리게 됩니다.

순치황제는 중국 역사상 최대의 제국을 창건한 영웅입니다만 발심출가할 때에, 자기는 본시 서방의 걸식하며 수도하는 일개 납자였는데 어찌하여 만승천자로 타락하였는고, 탄식하였습니다.

만승천자의 부귀영화를 가장 큰 타락으로 보고 보위를 헌신짝

같이 차버리는 용단이야말로 수도인修道人의 참다운 심정입니다. 그러하니 우리 수행자들은 오직 대각大覺을 성취하기 위하여 일체를 희생합시다.

　　달밝은 깊은 산에 소쩍새 울음 운다.

계성戒性이 본래 청정하다

|1981년 9월, 통도사 합동수계식|

계성戒性이 본래 청정하므로 계상戒相이 항상 무구無垢합니다.
청정무구한 이 무상정계無上正戒는
대천세계를 부수어 가루를 만들지언정 추호도 파괴하지 못하며,
무변허공無邊虛空을 붙잡아 단청을 그릴지언정
찰나도 전지傳持할 수 없습니다.
이는 개개箇箇가 원만하고 찰찰刹刹이 구족하여 연화대 위의 만덕존상萬德尊像이나 무간지옥의 극고중생極苦衆生이
호리毫釐도 차이가 없이 절대평등하여 담담적적湛湛寂寂하고,
휘휘황황煇煇煌煌하니 참으로 신묘불가사의합니다.
이는 사방 제불이 일시에 출현하여
미래겁이 다하도록 설명하려 하여도 설명하지 못하며,
다만 대사대활大死大活하여 통개洞開하여
심안心眼이 확연철증廓然徹證할 뿐입니다.
홀연히 크게 웃고 바라보니 철수鐵樹에 홍화紅花가 찬란하고
빙산에 맹화猛火가 염염焰焰합니다.
이에 부처와 조사는 삼천리 밖에 물러서고
곤충과 미물이 겁외劫外의 풍광風光을 구가謳歌합니다.

생사와 열반은 몽중작몽夢中作夢이며
정찰淨刹과 예토穢土는 안리공화眼裏空華이니
오직 탕탕무애蕩蕩無礙한 일대활로一大活路에
우유자재優遊自在할 뿐입니다.
우리 모두 충천沖天의 예기銳氣가 충일充溢하여 있습니다.
각자各自 신명身命을 불고不顧하고 용맹정진하여
심안을 활개하여 이 무상정계를 친증親證합시다.

계율을 생명보다 더 중하게 지킵시다

| 1981년 11월 6일, 해인사종합수계산림 회향식 |

계율을 생명보다 더 중하게 지킵시다.
계율을 지킴은 영원한 자유해탈의 길이요
계율을 파함은 무한한 생사고통의 길입니다.
계율을 지키다가 죽는 것은 참된 삶이요,
계율을 파한 삶은 아주 죽는 것입니다.
그러므로 옛 스님들은 영원히 살기 위하여
계율을 굳게 지켜 죽을지언정
계율을 파하고 살려하지 않았습니다.

신라 때 자장스님은 인품이 훌륭하여
나라에서 대신으로 모시려 하였으나 듣지 아니하므로
임금이 크게 노하여 칼을 보내어 머리를 베어 오라 하였습니다.
자장스님은 기꺼이 목을 내밀어
"나는 계율을 지키며 하루를 살다 죽을지언정
계율을 파하고 백년 동안 살지 않겠노라"고 말하므로
임금도 탄복하여 크게 존경하였습니다.
자장스님은 중노릇을 잘하여 가장 큰스님이 되어

수많은 중생을 제도하여 만고의 모범이 되었습니다.

우리 모두 영원한 해탈을 성취해 무수한 중생을 제도하기 위하여 설사 죽는 한이 있더라도 계율을 굳게 지켜 나아갑시다.

계戒를 청정하게 지키자

|1982년 9월, 범어사 합동수계식|

수계자受戒者 여러분!

천고선찰千古禪刹인 범어성지梵魚聖地에서 거룩하온 부처님의 깨끗한 계戒를 받게 되니 반갑기 그지없습니다. 천리길도 첫걸음이 가장 중요합니다. 처음 계를 받아 앞날이 크게 기대되는 여러분에게 부질없으나 몇 마디 할까 합니다.

부처님께서 『능엄경楞嚴經』에서 말씀하셨습니다.

만약 음행淫行을 하면 반드시 마군魔群의 길에 떨어지니 그 마구니들도 떼를 지어서 각각 성불하였다고 하느니라. 말세에는 이런 많은 마구니들이 세상에 불꽃같이 일어나서 널리 음행을 하면서 선지식善知識이라 하여, 중생들로 하여금 보리菩提의 길을 잃게 한다.

만약 살생을 하면 반드시 귀신의 길에 떨어지니 그 귀신들도 떼를 지어서 성불하였다고 하느니라. 말세에는 이런 많은 귀신들이 세상에 불꽃같이 일어나서 고기를 먹어도 성불한다고 하니, 고기 먹은 사람은 모두 나찰귀羅殺鬼요, 부처님 제자가 아니다. 이들은 서로 잡아먹기를 그치지 아니하거늘 어찌 삼계고해三界苦

海를 벗어나리오.

　만약 도적질을 하면 반드시 사도邪道에 떨어지니, 요사한 무리들도 떼를 지어 각각 성불하였다고 하느니라. 말세에는 이 요사한 무리가 세상에 불꽃같이 일어나서, 중생들을 잘못 가르쳐 무간지옥無間地獄에 떨어지게 한다.

　만약 도道를 성취하지 못하고 성취했다고 거짓말을 하면 지견마知見魔에 떨어져서 부처님 종자種子를 잃어버리느니라. 이런 사람은 도를 깨치지 못하고 깨쳤다고 사람을 속여 대접받기를 좋아하다가 영원히 선근善根을 잃고 삼도고해三途苦海에 떨어지게 된다. 나의 이 법문法門과 같이 말하면 부처님 말씀〔佛說〕이요, 이와 같이 말하지 않으면 이는 마구니의 말〔魔說〕이다.

또 『범망경梵網經』에서 말씀하셨습니다.

　술을 먹으면 한량없는 과실過失이 생기느니라. 술잔을 들어 사람에게 먹게 하여도 5백 생 동안 손이 없는 과보果報를 받거늘, 하물며 스스로 먹으리오. 모두 술을 먹지도 말며, 남에게 먹게 하지도 말아라.

이상의 부처님 말씀은 우리 불교 만세萬世의 교훈이니, 부처님 말씀은 성불의 길이요, 마구니의 말은 지옥의 길입니다. 부처님 말씀에 어긋나는 것은 어느 누가 말하여도 마구니의 말이라고 부처님께서 단정하시어, 마구니의 말에 현혹되어 사도에 떨어지지 말라고 서릿발같은 말씀으로 엄중히 훈계하셨습니다.

이 말씀은 참으로 중생을 선도하시는 대자비大慈悲의 발현發現입니다. 그러므로 참다운 불자는 부처님 말씀을 자기 생명보다 더 소중히 하여 생명을 지푸라기같이 던지고, 우주를 다 가져와도 바꿀 수 없는 지극한 보배인 부처님 말씀을 지켜야 하는 것입니다.

수계자 여러분!
우리는 항상 깎은 머리를 손으로 만져 보면서 살아갑시다.
우리는 엄연한 부처님 제자입니다. 만약 부처님 제자로서 마구니의 말에 속아 부처님 법에 어긋나 마구니가 된다면 이는 타락 중에 타락이니, 천추千秋의 한恨이 되고도 남을 것입니다.
수계자 여러분!
우리 불교를 파괴하는 마구니의 말을 만나거든 철저히 분쇄하고 영원한 진리인 부처님 계율을 끝까지 지켜, 중생들로 하여금 사도邪道에서 방황하지 않고 부처님 정도正道에 들어가 남김없이 성불케 합시다.

3

대담

성철스님께서 조계종 종정으로 취임하신 후
일간지 및 월간지에 실린 인터뷰 기사를 모았습니다.

한국 불교 대표하는 '수행의 표상'

|1981년 1월 6일자 중앙일보, 2월 1일자 주간중앙|
·이은윤 기자 정리

올해로 고희古稀를 맞은 이성철 불교조계종 해인총림 방장이 은거하는 아란야阿蘭若는 가야산 해인사 경내의 조그만 암자인 백련암이다. 불가의 불·법·승 삼보 중 법맥의 정통을 이어오는 조계종 법보종찰法寶宗刹인 해인총림으로부터 가파른 산길을 1km나 올라야 하는 해발 850m의 가야산 중턱에 백련암은 자리잡고 있다.

성철스님의 '신화'는 우선 이같이 송림松林이 울울창창한 깊은 산속에서 참선수행에만 전념하며 두문불출, 거의 바깥 세상과의 교통을 단절하고 있다는 데서부터 비롯된다.

그는 속인은 물론 승려들조차도 잘 만나 주지 않는다. 특히 선방 수좌들은 좀 예외인 편이지만 일반 학승學僧들은 그의 친견이 거의 불가능하다는 것. 더욱이 신문 등의 매스컴에 인터뷰 같은 것을 허락해 본 일도 전혀 없다.

성철선사의 신비성을 더욱 돋보이게 하는 것은 8년 동안 한번도 드러눕지 않고 잠도 앉은 채로 잤다는 '장좌불와長坐不臥'의 수행 경력이다. 이밖에 영어, 독일어, 불어, 일어, 중국어 등 5개 국어에 능통하고, 〈타임〉지를 구독하며 물리학, 심리학, 심령학 등 현대 학문을 두루 섭렵하고 있다는 사실도 승속 간의 이목을 끄는 신비의 요인이다.

그의 친견에는 필수 전제 조건으로 속인이나 승려를 막론하고 부처님께 3천 배를 해야 한다. 통상 해인사 큰절이나 백련암 법당에서 하게 마련인 '3천 배의 절'은 말하자면 일단의 신심을 다지는 훈련이며 예법이다. 성철스님은 그만한 신심도 닦지 않고 절을 찾거나 스님을 만나러 온다면 친히 만날 수 없다는 게 철저한 자신의 신조라는 것이다. 3천 배는 예불 경험이 많은 수행보살의 경우 6~7시간 정도면 되지만, 보통 사람은 15~24시간이 걸린다. 시간도 시간이지만 무릎이 벗겨지고, 심할 경우는 몸살까지 난다. 통상 백 배 단위로 염주알을 한 알씩 돌리면서 하는데, 성철스님 친견의 전제 조건이 되는 3천 배에 얽힌 일화도 많다. 5·16 전 정계 거물이었던 K씨, 재계의 G씨 등이 스님을 친견하려다 '3천 배' 관문에 걸려 좌절하고 말았다는 이야기는 상당히 퍼져 있다. K씨는 3천 배를 시작해 5백 배쯤 하다가 결국 기권하고 말았다는 것이다.

부처님께 대한 절을 신앙 의식으로 간주하는 성철스님 자신도 하루도 빠짐없이 새벽예불 때 108배를 꼭 지킨다.

지금까지 성철스님을 친견한 사람은 주로 참선 화두를 받거나 참선 공부에 문의가 있어 찾아오는 선방 수좌들이나, 아주 신심 깊은 신도들뿐이다. 물론 이들도 3천 배를 해야 하는데, 문의 수좌들에게는 예외가 적용되기도 하고 또 아무리 몸이 불편해도 기꺼이 만나 준다는 것.

다음은 그 유명한 '장좌불와'와 '동구불출(洞口不出 : 일정한 절의 경내지를 벗어나지 않고 수행하는 일)'이다.

45여 년 전 문경 대승사와 봉암사에 주석하면서 8년 동안 밤에 한번도 눕지 않고 앉아서 지내면서 고개 한번 까딱하지 않고 참선을 했으며, 또 30여 년 전 대구 팔공산 파계사 성전암에서는 10년 동안 자신의 거처 주위에 철조망을 치고 일체 외부인의 출입을 금지시키고 동구불출하며 경전을 독파했다는 것이다.

이같은 수행 경력은 생존해 계신 큰스님 가운데서는 좀처럼 찾아볼 수 없는 기록으로 알려져 있다. 성철스님은 원래 선을 주로 했지만 이 시기에 경전에 관해서도 많은 연구를 했다고 한다.

성철스님의 장좌불와 수행 경력은 선방 수좌들의 선망의 대상이다. 그래서 지금도 장좌불와를 하겠다는 수좌들이 자주 찾아와 문의를 하지만, 대체로 권유하지 않는다. 꼭 하겠다면 자신의 경험에 비추어 건강에 유의할 것을 주지시키고, 구체적인 방법도 자상하게 가르쳐준다.

새벽 3시에 기침, 밤 9시 취침할 때까지의 일상 생활은 3평 남짓한 자신의 거처인 백련암 염화실拈花室에 머무르면서 독서와 법문 준비, 옆방 선실의 수좌들6명을 지도하는 것 등이다.

법문은 하안거(夏安居:음 4월 15일~7월 15일), 동안거(冬安居:음 10월 15일~다음해 1월 15일)의 결제기간 중 해인총림에 내려가 보름과 그믐날 두 번씩 꼭 한다. 이 법문이 성철스님의 해인총림 내에서의 유일한 출입이다.

법문은 언제나 직접 준비하고, 심령학, 물리학 등의 최신 학문까지 곁들여 내용을 늘 새롭게 한다. 특히 언젠가 아인슈타인의 상대성원리를 원용했던 법문은 승속 간에 큰 화제를 모았던 일도 있다. 최근 법문 내용은 주로 불교 윤회설에 입각한 '내세관來世觀'에 관한 것으로, 내세에 대한 확신을 강조하는 것이다. 스님의 해인총림

법문에는 신도들도 원근을 가리지 않고 찾아와 녹음까지 해 간다.

이번 종정 추대식에 보낸 법문은 일종의 화두 성격을 띤 선문답 같은 것으로 세인의 큰 이목을 끌었다.

"보이는 만물은 관음觀音이요, 들리는 소리는 묘음妙音이라. 보고 듣는 것밖에 진리가 따로 없으니, 시회대중時會大衆은 알겠느냐? 산은 산이요 물은 물이로다."

원래 이같은 법어는 해설이나 논평을 가하지 않는 게 선가禪家의 상식이다. 어쨌든 진여의眞如意의 견성성불見性成佛을 지향하는 불가의 진리를 설한 추대식 법어는 이 종정의 '신비'를 세속에 처음으로 부상시킨 또 하나의 베일이었다.

서울법대 출신 및 재학생 불자들이 주축을 이루고 있는 '룸비니' 총부서울 종로구 운니동의 총정이기도 한 성철선사는, 수련 온 룸비니 대학생들을 친견할 때면 늘 물질적·정신적·육체적으로 남을 도울 것과 매일 예불할 것, 화두를 탐구할 것 등을 당부한다.

선실 옆의 서고인 장경각에는 각종 책 5천여 권이 장서되어 있고, 보는 책은 자신이 직접 가져오고 갖다 둔다.

의식주 생활도 일반 승려들과는 다른 독특한 점이 많다. 성철선사의 공양은 모두 무염식으로 마련되는데, 반찬은 주로 기름만 넣은 콩조림, 삶은 당근, 간을 전혀 하지 않은 시금치, 버섯, 산채나물 등이다. 의생활도 장삼, 가사는 물론 이불, 요, 홑이불까지도 모두 광목에 먹물을 들인 승가의 고풍古風을 지니고 있다.

일상의 주거생활은 아주 조용하고 온화한 편. 방안에 물을 날라왔던 빈 그릇들이 몇 개씩 밀려 있으면 물심부름을 온 시자에게 "그릇이 너무 많지 않은가." 하고 물어보는, 우회적인 형식으로 빈

그릇을 치우게 한다는 것이다.

일제강점기에 진주중학을 졸업하고 불가에 입문한 스님의 외국어 실력은 전적으로 독학에 의한 것이라고 한다. 성철스님은 선실 수좌들이 입방入房하면 우선 일어를 배우게 한다. 6개월 정도 공부해 일어 독해가 가능해지면, 일어판 불경들을 읽혀 기본 불교 교리를 터득케 한다는 것이다. 이같은 지도 방법은 일어 불경들이 산스크리트어를 직접 번역한 것들이 많고, 학문적인 불교 연구는 일본이 단연 앞서 있기 때문이라고.

'자신의 이름이라도 빌려 주어 종단이 잘되고 불교가 중흥할 수 있다면 기꺼이 응하겠다'는 뜻에서 종정직을 수락했다는 이 종정은 지난해 12월 종단이 정화의 소용돌이 속에 휘말려 있을 당시 불교신문에 투고한 '불교 중흥을 위한 제언'을 통해 조계종 일대 개혁방향을 제시했었다.

스님은 종단의 권력 구조를 강력한 중앙집권제로 하고, 모든 종단의 수입을 가톨릭과 같이 중앙에 집결시켜 승려 교육과 역경, 포교 사업 등에 전적으로 투자해야 한다고 주장했다. '사찰 재산과 수입의 개인적 분산 관리의 현 체제가 승려들의 부정, 비행, 암투의 원천'이라고 지적하고, 승려 자질을 높이기 위해 득도 및 교육에 관한 일대 개혁과 함께 혁신적인 중앙 통제의 재정 운영을 거듭 강조했다. 승려 교육은 승가대학과 총림의 설립 운영을 시급히 서두르고, 사미계, 비구계의 수계 자격을 고졸상당의 학력소지자에게만 주도록 제한한다는 것이다.

포교 문제에 대해서는 신심이 두터운 신도들도 참여케 하는 새로운 '법사法師제도'의 신설을 제의했다. 이 종정은 중앙종회中央宗會

개원식1월 19일에 보낸 교시를 통해 '종단의 시비가 끊이지 않고 승려의 교육이나 포교 활동이 원활하지 못함을 모두가 깊이 반조返照하고 자성할 것'을 촉구했다.

한편 그는 '이제 불자 모두는 현대 불교의 중흥을 획하는 역사의 주인공이 되어야 하며, 또 그렇게 생각하는 것만이 종단의 활동임을 자각, 불교 중흥불사에 용맹정진할 것'을 당부했다.

진리를 위해 일체를 희생한다

|1982년 1월 1일, 법정 스님과의 대담|
· 이은윤 기자 정리

● 큰스님 모시고 대담을 갖기 위해, 안거 중인데도 이렇게 찾아뵙게 되었습니다. 흔히 밖에서 말하기를, 큰스님 뵙기가 몹시 어렵다고들 합니다. 스님을 뵈려면 누구나 부처님께 3천 배를 해야 된다고 하는데, 일반인의 궁금증을 풀어 주기 위해서 말씀해 주시겠습니까. 어째서 3천 배를 하라고 하시는지, 그리고 언제, 어디 계실 때부터 그런 가르침을 시행하게 되셨습니까?

"흔히 '3천 배 하라' 하면 '나를 보기 위해' 3천 배 하라는 줄로 아는 모양인데 그렇지 않습니다. 승려라면 부처님을 대행할 수 있는 사람을 말하는데, 어느 점으로 보든지 내가 무엇을 가지고 부처님을 대행할 수 있겠나 하는 생각입니다. 아무리 생각해 봐도 내가 남을 이익되게 할 수는 없습니다. 그래서 내가 늘 말합니다. '나를 찾아오지 말고 부처님을 찾아오시오. 나를 찾아와서는 아무 이익이 없습니다.'

그래도 사람들이 찾아오지요. 그러면 그 기회를 이용하여 부처님께 절하라, 하는 것이지요. 그래서 3천 배 기도를 시키는 것입니다. 그냥 절만 하는 것이 아니라 남을 위해서 절해라, 자신을 위해서 절하는 것은 거꾸로 하는 것이다, 라고 이야기합니다. 그렇게 3천 배 절을 하고 나면 그 사람의 심중에 무엇인가 변화가 옵니다. 변화가 오고 나면 그 뒤부터는 자연히 스스로 절하게 됩니다. 처음에는 억지로 남을 위해서 절하는 것이 잘 안 되어도, 나중에는 남을 위해 절하는 사람이 되고, 남을 위해 사는 사람이 되며, 그렇게 행동하게 되는 것입니다.

3천 배는 그전부터 시켰는데, 본격적으로는 6·25사변 뒤 경남 통영 안정사 토굴에 있을 때부터입니다. 또 대구 파계사 성전암에 있을 때는 어떻게나 사람들이 많이 찾아오는지 산으로 피해 달아나기도 했지요. 그러면 산에까지 따라옵니다. 한 말씀만이라도 해달라 하거든요. '그럼 내 말 잘 들어, 중한테 속지 말어. 나같은 스님들한테 속지 말란 말이야.'

이 한마디밖에 나는 할 말이 없어요. 그래도 자꾸 찾아 오길래 할 수 없이 철망을 쳤지요. 그래서 성전암에서 철망 치고 한 10년 살았습니다. 철망을 치고 산 것도 겉으로 보면 도도한 것 같은데, 그런 것이 아닙니다. 지금도 그렇습니다. '나를 찾아오지 마시오. 부처님을 찾으시오' 하고 말입니다. 내가 어떻게, 무엇으로 부처님을 대행하겠습니까. 나야 그저 산중에 사는 사람이니 산사람이지요."

● 요즘 세태를 보면, 날이 갈수록 인간 사회가 험악해지고 있는 느낌입니다. 어떻게 하면 인간다운 인간 노릇을 할 수 있겠습니까? 인간 사회에서 존립의 터전으로 내려온 기존의 가치 체계나 규범이 크게 흔들리고 있습니다.

"산중에 들어앉은 사람이니 세상일을 자세히는 모르지만, 요새 풍조를 보면 너무나 물질에 치중한 것 같아요. 물질에 치중해서 물질에 자꾸 끄달리다 보니 이성을 상실하고, 자연 탈선행위를 하게 되지요. 그 근본 원인을 보면, 서양의 물질문명을 너무 맹종하기 때문이지요. 아무래도 정신문명에 있어서는 동양이 서양보다 수승하다고 봅니다. 그러니 이 병을 고치려면 전통적인 동양의 정신문화를 새로 복구시켜 정신이 위주가 되어 물질을 지배해야 합니다. 물질이 정신을 지배하면 인간은 자기 상실을 하고, 완전히 동물이 되어 버리고 맙니다. 그렇게 되면 약육강식 그대로입니다.

앞으로 우리가 참으로 바른 생활을 하려면 물질문명을 배제한다기보다는, 물질이 없으면 살지를 못하니까, 동양의 정신이 주가 되고 물질이 종이 되어 따라오도록 해야 할 것입니다. 지금은 주객이 전도되어 있습니다. 서양 문명에서도 물질이 발달할수록 인격은 더 상실되고 동시에 악행이 더 많아지고 있습니다. 이것을 우리가 유념해야 됩니다.

그렇게 되는 그 근본 책임은 어디에 있느냐 할 때, 나는 정신적인 지도 역할을 맡고 있는 종교인에게 있다고 봅니다. 살인, 강도 등 범죄가 있다면 범죄를 저지른 그 사람에게 책임이 있는 것이 아니고, 그 사람의 정신적인 지도 책임을 맡고 있는 종교인이라는 사람들이 참다운 지도를 하지 못하고 참다운 행동을 하지 못했기 때문이니, 근본 책임이 종교인에게 있다고 생각합니다."

● 그렇습니다. 어떤 현상이나 독립된 현상만이 아니고 사회구조적인 모순에서 그러한 현상이 일어나고 있는데, 저희들 자신이

종교인이기 때문에 종교인에게도 책임이 있다고 생각합니다.

"종교인에게도가 아니지요. '에게도'가 아니고, 실제로 책임은 근본 책임자에게 있는 것입니다. 우리 종교인이란 정신을 지도하는 근본 책임을 맡았으니, 예전 스님들이 늘 하시던 말씀이 '극중한 죄인은 내가 아니고 누구냐'고 했습니다. 종교인 자체다, 그 말입니다. 그러니 여기 종교인이라는 사람, 성직자라는 사람부터 근본 자세를 바로잡아서 참다운 정신적 지도자가 될 수 있도록 노력해야 합니다. 위의 정신적 지도부터 잘못되었다고 하면 밑에서 지도 받은 사람이 잘못하는 것은 당연한 일이니까. 그러니 근본 책임을 맡은 종교인, 성직자인 우리가 참회해야 한다고 봅니다."

● 이것은 세계적인 현상입니다만, 물질적인 부를 인간의 행복으로 여기던 가치관, 즉 물질적인 척도로서 인간의 의미를 재려던 생각은 이제 점차 빛을 잃어 가고 있는 것 같습니다. 이와 같은 가치관의 변화 속에서 현대인이 의지할 가치 의식은 무엇입니까?

"인간의 근본 가치는 인격에 있는 것이지 물질에 있는 것이 아닙니다. 잘못된 가치관을 바로잡으려면 근본적으로 인간의 존엄성부터 회복시켜야 된다고 봅니다. 본래 인간은 절대적 존재입니다. 영원한 생명과 무한한 능력을 가진 절대적 존재입니다. 그런데 물질 만능에 그 존엄성이 묻혀서 인간 가치를 상실해 버리고 있습니다.
인간의 존엄성이란 깨끗한 거울과 같습니다. 거울은 본래 깨끗해서 아무 티끌도 없는 것인데, 먼지가 잔뜩 앉을 것 같으면 본래의 작용을 못 합니다. 즉 거울 본래의 근본 역할을 상실해 버리고 맙니다. 그러면 어떻게 해야 하느냐? 본래의 깨끗한 거울, 때묻지 않은 거울로 복구만 시키면 모든 것이 다 해결됩니다. 그렇게 하려면 먼지를 닦아내야 합니다. 먼지만 닦아내면 그만이지 거울을 딴 데 가서 구할 것도 없고, 또 찾을 필요도 없습니다. 마찬가지로 본래 깨끗한 인간의 절대성, 인간 존엄성을 복구하는 것이 중요합니다."

● 인간 회복이란 본래의 청정한 인간으로 돌아가자는 뜻이지요?

"그렇지요. 본래의 청정한 인간으로 돌아가자는 것이지 무슨 새로운 인간을 만들자는 것이 아닙니다. 본시 깨끗한 거울을 두고 어디 가서 새로운 거울을 만들겠습니까? 거울에 낀 먼지만 닦아내면 됩니다. 그러면 본시 거울 그대로입니다."

● 세계의 많은 학자들, 특히 토인비 같은 역사가는 현대 문명의 해독제로서 불교사상을 크게 평가하고 있습니다. 그 중에서도 대승불교의 보살사상이야말로 인류 구제의 길잡이라고 말합니다. 불교의 근본 사상은 무엇이며, 또 그것이 오늘의 인류에게 기여하기 위하여 불자들은 어떻게 살아야 한다고 생각하십니까?

"그거 좋은 말씀입니다. 내가 무슨 불교를 잘 안다고 자처할 수는 없지만 내가 아는 한도에서 말하자면, 불교의 근본사상은 중생이 본래 부처라는 데 있습니다. 중생이 본래 부처다, 그리고 현실 이대로가 극락세계다, 현실 이대로가 절대다, 여기에 우리 불교의 근본이 서 있습니다. '성불한다'고 하여 중생을 부처로 만든다고 하는 것은 실은 방편설입니다. 중생을 부처로 만든다는 것은 부처 아닌 중생을 부처로 '변하게' 만든다는 것이 아닙니다. 중생이 본래 부처고, 현실 이대로가 절대고, 현실 이대로가 극락세계다 하는 것입니다. 그러니 중생이 본래 부처인 이것을 바로 보고, 현실이 본래 절대 극락세계인 이것을 바로 보자는 것입니다.

그러면 왜 우리가 '중생, 중생', '사바세계, 사바세계' 하는가? 내가 늘 비유로써 말합니다. 대낮에 광명이 우주에 충만하게 쏟아져도 눈먼 사람은 보지 못합니다. 그러나 설사 눈감은 사람이 광명을 보지 못해도 광명은 변함이 없습니다. 언제든지 해는 떠서 온 우주를 비추고 있습니다. 그와 마찬가지입니다.

우리가 마음의 눈을 감고 있어서 중생이 본래 부처인 것을 바로 보지 못하고 현실 이대로가 본래 절대인 것을 바로 보지 못합니다. 근본은 마음의 눈을 바로 뜰 것 같으면 광명을 따로 찾을 것도 없고 부처를 따로 찾을 것도 없습니다. 이리 가도 부처님, 저리 가도 부처님, 여기도 극락세계, 저기도 극락세계이지요. 이렇게 되면 모든 것이 자동적으로 해결되지 않느냐 이것입니다.

부처님도 방편으로 서방의 극락세계를 이야기한 것입니다. 사람들이 마음의 눈을 감고 잘 모르니, 어떠한 표준을 말하기 위해서 서방을 말씀하셨습니다. 육조스님 말씀에 '동방 세계 사람이 염불해서 서방 세계에 간다면 서방 세계에 있는 사람은 염불해서 어디로 가느냐?'고 했는데, 그 말이 참 좋은 말씀입니다.

마음의 눈만 뜨고 보면 모든 것이 본래 광명 속에 살고 있고, 우리 자체가 본래 광명입니다. 전체가 본래 부처고 전체가 본래 극락세계인 줄 알게 됩니다. 그렇다면 어떻게 살아야 되겠느냐. '모든 존재를 부처님으로 섬기자' 이것입니다. 부처님이니까 부처님으로 섬기는 것 아닙니까. 그래서 불교 믿는 처음 조건에 모든 존재를 부처님으로 모셔라, 모든 존재를 부모로 섬겨라, 모든 존재를 스승으로 섬겨라 하는 3대 조건이 있습니다.

요새 흔히 '구제 사업'이라 하는데, 이 말이 우리 불교에는 존재하지 않습니다. 모든 존재가 부처님입니다. 예를 들어, 그 중에는 옷 없는 부처님, 양식 없는 부처님이 있습니다. 저 사람이 옷이 없으니 불쌍하다, 저 사람이 양식이 없으니 불쌍하다. 그러니 불쌍해서 구해 준다는 것은 상대의 인격을 완전히 무시하여 하는 말입니다. 그 말은 결국 인간의 존엄성을 근본적으로 모르고 하는 소리입니다.

우리 불교에는 '구원'이란 없습니다. 구원이란 불쌍하고 못난 사람을 구한다는 말 아닙니까. 그래서 내가 늘 말합니다. 불공이란 남을 돕는 것이고 그냥 돕는 것이 아닙니다. 저쪽 상대가 부처님이기 때문에 '불공'이다, 이 말입니다. 남을 돕고 모시는 것이 불공이다, 이 말입니다.

자기 아버지가 만약 배가 고프다면, 아버지가 불쌍해서 밥을 가져다 드립니까? 큰일 날 소리입니다. 그것은 자기 아버지를 모르고 하는 소리입니다. 아버지가 병이 났을 때 불쌍하니까 구병救病한다고 하면, 그것도 자기 아버지를 모르고 하는 소리입니다.

그러니 우리 불교에서는 근본 생활을 불공하는 데 두어야 합니다. 모든 존재, 모든 상대가 부처인 줄 알면서 부처님으로 섬기고 존경하고 봉양한다면 극락세계를 따로 갈 필요가 없습니다. 이대로가 극락세계가 아니려야 아닐 수 없습니다. 그러니 모든 인간이 모든 생명이 본래 부처라는 이것부터 알아야 되겠습니다."

● 정말 불공의 진짜 의미입니다. 절에서도 그렇습니다만, 흔히 부처님 앞에 무얼 차려 놓고 똑딱거리는 것을 불공으로 삼고 있는데, 방금 스님 말씀하신 것처럼 그런 불공을 한다면, 처처處處에 부처이고 처처에 법당이기 때문에 세계가 달라질 것 같습니다.

"내가 늘 하는 말입니다만, 절은 불공을 가르치는 곳이지 불공하는 곳이 아닙니다. 탁자에 앉아 있는 부처님만 부처고 밖에 있는 부처님은 부처 아니냐는 말입니다. 탁자에 앉아 있는 부처님은, 모든 존재가 부처라는 것을 가르쳐서 모든 존재를 부처님으로 모시도록 가르치고 있습니다. 순전히 나 자신, 내 가족의 명 빌고, 복 빌고, 남이야 죽든 말든 상관없다, 이리 되면 부처님 말씀은 꿈에도 모르는 사람입니다."

● 아주 좋은 법문입니다. 간디의 저서를 보면 헐벗은 사람에게 옷을 주어서 자존심을 상하게 하지 말라는 말이 있습니다. 그 사람이 스스로 옷을 사 입을 수 있도록 일거리를 주자는 것입니다. 이것도 스님께서 방금 말씀하신 불공의 의미하고도 연관이 될 것 같습니다.

"일거리를 주는 그것도 좋은데, 헐벗은 부처님 중에는 혹 게으른 부처님도 있다고 봅니다. 혹자는 그런 사람도 일하게 해줘야 되느냐 하는데, 물론 그래야 합니다. 우리는 무엇보다도 상대방의 인격을 존중해야 합니다.

흔히 보면 '용서한다, 용서한다'고 말하는데, 우리 불교의 근본에는 '용서'란 없습니다. 용서란 내가 잘하고 남이 잘못했다는 것인데, 모든 책임은 나한테 있는 것이며, 남을 용서한다는 것은 남의 인격을 근본적으로 모독하는 것입니다. 설사 어떤 사람이 칼로 나를 찌른다 할지라도 근본 책임은 나한테 있다 이겁니다. 그러므로 내가 '참회'해야지 그 사람을 '용서'해서는 안 됩니다. 그래서 우리 불교사전에서는 '용서'라는 말을 빼야 한다고 늘 말합니다."

● 제가 출가해서 얼마 안 되었을 때입니다. 전국승려대회가 서울에서 열린 적이 있습니다. 승려대회의 목적은, 그 당시 이승만 대통령의 '재출마간청' 궐기대회였습니다. 그 이래로 낱낱의 예를 들 것 없이 한국 불교교단은 정치권력 앞에 너무 나약하게 처신해 왔다고 생각됩니다. 스님께서는 종단의 최고 지도자로서, 정치권력과 종교는 어떤 관계에 있어야 된다고 생각하십니까?

"지나간 일은 새삼 말할 것이 없겠지요. 정치와 종교는 어떤 관계이어야 하는가 할 때, 종교와 정치는 완전히 분리해야 됩니다. 분리해야 될 뿐만 아니라 종교는 정치 이념의 산실産室이라고 봅니다. 정치 이념의 근본이란 말입니다. 종교는 정치의 정신적인 근본 공급처, 정신적인 원동력이 되어 모든 정치 이념이 종교에서 비롯되어야 하는 것입니다. 만약에 종교가 정치의 지배를 받게 된다면,

이것은 서로 전도된 것이 되어서 국가적으로 큰 위험이 오게 되며 결국에는 파멸에까지 이르게 됩니다.

역사적으로 보면, 통일신라시대는 불교가 근본 이념이 되어서, 우리의 5천 년 역사상 가장 찬란한 문화의 황금탑을 세운 시기였습니다. 어느 나라 어느 시대에나 종교가 정치의 지도 이념이 되었을 때는 문화가 발달한 것이 역사적 사실입니다. 그러니 종교와 정치는 분리되어야 하며, 분리되면 그 관계는 어떻게 되느냐? 종교는 정치의 지도 이념이 되어야 한다고 생각합니다."

● 크게는 한 나라를 다스리는 최고 권력자를 비롯하여 작게는 한 기업체를 이끄는 사장에 이르기까지 바람직한 지도자가 되려면 어떤 자질을 갖추어야 할 것인지 말씀해 주셨으면 합니다.

"단체의 지도자라고 하면 우선 사리사욕을 버려야 합니다. 국가의 지도자라고 하면, 그는 오직 국가와 민족을 위해서 사는 사람이어야 합니다. 만약에라도 자기의 명리를 위해서 산다고 하면, 그것은 자살이 되고 맙니다. 단체의 지도자라고 하면, 그 단체를 위해서 사는 사람이어야 합니다. 그렇게 하려면 자기의 사리사욕을 완전히 떠나서 오직 그 단체를 위해서 활동하는 사람이어야 합니다. 그러면 그 단체도 살고, 그 국가도 살고, 그 민족도 사는 것입니다. 이렇게 되면 동시에 자기도 사는 것입니다.

만약에라도 지도자가 사리사욕을 취하면 그 단체는 부서지고 맙니다. 국가와 민족에 큰 손해를 줄 뿐 아니라 자기도 결국 비참한 최후를 맞게 되는 것입니다. 그러므로 지도자의 자격이란 참으로 사리사욕을 완전히 버린 무아無我사상에서 전체를 위해 사는 사람이어야 합니다.

조그마한 기업의 경우에도 그렇습니다. 예전에는 기업을 기업주 개인의 재산인 것으로만 알았습니다. 기업주가 개인 재산을 자꾸 축적하고 키우기 위해 기업을 한 것입니다. 만약 그렇게 한다면, 그는 결코 올바른 경영주가 아닙니다. 기업이란 것은 종업원 전체를 위한 기업이지 사장 한 사람, 기업주 한 사람을 위한 것이 결코 아닙니다. 기업주만을 위한 기업이란 이 지상에 존재할 수 없습니다. 그러므로 기업주는 개인의 사리사욕을 버리고 오직 기업인 전체, 노동하는 사람 전체를 위해서 노력해야 합니다. 그래야 기업인 전체가 잘사는 동시에 그 기업도 자꾸자꾸 발전해 나아갈 것입니다. 기업이든 단체든 국가든 간에 지도자는 자기 개인만을 위한 지도자가 되지 말고 전체를 위한 지도자가 되어야 한다고 봅니다."

● 그렇습니다. 오늘날 흔히 말하듯이 기업은 망해도 기업주는 흥한다는 말이 있습니다만, 스님의 말씀은 동서고금을 통해서 역사적으로도 환히 증명되는 말씀입니다. 제가 알기로 큰스님께서는 세상에 드러나는 일은 몹시 싫어하십니다. 그래서 찾아온 기자들도 번번이 만나지 않고 계십니다. 그런데 얼마 전에 『선문정로禪門正路』란 책을 출판해서 법공양 비매품으로 종단 안팎으로 널리 나누어주셨습니다. 책을 펴시게 된 동기라 할까, 스님의 생각을 말씀해 주셨으면 합니다.

"나의 이런 생각들이 기우인지 알 수 없습니다만, 불교란 것이 그 근본은 깨달음에 있는 것이고, 그 깨달음은 선禪에 있는 것입니다. 그런데 깨달음 자체, 견성 자체에 대해서 그만 표준이 없어져 버렸습니다. 누구든지 '견성했으면', '성불했으면' 하고 참선하는 것인데, 누구나 불교 공부한다고 하고는 사흘만 지나면, 참선한다고 해 놓고 한 사흘도 못 되어 모두 다 견성해 버리고 성불해 버립니다. 근본이 없어지고 말았습니다.

이 문제에 대해 불교계에 큰 혼란이 오고 있습니다. 아니 혼란이 와 있습니다. 남의 말 하기는 안됐습니다만, 미국에 가 있는 일본사람들은 어떤 식으로 불교를 포교하느냐 하면, 먼저 견성을 시켜놓고 참선을 하게 한다고 합니다. 즉 '무無'자 화두를 가르쳐 주고서 '무'라고 말할 줄 알면 견성했다고 하여 '견성단'이라고 따로 푯말을 세워 둔 곳에 앉힙니다. 견성하기 위해 참선을 하는 것인데, 이미 견성을 해버리고 난 뒤에 참선을 하는 것이니, 그 사람이 무슨 공부를 해서 무슨 견성을 하겠습니까.

이래서는 불교의 생명이 완전히 파멸될 지경이 되어 버렸습니다. 날이 갈수록 그 피해가 심해져, 결국에는 견성이 없어져 버리고 성불이 없어져 버린 것입니다. 그래서 비록 능력이 없는 사람이지만 여러 가지 생각을 한 끝에 앞으로 불교 장래를 위해서는 '표준'이 있어야겠다는 생각을 했습니다. 고불고조古佛古祖들은 어떻게 공부해서 어떻게 견성했는가, 어떤 말씀을 했는가, 그러한 법문들을 여러 곳에서 모으고 구체적인 실례를 들었습니다. '견성이란 이런 것이다' 하는 것을 보여주기 위해서지요.

내 개인적인 생각이 아니라 견성에 대한 표준인 고불고조의 기본 사상을 소개해서, 앞으로 견성성불에 대해 혼란이 안 오고 파멸이 안 되도록 하는 데에 도움이 될까 싶어서 그런 책을 내봤습니다. 사실은 부끄럽습니다."

● 이번 『선문정로』의 출판을 통해서 우리나라 선문의 바른 길이 열렸으면 합니다. 기왕 그렇게 출판을 통해서 스님의 뜻을 세상에 펼치게 되면, 앞으로도 혹시 그런 법문 등을 출판할 계획은 없으신지요?

"『선문정로』는 옛 조사스님들의 기본 사상체계를 소개한 것입니다. 그보다도 옛 스님들의 참으로 밝은 법문들이 많아요. 고불고조의 공안公案에 대한 법문들인데, 참으로 어렵습니다.

내가 산중의 방장으로 있으면서 예전 스님들의 그런 법문에 대해 법문을 해서 모아 둔 것이 있습니다. 이왕 불교를 위해 고불고조 정신을 바로 살려 불법을 바로잡았으면 하는 생각을 했으니, 그것까지 합해져야 완전한 것이 되겠다 싶어요. 앞으로 그것도 출판해야겠다는 생각입니다."

● 어떤 시대, 어떤 사회에나 인간이 이상과 현실의 단절에 부딪쳤을 때 좌절감을 만나게 됩니다. 개인의 처지에 따라 달리 생각할 수도 있겠지만, 우리나라 젊은 지식인들에게는 70년대 말에 걸었던 어떤 기대와 희망이 요즘에 와서 단절된 데에서 오는 좌절감이 큰 것 같습니다. 특히 꿈과 미래상을 설정하여 자신의 창조적인 잠재력을 추구하려는 젊은 대학생들에게는 심각한 문제가 아닐 수 없습니다. 이 점에 대해 스님께서는 어떻게 생각하고 계십니까?

"대학생 하면 학문하는 사람 아닙니까. 학문의 근본 목적은 인격양성에 있지 기술 습득에 있지 않습니다. 그런데 요즘 대학의 실태를 보면 인격 양성보다도 기술 습득을 더 중요시하는 것 같아요. 이 기술 습득이란 말은 그 전제가 물질문명의 발달입니다. 지금의 대학은 앞으로의 직업 준비를 위한 곳처럼 되어 버렸습니다. 결국 대학이 이런 인상을 주게 된 것은 그 근본이 어디 있느냐 하면, 물질이 위주가 되고 정신이 뒤떨어져 버렸기 때문입니다. 정신이 주가 되어야 합니다. 그러니 인격 완성이 근본이 되고 물질은 추종追從이 되는 것을 목표로, 대학은 인격을 완성하는 기본 도량이라는 생각이 바로 서야지, 그렇지 않으면 올바른 학문을 하기가 곤란하지 않겠는가, 이런 생각입니다."

● 지금까지의 문교 정책을 보면, 물론 근대화 과정을 통해 필요한 인력 수급 등과 관련해서 인격 형성 쪽보다는 기술 습득 쪽에 치중해 오고 있습니다. 이러다 보니 근자에는 문제가 많이 일어나서 사회적으로 물의가 일고 있습니다. 이제 와서야 전인 교육이니 하는 말을 하는데, 그것도 스님께서 하신 말씀과 비슷한 뜻입니다. 요즘 대학생들의 사고나 행동 양식을 어떻게 보십니까? 그리고 청년기의 인간 형성과 자아 확립을 위해서는 어떻게 하면 좋습니까?

"방금도 말했듯이 대학이란 학문을 하는 곳인데, 학문은 인격 완성이 위주가 되어야지 기술 습득을 목표로 삼아서는 안 된다는 말입니다. 그렇지만 대학을 다니면서 그 첫 번째 목표가 '어떤 직장, 어떤 직위, 얼마만한 봉급'으로 항상 머릿속에 도사리고 있습니다. 그러다 보니 학문하는 자체의 근본이 없어집니다. 대학은 언제든지 인격 완성을 위한 대학이어야 합니다. 또한 학문을 위한 학생이어야지 직업을 위한 학생이어서는 안되겠지요.

하지만 이것도 쉬운 일이 아닙니다. 우선 밥부터 먹고 봐야 하지요. 그러나 밥을 '먹는' 사람이 되어야지 밥에 '먹히는' 사람이 되어서는 안되겠습니다. 요즘 보면 밥을 '먹는' 사람은 드물고 대다수가 밥에 '먹히는' 사람이 되어 있습니다. 이것도 그 근본을 보면, 인간 자신의 존엄성을 상실하였기 때문에 그런 것입니다. 본래의 인간은 절대적 존재인데, 그 절대적인 인간의 존엄성을 상실하고 물질의 주구走狗가 되어 버렸습니다. 물질의 신봉자가 되어 버렸단 말입니다. 인간의 존엄성을 상실해 버렸으니 물질과 부의 신봉자가 안 되려야 안 될 수 있습니까. 그러니 인격 완성이나 기술 습득보다도 그 이전에 인간의 근본 자세, 인간의 존엄성부터 복구시켜야 하는 것입니다.

어떻게든 노력해서 인간의 존엄성을 회복하고 인간의 존엄성을 자각해야겠습니다. 인간의 존엄성을 알고 상대방의 가치부터 알고 보면, 나도 부처 너도 부처 다 부처입니다. 부처가 부처끼리 서로서로 존경을 안 하려야 안 할 수 없겠지요? 서로 존경 안 할 수 없고, 숭배 안 할 수 없고, 안 도우려야 안 도울 수 없습니다.

그렇게 되면 직업의식이니 물질 위주니 하는 것은 있을 수 없습니다. 모든 학문도 여기에서 그 방향을 세우고 모든 기술 습득도 여기에서 습득해야 합니다. 인간이 기술의 신봉자가 되고 물질의 노예가 되어 버리면 자살이 되어 버립니다. 자기 죽으면 무슨 소용 있습니까. 그러니 인간 자신의 존엄성부터 복구시켜 놓고 보면, 참으로 남을 존경하고 남을 돕는 그런 사회가 되지 않겠느냐고 봅니다."

● 얼마 전 불교교단은 일찍이 없었던 큰 시련을 겪었습니다. 승단의 많은 인사들이 사회 정화의 차원에서 제재를 받은 일이 있어 한동안 낯을 들고 다니기가 민망했습니다. 그러나 제가 보기에도 종단은 아직도 정신을 못 차리고 있고, 불국사나 월정사 등에서 물의가 일어난 것도 그 한 예가 아니겠습니까. 스님께서는 오늘의 우리 불교교단에 대해 어찌 생각하시는지요?

"우리 불교에 대해 항상 걱정하는 것이 하나 있습니다. 사소한 파동보다도 근본적으로 볼 때 우리 불교가 일반 사회보다 여러 가지 면에서 낙후되어 있는 현실입니다. 그것을 면하려면 불교인의 자질 향상부터 시켜야 하며, 그것은 도제 교육이 가장 기본 조건입니다.

어느 단체든지 그 장래는 2세 교육에 달려 있습니다. 우리 불교계도 자질이 저하되는 것이 사실인데, 자꾸 낙후되다 보면 나중에는 탈락하고 맙니다. 존재하지 못하지요. 이대로 나가다가는 결국 탈락 현상이 오지 않을까 걱정됩니다. 무엇보다도 모든 힘을 다하여 승려 교육에 중점을 두어야 한다고 봅니다. 남의 단체를 굳이 말할 것은 없지만, 예수교 같은 곳은 정규 대학이 32개나 된다고 합니다. 그런데 우리 불교는 지금 현재 대학이라고는 동국대학교 하나밖에 없고 승가대학은 하나도 없습니다. 다른 사람들은 100점으로 도제 양성을 하는데 우리는 0점입니다. 불교 장래를 위해서 불교인 2세에 대한 철저한 교육이 실현되어야 하겠습니다."

● 스님께서 한창 때 정진하시던 것과 요즈음 선원이나 강원에서 스님들이 처신하는 것을 견주어 보시면 생각이 많으실 줄 믿습니다. 어린 후배들을 위해서 어떻게 하면 진실한 수행자가 될 수 있는지 말씀해 주십시오.

"우리 젊을 때 한 것이 다 옳고 지금은 잘못한다고만 말할 수는 없겠지요. 그때그때의 특기와 장점이 있습니다.

출가한 사람이란 무엇이 목적이냐 하면, 결국 대법大法을 성취하여 일체를 위해 사는 인격을 완성하는 것입니다. 스님들은 개인주의여서는 안 됩니다. 출가의 목적에서 볼 때, 참으로 큰 활동을 하기 위해 세속을 버리는 것입니다. 일시적으로 수행하는 기간 동안에는 세속을 버리고 사는 것 같지만, 근본 목적은 성불해서 중생을 위해서, 남을 위해서 살고자 하는 것입니다.

만약 자기를 위해서 수행하고 자기를 위해서 견성한다면 그것은 외도外道입니다. 수행도 남을 위해서 하고 나중 생활도 남을 위하는 것입니다. 자초지종自初至終, 이것이 불교의 출발이자 종점인데 요즘 가만히 보면 세속적으로도 정신 방면이 소외되고 물질 본위로 치중되고 있듯이 우리 불교도 그런 점이 많은 것 같습니다.

흔히 공부하는 스님들이 와서 공부가 잘 되지 않는다고 말합니다. 그러면 나는 공부하는 데 5계를 한번 지켜보라고 하지요.

첫째, 잠을 적게 잔다. 세 시간 이상 더 자면 그건 수도인修道人이 아니지요.

둘째, 말하지 말라. 말할 때는 화두가 없으니 좋은 말이든 궂은 말이든 남과 말하지 말라. 공부하는 사람끼리는 싸움한 사람같이 하라고 합니다. 무슨 말이든 말하지 말라.

셋째, 문자를 보지 말라. 부처님 경經도 보지 말고 조사 어록도 보지 말고, 신문 잡지는 말할 것도 없습니다. 참으로 참선하여 자기를 복구시키면, 이 자아라는 것은 팔만대장경을 다해도 설명할 수 없고 소개할 수 없는 것입니다. 세속적인 어떤 문장이나 부처님이라도 다 설명할 수 없는 것이지요. 자아를 완전히 깨치려면 불법도 버려야 합니다. 불교를 앞세우면 그것이 또 장애가 됩니다. 참으로 깨끗한 자아에 비춰 보면 먼지요, 때다 그 말이지요. 오직 화두만 해야 합니다.

넷째, 과식하지 말고 간식하지 말라. 음식은 건강이 유지될 정도만 먹지, 과식하면 잠이 자꾸 오고 혼침해서 안 됩니다. 소식小食이 건강에도 좋고 장수비결이다.

다섯째, 돌아다니지 말라. 해제하면 모두들 제트기같이 달아나는데, 그러지 말란 말이지요.

이 5계를 못 지킨다면, 그런 사람은 공부 안 하는 사람입니다. 이 5계를 지키며 이렇게 10년을 공부하면 성불할 수 있습니다. 수백 명에게도 더 일러주었는데, 그대로 지키는 사람 아직 못 봤어요. 아마 공부 열심히 하는 사람이 없는 모양이야. 물론 숨어서 하는 사람은 있겠지만."

● 간절한 말씀입니다. 스님께서 공양하시는 것을 보면 밥 한 공기, 콩 조금, 김 몇 쪽, 양배추, 당근 약간, 이런 것이 전부인데 아주 담백하게 드십니다. 간은 전혀 안 드시는데, 그 까닭이라도 있으십니까?

"나 먹는 걸 보고 다들 '그렇게 드시고 됩니까' 하는데, 내가 지금 생활하는 것이 식사에만 그런 것이 아닙니다. 출가해서 수도하고 사는 사람으로서 내 본래 결심한 것이 있습니다.

'도를 하려면 먼저 가난부터 배워라, 생활하려면 의식주가 근본인데 나는 여하한 일이 있더라도 부자모습은 안 한다.' 그래서 겨울에는 광목 옷, 여름에는 삼베 옷, 그걸 벗어난 적이 없습니다. 지금도 그렇게 살고 있고, 내 나이 70이니 얼마나 살지는 몰라도 입던 것 또 기워 입고, 몸만 가리면 되니까. 요즘은 삼베가 비싸다고들 하지만, 예전엔 삼베, 광목이 제일 검소하니 그걸 택한 것이지요.

그 다음은 먹는 문제인데, 사람이 안 먹으면 못 살지요. 그래도 음식에 먹히면 안되겠다, 이 말입니다. 그래서 첫째 적게 먹고, 둘째 맛있는 것은 안 먹고, 간 없애 버리고, 깨소금, 고춧가루 그런 거 다 없이 맨 음식 그대로 먹은 지 수십 년 됐습니다.

전에는 또 생식生食을 했었지요. 그때는 쌀가루하고 채소 한 가지로 한 10년 동안 했더니 나중에는 영양실조가 되고 이가 솟아 올라 건강에 지장이 있었어요. 그래도 좋은 옷 안 입고, 좋은 음식 안 먹는다, 이것은 무엇이냐 하면 참으로 수도를 하려면 최저의 생활로 최고의 노력을 해야 한다는 그런 생활방침입니다.

그리고 사는 곳도 화려하게 안 삽니다. 조그만 암자나 토굴에서 산단 말입니다. 큰절에서 안 사는 것도, 조용한 데 있고자 하는 뜻도 있지만 그저 평생 토굴에서만 살고 있습니다. 백련암에 와 보고 신도들이 왜 단청을 안 하느냐고 묻지요. 나는 단청한 집에는 안 살기로 했다고 말합니다. 노스님 한 분이 단청하면 집이 오래 간다고 하더만요. 좋은 말씀이지만 20년 갈 집이 한 10년밖에 안 간다

해도, 난 단청 안 하고 10년 가는 집에서 살겠어요. 단청해서 근본 정신은 썩어 버리지 않느냐 말이여. 정신은 썩고 집만 살면 뭐 하겠습니까. 집은 썩더라도 '정신'이 살아야지. 그렇게 한번 정한 '최저의 생활에서 최고의 노력을 하자'는 선을 그어 놓고, 그 선 그은 것은 잘 변경하지 않습니다."

● 스님 연세가 올해 70이신데, 제가 뵙기에는 60세도 안 되는 것 같습니다. 특별히 건강 관리를 위해 무슨 운동 같은 것 하시는지요?

"보기에는 그래 보여도 껍데기뿐이지요. 한 가지 다행한 것은 요즘 말하는 5대 질환이니 하는 그런 병은 하나도 없습니다. 조금 피로를 느낄 뿐이지요. 특별히 건강 비결이나 무슨 운동 같은 거는 없지만, 하루 한 차례 등산하고, 실내 체조하고 건포 마찰을 하는데, 무엇보다도 정신적으로 모든 것을 쉬어 버렸습니다. 이것이 제일 중요한 것 같습니다. 모든 구하는 생각, 이것이 마음속에 들어 있으면 아무리 섭생을 잘해도 소용이 없겠지요. 그런 구하는 생각을 어느 정도 떨어 버렸다고 생각합니다. 생각을 쉬고 사는 이것이 건강에 좀 도움이 안 되나, 이렇게 봅니다."

● 스님의 생활신조라고 할까, 좌우명 같은 것을 들려주십시오.

"내가 늘 생각하는 쇠말뚝이 있습니다. 쇠말뚝을 박아 놓고 있는데, 그것이 아직도 꽂혀 있습니다. 거기에 패牌가 하나 붙어 있어

요. '영원한 진리를 위해 일체를 희생한다.'

'영원한 진리'라고 하면 막연하지요. 내가 불교인이니 그것은 불교밖에 없는가 하고 혹 볼 수도 있겠지만, 지금까지 살아오면서 내 견문이 그리 넓지는 않지만, 더러 책도 읽어보았는데 불교가 가장 수승한 것 같습니다. 그래서 지금도 불교를 그대로 하고 있고 앞으로도 이렇게 살 것입니다.

만약에 앞으로라도 불교 이상의 진리가 있다는 것이 확실하면 이 옷을 벗겠습니다. 나는 진리를 위해서 불교를 택한 것이지, 불교를 위해서 진리를 택한 것은 아닙니다. 그러면 내 기본자세를 알 수 있을 것입니다. 그러니 언제든지 진리를 위해서 산다는 이 근본 자세는 조금도 변동이 없다는 말입니다. 참으로 진리에 살려면 세속적인 일체 명리는 다 버려야 합니다. 만약 그것이 앞서면 진리는 세속적인 영리를 추구하는 도구가 되어 버리니, 그것이 문제되는 것입니다. 그래서 처음 승려가 될 때는 신조가 있는데 여하한 일이든지, 세간일이든지, 출세간일이든지, 절일이든지, 사회적인 문제든지, 일체 관여치 않는다는 것이지요. 무슨 회의든지 참여 안 한다! 그래서 절의 모임이나 사회의 모임에 참석해 본 일이 없습니다."

● 저희들이 본받아야 할 좋은 교훈입니다. 백련암 장경각에 있는 장서 수는 얼마나 됩니까?

"몇 권 되지는 않아요. 대개는 불교 중심이고, 장경 아닌 것도 있습니다. 장경은 질책帙冊이 많습니다. 팔리Pali어 대장경도 갖추고 있지요. 티베트장경은 없습니다. 책 수는 한 5~6천 권 될는지요. 희귀본으로는 세종대왕 때의 언해판이 있습니다."

● 스님의 인격 형성에 영향을 준 서책이 있다면 어떤 것입니까?

"내가 여러 가지 한 것처럼 보이지만, 주로 한 것은 선禪입니다. 내가 제일 크게 영향을 받았다고 생각되는 조사스님들의 어록語錄은 『조주록趙州錄』과 『운문록雲門錄』입니다."

● 요새 젊은이들에게 권하고 싶은 책은 어떤 것이 있습니까?

"『보현행원품普賢行願品』입니다. 행원품이란 모든 존재의 실상 그대로 그 자체 모든 일체가 절대라는 것을 분명하고도 해박하게 설명해 놓은 동시에 우리가 어떻게 살아야 한다는 것, 일체가 부처이니 자기라는 것을 완전히 잊어버리고 오직 남을 위해서 사는 거룩한 길이 거기 있습니다. 『화엄경』 하면 불교의 근본인데, 이 『보현행원품』은 바로 그 『화엄경』의 엑기스입니다. 앞으로 우리가 불교 활동하는 데에도 『보현행원품』에 의지해서 살아야 한다고 생각합니다."

● 스님께서는 어떤 인물을 존경하십니까?

"인류 역사상 위대하고 훌륭한 인물도 참으로 많지만, 내가 볼 때는 참으로 자아 회복을 하여 그 문제를 우리에게 소개한 분은 부처님이시고, 그 뒤에 와서는 육조스님이 계시지요. 그래서 중생이 본래 부처라는 것, 사바가 본래 극락이라는 것, 정토라는 것, 현실이 그대로 절대라는 그 소신을 가장 해박하고 분명하게 말씀해 주신 분이 부처님과 육조스님이 아닌가 생각합니다."

● 사람은 한 번은 죽습니다. 많은 생물 가운데서 유달리 인간만이 자기가 언젠가는 죽는다는 것을 알고 있는 존재입니다. 우리가 죽음에 어떻게 대처해야 할 것인가는 모든 종교의 중요한 과제입니다. 스님의 생사관生死觀을 듣고 싶습니다.

"생사란 모를 때는 생사입니다. 눈을 감고 나면 캄캄하듯이. 하지만 알고 보면, 눈을 뜨면 광명입니다.
생사라 하지만 본래 생사란 없습니다. 생사 이대로가 열반이고, 이대로가 해탈입니다. 일체 만법이 해탈 아닌 것이 없습니다. 윤회를 이야기하는데 윤회라는 것도 눈감고 하는 소리입니다. 사실 눈을 뜨고 보면 자유만 있을 뿐이지 윤회는 없습니다. 물론 사람이 몸을 받고 또 받고 하여 이어지지만, 모르는 사람은 그것을 윤회라고 하는데 아는 사람이 볼 때는 그것은 모두 자유다, 그 말입니다.
대자유! 눈을 뜨고 볼 때는. 그래서 생사가 곧 해탈이고 생사 이대로가 열반입니다. '생사 곧 해탈'이라고 하겠지요. 생사란 본래 없습니다. 현실을 바로만 보면, 마음의 눈만 뜨면 지상이 극락입니다. 이 현실 그대로가!"

● 가령 친족을 버리고 이 육신을 버릴 때 어떤 각오로 임해야 할까요. 더 쉬운 말씀으로 풀어 주십시오.

"혹 어폐가 있을지 모르지만, 근본 생명 자체를 사람에 비유하면 이 육신은 옷이지요. 옷이 떨어져서 벗었다 하여 사람이 죽는 것은 아니지요. 70, 80년이 되어서 옷이 다 떨어지면 딴 옷을 입게 됩니다. 옷을 아무리 바꿔 입는다 해도 사람은 본래 사람 그대로이니 옷을 따라갈 필요는 절대 없습니다. 옷을 볼 필요도 없고, 옷이 떨어져서 아무리 바꿔 입는다 해도 하나 아까울 것 없고, 평생 입은 옷이니 옷이 오래되면 떨어지고 떨어지면 바꿔 입는 것은 정한 이치 아닙니까. 육신을 옷에 비하면 결국 영과 육을 구분해 보는 것이 아닌가 이렇게 혹 생각할지 모르나, 알고 보면 옷도 또한 절대이니 분리할 것 없지만 비유하자면 그렇다 그 말입니다. 그러니 옷을 갈아입는다 해도 자유한 생활, 해탈이라는 것은 변동이 없습니다. 사람은 항상 그 사람이지."

● 스님께서 다음 생에 이루고 싶은 소원이 있으시다면 무엇인지요.

"사실 '다음 생'이란 본래 없습니다. 보통 사람들은 옷을 가지고 그 한계성을 잡아서 옷이 다 떨어지고 새 옷을 갈아입을 그때를 이 다음 생이라 하는데, 그러나 그 사람 자체에서 볼 때는 옷 떨어졌다고 이 다음 생이라고 할 수 있나요. 본시 과거도 현재도 없고 미래도 없고, 항상 그 사람은 그 사람일뿐이지요. 내가 늘 생각하는 것은 가장 빈천한 생활을 하면서 최고의 노력을 해서 어떻게 하면 모든 상대, 무정물無情物까지도 부처님같이 받들고 부처님같이 모실 수 있나 하는 이것이 세세생생世世生生의 원이고, 또 그 이상

변할 수 없는 것입니다."

● 스님께서는 현재의 이 생활에 만족하시는지요.

"대궐 속에 있는 사람이 어디로 가려 하겠소."

● 한 해가 가고 또 새해가 다가옵니다. 새해를 맞으며 이 풍진 세상 살아가는 데 길잡이가 될 시원한 법문을 들려주십시오.

"거듭 말하지만, 내가 볼 때는 전생도 없고 내생도 없고, 항상 금생뿐입니다. 새해라는 것도 달력을 만들어 놓고 그것 바뀌는 것일 뿐, 새해 구해 구별할 것 없이 중생이 본래 부처다, 우리가 본래 광명 속에 산다, 광명 속에 살뿐만 아니라 우리 자체 이대로가 광명입니다. 그런 좋은 광명을 눈감고 못 보며 헤매고 있으니 참으로 답답합니다. 그러니 우리가 '어둡다, 어둡다' 하지 말고 어떻게 해서든지 눈을 바로 떠라, 마음의 눈을 밝게 뜨자, 그리하여 일체 모든 상대세계가 절대 세계 아닌 곳이 없으니 미래겁이 다하도록 모든 부처님을 모시고 받들고 섬기자, 이 말만 하고 싶습니다.

눈을 뜨고 보면 우리 모든 존재가 광명 세계 속에 살고 또 자체가 광명인데, 이것을 우리 불교에서는 본지풍광本地風光이라 합니다. 그 본지풍광을 바로 보고 바로 알아서 모든 상대를 부처님으로, 부모로, 스승으로 모시고 섬기자 하는 것입니다.

그렇다면 극락세계를 딴 데 가서 구할 것 없습니다. 현실 이대로가 절대 아니냐 말입니다. 근본요는 어떻게 하든지 하루바삐 이 영원하고 무한한 절대 광명에서 마음 눈을 뜨고 광명을 한시바삐 보자 이것입니다. 그러면 본시 마음의 병이 있는가? 이것을 한번 생각해 봐야 되는데, 본시 마음에는 병이 없습니다. 아까도 명경 이야기를 했지만, 본시 명경은 환하게 온 천지 모든 것을 다 비춥니다. 그런 거울에 먼지가 앉으면 아무것도 비치지 않습니다. 그와 마찬가지입니다. '마음의 눈'이라고 하니 무슨 마음을 새로 만들고 새 눈을 만들자는 것이 아니고 본래 눈을 되찾자, 이것입니다. 거울의 먼지를 닦으면 본래 거울 그대로인 것과 마찬가지입니다. 그러면 어떻게 하면 마음 거울에 낀 때를 닦아내고 본 마음을 찾을 수 있나?

제일 빠른 것은 참선을 해서 화두를 바로 깨치면, 그때는 거울에 있는 일체 때가 다 벗겨져 버립니다. 본 거울이 나타납니다. 그러면 이 광명을 다 볼 수 있는 것입니다.

또 한 가지는 무엇이냐 하면, 이 거울에 묻은 때는 욕심 때문에 묻어 있는 것이니까 욕심을 버리자 이것입니다. 욕심을 버리는 것은 무엇이냐 하면 남을 돕는다는 말입니다. 자꾸 남을 돕는 생활을 하면 차차로 업이 녹아서 없어집니다. 욕심이 다 없어져 버리면 마음거울에 때가 하나도 없습니다. 그러면 온 천지광명을 비출 수 있는 것입니다.

그래도 우리가 행복한 것은, 천당이 따로 있는 것이 아니고, 우리가 본시 천당에 살고 있고, 본시 극락에 살고 있고, 본시 해탈한 절대적 존재라는 것입니다. 내 자신이 나쁜 것인가, 흙덩이인가, 똥덩어리인가 착각을 했는데, 알고 보니 이 전체가 다 진금眞金입니다. 본시 순금인 줄만 알아도 얼마나 좋습니까. 그것만 알아도 얼마나 행복하느냐 말입니다. 천하부귀를 다 누린다 해도 내가 본시 진금인 줄 아는 이 소식에 비하면 아무것도 아닙니다. 그러니 근본 가치는 본시 이대로가 절대라는 것, 광명이라는 것, 이것을 알았으니 욕심을 버리고 남을 돕자 이것입니다."

● 우리 모두가 새해에는 더욱더 귀가 밝고 눈이 밝아져 찬란한 광명 속에서 본지풍광을 드러내며 날마다 좋은 날 이루기를 빌면서 이만 마치겠습니다. 스님, 감사합니다.

마음의 본래 모습이 청정淸淨이다

|1983년 5월 16일, 김지견 박사와의 대담|
· 경향신문 박석흥 기자 정리

한국 청정비구의 표상인 이성철李性徹 조계종 종정이 정진하고 있는 가야산 백련암은 부처님 오신 날을 앞두고 신록의 경이로움을 자랑하고 있었다. 작약, 꽃잔디, 영산홍 등의 꽃이 만개한 가운데 나무마다 부처님의 가르침을 깨우치기라도 하는 듯 모두 자랑스럽게 제 빛을 뿜내고 있었다.

부처님 오신 날20일을 앞두고 14일 백련암을 찾아간 불교학자 김지견金知見 박사를 맞는 성철종정71은 밝고 순수한 웃음 속에서 불교의 오묘한 진리를 시간가는 줄 모르고 대담했다. 다음은 일반의 출입이 금지된 백련암 염화실에서 베풀어진 성철종정과 김박사와의 대담을 간추린 것이다.

● 스님, 오랜만에 찾아뵙습니다. 건강은 좋아지신 것 같군요.

"겉만 그렇지 전과 같지 않아요."

● 큰스님, 금년 부처님 오신 날 법어는 불교의 중심 사상인 중도中道에 대해서 현대의 과학 지식까지 활용하시어 말씀하셨습니다.

지금까지 법어는 한문이나 게송으로 일반 신도는 어렵다는 선입견을 갖게 마련이고 거리감이 있었는데, 금년 초파일 법어는 한결음 시민 편에 다가선 것 같습니다. 그러나 일반이 중도의 원리를 깨닫기에는 큰스님의 법어는 많은 진리가 압축된 것 같습니다. 부처님께서 성불成佛하신 뒤 오늘에 이르기까지 중도는 불교에서 어떻게 이해되고 실천되었는지요?

"부처님께서 성불하신 후 녹야원에서 다섯 비구들에게 설법한 불고불락不苦不樂이 중도 법문의 효시지요. 선종의 제6조 혜능慧能 스님도 불사선불사악不思善不思惡 : 선도 생각지 말고 악도 생각지 말라으로 개구開口 제일성을 선언했습니다. 또 선종 제3조 승찬僧璨스님의 저술 『신심명信心銘』도 중도 사상을 강조하였고, 천태지자天台智者 대사는 교판 사상에서 원교圓敎가 바로 중도라고 했습니다. 화엄종이나 천태종도 서로 자신들의 교리가 중도 사상이라고 했지요. 법상종은 원융무애圓融無礙까지는 못 미치나 그 종파에서도 중도, 중도 했지요."

● 그러면 부처님 당시 사실을 가장 신빙성 있게 전하는 율장의 경우에는 중도를 어떻게 보았습니까?

"경율론經律論, 삼장이 똑같이 중도를 벗어나지 않았지요. 부처님 행적을 보면, 부처님께서는 중도를 깨치시고 중도를 말씀하시고 실천하셨는데, 이것이 화합법계和合法界의 소식이지요."

● 큰스님께서 수행하는 사람은 선善의 편에도 서지 말라고 하시던 말씀이 생각납니다. 중도는 시비선악 등과 같이 상대적 대립의 양면을 버리고 모순갈등이 상통융합하는 절대의 경지로, 우주의 실상은 대립의 소멸과 융합에 있다는 논리지요. 그렇기 때문에 선이 바로 악이 되고 악이 곧 선이라는 원리가 원융무애한 중도의 진리임을 알 수가 있겠습니다.

"만법이 혼연융합한 중도의 실상을 바로 보면 모순과 갈등, 대립과 투쟁은 자연히 소멸되고 융합자재한 대단원이 있을 뿐입니다. 대립이 소멸된 중도실상의 부처님 세계는 얼마나 장관이겠습니까. 그러나 그 중도의 소식을 보는 눈은 맑기가 거울같이 맑아야 하고, 밝기가 일월日月보다도 밝아야 하지요. 그것은 밖에서 구해서 얻어지는 것이 아니라 마음자리의 본래 모습이 그 맑음이요, 그 밝음이지요."

● 스님께서 "산은 산이요, 물은 물이로다" 하신 말씀이 시민들 사이에 회자되고 있습니다. 산은 산이 아니요, 물은 물이 아니요라는 말과 다른 것도 같고 같은 것도 같습니다. 그 참뜻을 어떻게 터득해야 합니까?

"마음의 눈을 떠야지요. 실상을 바로 보는 눈을 말합니다. 그 마음의 눈을 뜨고 보면 자기가 먼 천지개벽 전부터 성불했다는 것과 천지개벽 전부터 성불했으니 현재는 말할 것도 없고 미래가 다하도록 성불한 것임을 알게 되지요. 마음의 눈을 뜨면 결국 자성自性

을 보는데, 그것을 견성見性이라고 하지요. 팔만대장경에 그토록 많은 말씀이 담겨 있지만, 사실 알고 보면 '마음 심心' 한 자에 모든 것이 귀결됩니다. 마음의 눈을 바로 뜨고 그 실상을 바로 보면 산은 산이요, 물은 물이지요. 그리고 산이 물 위로 가는 본지풍광의 소식이지요."

● 부처님 오신 기쁜 날을 맞이하면서 떠오르는 일들이 많습니다. 최근 우리나라는 종교 인구가 늘어나고 갖가지 종교가 번성하고 있으나 우리 사회의 윤리와 도덕은 땅에 떨어졌다고 개탄들을 하고 많은 문제가 노출되고 있습니다. 그 이유를 어디서 찾아야 할까요?

"부처님 오신 날의 참뜻은 부처님 육신의 탄생이 아니고, 인간이 미망과 어두움으로부터 떨쳐나고 독선과 아집으로부터 벗어나는 깨달음을 준 것이지요. 그렇기 때문에 깨쳐서 작용하는 영원한 생명으로서 우리들 속에 흐르는 진리의 여울이 되어야 하지요. 그렇기 위해서는 이 사회의 현상을 바로 보고 진정한 뉘우침과 중생 불공하는 간절한 발원이 있어야 불교의 생명력이 있지요. 그러나 우리 시대에는 부처를 파는 승려는 많으나 진정한 불제자는 찾기 힘든 것이 현실입니다. 부처님 가르침을 실천하고 따르는 승려 양성부터 서둘러야 할 것입니다."

● 불법의 요체가 깨우침에 있다면, 그 깨우침이란 무엇입니까?

"달이 서산에 졌을 때 달을 보여 달라고 조르면 둥근 부채를 드러내 보이고, 바람이 없을 때 바람이 무엇이냐고 물으면 나뭇가지를 흔들어 보여준다는 말이 있지요. 도道를 깨치면 망상이 소멸되고, 소멸되었다는 흔적도 없게 되지요. 이런 경지를 무심無心이라고 합니다. 그렇다고 망상이 소멸된 상태가 생명력이 없는 무정물無情物인 돌덩이와 같은 것은 아닙니다. 그것은 본래 가지고 있는 지혜광명을 회복한다는 뜻이지요. 어두움이 따로 있는 것이 아니라 밝음이 회복되었다는 이치입니다.

먼지가 끼어 사물을 비추지 못하던 거울이 깨끗하게 되어 거울 구실을 하게 되는 것과 같지요. 마음의 눈을 뜨고 보면 전체가 광명인 동시에 대낮 그대로입니다. 마음의 눈을 뜨고 보면 전체가 부처 아닌 존재 없고, 어느 곳도 불국토佛國土 아닌 처소가 없지요. 사람이 깨달아 어린이와 같이 순진무구한 마음이 되면 산이 물 위로 간다는 소식이 환하게 드러나지요. 이와 같은 세계가 바로 깨우침의 경지라고 할 수 있겠습니다."

● 백련암이 온통 향산香山인 것 같습니다. 스님께서는 꽃도 좋아하시는군요.

"꽃 좋아하지요. 가지마다, 송이마다 화장찰해華藏刹海이지요. 그러나 꽃보다 아름다운 것은 어린애지요. 어린애들이 놀러 와 춤도 추고 노래를 하며 재롱을 피울 때가 가장 즐거운 시간입니다. 그들은 내 친구들이지요. 꾸밈없는 천진함이 다름 아닌 진불眞佛의 소식이 아니겠어요."

● 큰스님 선방에 걸려 있는 '은거부하구 무언도심장隱居復何求 無言道心長'은 만파萬波스님의 글씨 같습니다. 특별히 뜻이 있어서 선방에 걸려 있는 것이겠지요?

"세상 사람들이 스님들은 산에 숨어 무엇을 하느냐고 비난 같은 질문을 하지만 묵언默言으로 도심道心을 기르는 것이 스님의 생활이란 말이지요. 승려는 도락道樂을 이루기 위해서 사는 것입니다."

● 요즘 너무 놀라운 일이 많이 일어나 사람들을 불안하게 하고 있습니다. 부인이 남편을 독살한 사건이라든지, 인명人命 경시 풍조가 특히 우리를 전율케 합니다.

"생명의 참모습을 모르기 때문이지요. 모든 생명 있는 것은 부처님과 같이 존귀한 것입니다. 하물며 같은 무리들끼리야 더 말할 것도 없고, 부부간의 처지야 한동안 말이 없다가 부부가 이해타산으로 죽인다는 것은 인간이 이성을 잃고 물질의 노예가 된 극단의 사태를 드러낸 것입니다."

● 불살생不殺生을 제일 덕목으로 삼는 불교의 입장에서 보면 말문이 막히는 일이 허다합니다.

"보잘것없어 보이는 벌레까지 보살피는 것이 참 불공이지요. 항차 부부 사이에 서로가 부처님 모시듯 공경하면 모든 불행은 자취도 없이 사라질 텐데, 행복은 받는 것이나 주는 것이 아니라 짓는 것이지요. 모두가 복 짓는 일을 해 나갈 때 사회의 불안도 가시고 개인의 행복도 보장되는 것입니다."

● 큰스님의 법어를 모은 『선문정로禪門正路』와 『산이 물 위로 간다〔本地風光〕』가 출간되어 지식인 사회에 화제가 되고 있습니다. 앞으로 두 법어집은 학자들 사이에서 문학, 철학, 종교적인 측면에서 연구되리라 생각합니다. 영역을 서두르고 있다고 하나 참뜻이 전달될지 걱정입니다. 두 법어집 모두 난해한 점이 없지 않으나 큰스님의 육성을 느낄 수 있어 다행입니다. 그런데 스님의 법어집에 나오는 고려 보조국사 지눌스님에 대한 평가에 대해 일부에서는 이견이 있더군요.

"보조스님의 선은 외선내교外禪內敎요 화엄선이지 조계선은 아닙니다. 보조스님의 돈오점수頓悟漸修:단번에 깨쳐 점점 닦아 간다는 하택신회荷澤神會가 원류原流이지요. 보조스님의 『수심결修心訣』을 의지하는 선객들도 있으나 조계선적인 입장에서 보면 지눌스님은 오락가락한 데가 없지 않아요. 원돈圓頓사상을 털어 버리고 조계선으로 뛰어들지 못했지요. 보조스님이 인교오심因敎悟心:교로 인해서 마음을 깨침자를 위해서 돈오점수를 말하는 것은 조계직전曹溪直傳이라기보다는 화엄선이라는 뜻입니다. 이런 문제는 시간이 흐르면 밝혀질 문제라고 생각합니다."

● 조계선과 보조선의 성격은 『선문정로』를 숙독한 다음에 다시 뵙기로 하겠습니다. 조계종의 법맥을 밝히는 막중한 문제로 모

두가 주목하고 있습니다. 큰스님은 승가대학에 대해 깊은 배려를 하고 계신 것으로 알고 있습니다. 한국 불교 중흥을 위해 모범적인 승려교육 기관의 창설이 시급합니다.

"내가 가장 걱정하는 문제이지요. 승려 자신도 잘 모르면서 어떻게 다른 사람을 지도하겠어요. 법당의 기왓장을 벗겨 팔아서라도 승려를 가르쳐야 우리 불교가 제구실을 하고 전통을 계승할 것으로 믿고 있어요. 종단이 안정되어 제일 먼저 할 일이 승려 교육이라고 생각해요. 최근 우수한 사람들이 절에 들어오고 있어 교육만 제대로 시키면 한국 불교의 전통이 살아날 것을 확신하고 있습니다."

● 부처님 오신 날의 참뜻을 바르게 하기 위해서 다시 한번 회통의 말씀을 해주십시오.

"부처님은 이 세상을 구원하러 오신 것이 아닙니다. 이 세상이 본래 구원되어 있음을 가르쳐 주시려고 오신 것입니다. 자기를 바로 보아야 합니다. 시간과 공간을 초월하여 영원하고 무한한 자기는 모든 진리가 내재되어 있습니다.

만약 자기 밖에서 진리를 구한다면, 이는 바다 밖에서 물을 구하는 것과 같습니다. '참나(眞我)'는 영원하므로 종말이 없는데, 참나를 발견하지 못한 사람은 세상의 종말을 두려워하며 헤매고 있습니다. 참 나는 본래 순금입니다. 그러나 욕심이 마음의 눈을 가려서 순금을 잡철로 착각하고 자기를 욕되게 합니다. 욕심이 자취를 감추면 마음의 눈이 열려서 순금인 자신을 재발견하게 될 것입니다. 현대는 물질만능에 휘말리어 자기를 상실하기 쉬운 세대입니다. 자기는 큰 바다와 같고 물질은 거품과 같은 것입니다. 바다를 봐야지 거품은 따라가지 말아야 합니다. 이렇듯 크나큰 진리 속에 살고 있는 우리는 참으로 행복합니다."

● 부처님은 중도中道를 깨치시고 중도를 실천하신 분이라는 것을 알게 되었습니다. 그리고 부처님은 이 세상을 구원하러 오신 것이 아니라 이미 구원되어 있다는 사실을 가르치러 오셨다는 말씀은, 부처님 오신 날을 기리는 우리들의 마음에 광명의 불을 점화해 주신 것으로 받아들여집니다. 또 보조선이 외선내교적인 화엄선임도 알게 되었습니다. 장시간 감사합니다.

자기를 비우고 남을 존경하자

|1983년 5월 20일 중앙일보, 이은윤 기자|

● 오늘은 부처님 오신 날입니다. 사바세계를 위한 청량법문을 보시布施해 주셨으면 합니다.

"대개의 종교는 현실을 상대유한相對有限으로 봅니다. 그리고는 현실을 떠난 절대무한絕對無限의 세계가 따로 있으니 이 현실을 버리고 절대로 들어가자고 주장하지요. 그러나 불교는 현실을 떠난 절대의 세계를 부정하고, 현실 이대로가 절대임을 주장합니다. 절대인 현실을 상대로 보는 것이야말로 착각된 오해일 뿐이니 이같은 착각을 버리면 현실이 즉 절대임을 바로 볼 수 있지요.

착각은 허망한 물욕이 마음의 눈을 가렸기 때문에 생기는 겁니다. 물욕만 없으면 마음의 눈이 자연히 열려서 현실이 절대임을 똑바로 보게 돼요.

그러나 물욕을 버리기란 참으로 어렵습니다. 요즘은 종교도 물질만능의 물결에 휩쓸려 본래의 사명을 상실하고 있어요. 우리는 영원한 생명과 절대적 행복의 현실 속에 살면서도 삼생의 원수인 물욕으로 인하여 지옥 같은 생활을 하고 있으니, 물욕을 버리고 본래 낙원인 현실을 바로 보아야 합니다."

● 다른 절들은 오색현란한 불탄봉축등 달기가 한창인데 백련암엔 등이 하나도 안 보이는군요.

"불탄등은 부처님 마음을 표시하는 것이며, 모든 생명의 마음의 등불을 상징하는 것이지요. 모든 생명은 무한하고 영원한 마음의 등불을 다 가지고 있어서 항상 우주를 비추고 있습니다.

초파일에 특별히 등불을 켜는 것은 이같은 마음의 등불을 표시하며 자축하는 거룩한 행사지요. 마음의 등불이란 한낮에 뜬 해처럼 우주를 항상 비추고 있으니, 또 다른 등을 켠다면 이는 대낮에 촛불을 켜는 것과 같습니다. 그래서 백련암은 초파일 등불을 따로 켜지 않습니다. 이처럼 '등불을 켜지 않는 것'은 등불의 본체를 알기 때문이요, 반면에 '등불을 켜는 것'은 비단 위에 꽃을 던짐과 같은 것이니, 두 가지 다 좋은 일이지요."

● 산은 산, 물은 물과 같은 평상심平常心의 진리는 어떻게 하면 체득할 수 있는지요.

"산은 산, 물은 물이라고 함은 누구든지 보고 누구든지 말할 수 있는 지극히 평범한 표현입니다. 그러나 여기에는 깊은 뜻이 있어서 이것을 바로 보기는 참으로 어렵습니다. 선가禪家에서는 이를 바로 보면 대도大道를 성취했다고 하지요. 자세히 말하면, 인간은 대개가 잡념 속에서 살고 있습니다. 잡념이 끊이지 않은 상태로는 이를 바로 볼 수 없으며 잡념을 끊은 무심無心에서도 바로 볼 수 없으니, 이는 무심이 아직 마음의 눈을 가리고 있기 때문이지요.

깊은 심리상태인 무심의 경지를 벗어나 홀연히 마음의 눈을 뜨면 큰 지혜의 광명이 우주를 비추어 '산은 산, 물은 물'을 역력히 바로 보는 동시에 일체를 바로 보고 바로 알게 되니, 이것을 깨침이라고 합니다. 이 깊고 깊은 법을 성취하려면 마음 닦는 공부를 해야 합니다. 마음 닦는 공부 중에서도 참선이 가장 첩경이니 선종禪宗의 화두話頭를 배워서 열심히 하면 일상 행동할 때에도 화두가 간단없이 계속되며 나아가서는 꿈속에서도 항상 계속되지요.

여기에서 더욱 노력하며 물러서지 않으면 깊은 잠이 들어도 화두는 역력히 계속되니, 이것은 모든 잡념이 완전히 끊기고 무심 상태가 된 증거입니다. 이 숙면일여熟眠一如의 무심에서 활연대오하면 마음 눈을 크게 떠서 산은 산, 물은 물이라고 소리치게 되니, 이런 사람을 자유자재한 대해탈인이라고 부르지요."

● 심령학 공부를 하고 계신 줄로 알고 있습니다. 심령 과학과 불교의 공통점이 있는지요.

"윤회 사상이 불교의 독창은 아니지만 불교 근본사상의 하나입니다. 그러나 윤회의 실태를 구체적으로 입증하려면 곤란한 점이 많아서 포교에 큰 지장이 되고 있어요.

근래 심령학이나 초심리학이 크게 발달되어 윤회에 대한 실질적인 자료가 많이 제시되고 있습니다. 아직 완전히 과학이라고는 할 수 없지만 이들을 미신이라고 배제하지 못할 정도는 된 것 같습니다. 어쨌든 심령학이나 초심리학에서 제시된 자료가 불교의 윤회 사상을 설명하는 데 많은 도움이 된다고 봐요."

● 지구의 종말이 온다고 걱정하는 사람이 많은데, 종말론에 대한 스님의 견해는 어떠신지요?

"불교는 일체가 상주불멸常住不滅이라고 주장하여 종말은 없다고 봅니다. 우주를 구성하고 있는 자체는 진여眞如라고 하여 영원불멸입니다. 삼라만상은 진여대해眞如大海에서 발현되는 것이어서 피상적으로는 천변만화해도 진여는 불변이며, 따라서 모든 현상도 불멸이지요. 요사이는 자연 과학에서도 우주의 상주불멸, 질량불변의 법칙을 주장하고 있지 않습니까. 자연계를 구성하는 에너지와 질량은 불멸, 불변함이 자연계의 기본 원리이니 자연계가 보존됨은 당연한 결론입니다.

종말론은 인간의 지혜가 어둡던 구시대의 착각이니 지구 종말은 추호도 걱정할 게 없어요. 오직 영원불멸의 이 현실을 바로 보고, 이 거룩한 현실 속에서 인생을 구가할 뿐입니다.

말세론 역시 불변, 불멸의 우주 대법大法이 억천만 년 전이나 억천만 년 후에라도 조금도 변함이 없이 항상 정법正法 그대로 있을 테니, 걱정 말고 절대인 현실 생활만 바로 하면 극락과 천당은 꿈속의 꿈이요, 일체 만사가 원만구족해집니다."

● 한국 불교 혁신에 대한 소신이 있으시다면 어떤 것입니까?

"불교의 모든 것은 팔만대장경 속에 갖추어져 있으니, 불교를 혁신한다 하여 팔만대장경 밖으로 나가면 이는 불교가 아닙니다. 불교도의 갈 길은 아무리 탁월한 의견을 가졌어도 각자의 주장은 버리고 오직 부처님 말씀을 생명으로 하여 부처님 법을 따르는 것뿐입니다. 어느 종교든 교조(敎祖)의 말씀은 교도에 한해선 절대적인 것입니다. 교조의 유훈을 준수하지 않으면 교도가 될 수 없는 것 아닙니까. 그러므로 종교에 있어서는 혁신이란 용어는 해당치 않으며 복원이라고 표현하는 게 옳을 줄 압니다.

우리 불교도 개교 이후 장구한 세월이 흐르는 동안 부처님의 가르침의 위배되는 점이 많다고 봅니다. 삐뚤게 나간 길은 팔만대장경대로 바로잡아야지요."

● 불교의 인재 양성을 위한 승려 교육제도는 어떻게 하는 게 좋을지요.

"종교인으로서 사회에 봉사하려면 최소한 학사 정도의 자격은 갖추어야 한다고 봅니다. 그러니 승려가 될 때 대학졸업 이상이 아니면 승려증을 발급하지 말아야 합니다.

국가의 장래가 2세 교육에 달려 있고, 한 가문의 성쇠도 자녀 교육에 달렸다고 해서 소중한 논밭을 팔아 학비를 보내고 모자라면 마침내는 살고 있는 집까지 팔아서라도 자녀들을 교육시키는 것이 부모의 당연한 열성이 아닙니까. 그러니 불교 교단도 승려 교육을 최대 과제로 새롭게 인식하여 이에 총력을 다 하여야 할 것입니다."

● 불교와 다른 종교와의 대화 필요성은 어떠한지요?

"불교는 일체 만법의 간격이 없고 평등하므로 자타 종교와 구별을 않지요. 몇 해 전 연세대 신학대학원의 독일인 교수가 고명한 한국인 교수와 함께 와서 대화를 나눈 일이 있어요. 그때 '나는 한국인, 당신은 독일인, 또 당신들은 예수교, 나는 불교이니 각자의 입장을 고집하면 대화가 될 수 없다, 한국인, 독일인, 예수교, 불교 다 버리면 결국 남는 것은 사람뿐이니 사람끼리 얼마든지 대화할 수 있지 않느냐'고 제의했습니다. 모두들 찬동하여 밤 깊어 가는 줄도 모르고 참으로 허심탄회하게 많은 의견을 교환하고 즐겁게 헤어졌어요.

이렇게 각각 자기를 비우고 남을 존경하는 대화는 얼마든지 좋습니다. 그러나 각자의 고집을 버리지 못하면 싸움만 계속될 뿐 아무런 소용이 없다는 점을 유의해야 할 것입니다."

물욕物慾이 만고萬苦의 근원

| 1983년 5월 20일, 박경훈 동국대역경원 출판부장과의 대담
· 동아일보 임연철 기자 정리

　해인사 큰절에서 퇴옹退翁 성철 종정스님이 주석하고 있는 백련암까지 오르는 아침녘의 산길은 연둣빛 숲, 무공해의 공기 속에 산새소리까지 어우러져 삽상하기 이를 데 없었다. 더구나 불기 2527년 부처님 오신 날을 이틀 앞두고, 불교계의 최고 정신적 지주인 성철 종정스님으로부터 청량법어清凉法語를 듣게 될 기대로 1km 남짓한 산길을 단숨에 올랐다.

　회견을 오래할 경우 종정스님이 피곤을 느껴 사진을 찍을 수 없기 때문에 먼저 사진부터 찍는 게 좋겠다는 상좌스님의 권유에 따라, 곳곳을 기운 두루마기를 걸친 채 밖에 나온 종정스님은 20여 분 간 암자 이곳저곳에서 포즈를 취해 주었다. 지난해 가을 실족해 오른쪽 팔꿈치를 다쳐 겨우내 고생했지만 이제는 완쾌됐고, 약간의 신경통 증세가 있으나 건강한 편이라고 근황을 밝혔다.

● 20일이 부처님 오신 날인데 스님은 어떤 마음가짐으로 이날을 맞습니까. 해마다 불탄일을 맞기 때문에 어떤 느낌을 갖고 계실 텐데요.

"내가 볼 때는 부처님 오신 날을 특별히 정해 놓은 게 우스워요. 나날이 4월 초파일이기 때문이지요. 시시각각이 부처님이 오신 순간이고 온 천지에 부처님이 꽉 차 있는데 어떤 날을 정해 부처님 오신 날이라고 한다는 게 우습다는 겁니다. 특별히 4월 초파일이라고 정한 것은 모든 사람을 위한 일종의 방편일 뿐입니다. 하루하루가 4월 초파일임을 모르는 사람을 위해서 편의상 만든 것뿐이라고 생각하면 되지요."

● 그러니까 이번 부처님 오신 날 법어에서 스님이 '중도中道'를 강조하신 것도 4월 초파일이 일상적인 것처럼 중도도 일상적인 것이고 또 그래야 하니까 법어의 주제로 채택한 것이군요. 사실 중도를 모르기 때문에 너무나 어처구니없는 사건이 80년대 들어 많이 일어났고, 최근만 하더라도 대도大盜 사건이라든지 아내에 의한 남편독살, 중공 민간항공기의 피납 불시착 등 전 국민의 이목을 집중시키는 사건이 많았습니다. 요즘 신문 좀 보셨는지요.

"신문도 안 보고 텔레비전도 안 봅니다. 그래서 잘 몰라요."

● 지난달에 세간에서 화제가 된 사건으로 대도사건이라는 게 있었습니다. 한 집에서 5억여 원 어치를 도둑맞는 등, 피해자들 대부분이 고관, 부호였지요. 서민들은 백 원을 잃어버려도 과장해서 천 원을 잃어버렸다고 하는데 이들은 피해액을 줄여서 말을 하는 기묘한 현상이 일어난 겁니다. 특히 일부 서민층은 도둑을 '대도'라 부르며 범죄와는 다른 차원에서 보려고 해 문제가 되었습니다.

"나는 도둑놈에 대한 생각이 근본적으로 다릅니다. 보통은 돈이나 물건을 뺏거나 훔치는 것을 도둑이라고 붙잡아다 가둡니다. 그러나 예를 들어 남의 나라를 뺏으면 큰 도둑놈이라 할 수 있는데도 이런 사람을 보고는 영웅이라고 하거든요. 알고 보면 영웅이 더 큰 도둑인 것이지요. 그런데 우리 사회에서는 좀도둑은 도둑이라 하고 큰 도둑은 영웅이라고 하니, 이런 것부터 바로 봐야 하지 않겠느냐 이런 생각입니다.

그런데 사실 진짜 큰 도둑은 스스로 성인聖人인 체하는 자들입니다. 자칭 성인들의 말을 들어보면 자신들이 천하를 다 아는 것처럼 지껄이는데, 사실 알고 보면 자신도 모르면서 남을 속이는 거지요. 사이비 교주, 깨치지 못했으면서 도인인 체하는 수도자들, 앞으로 도둑놈을 심판하려면 이런 자들부터 심판해야 됩니다."

● 그러니까 돈 몇 푼 훔치는 도둑보다 인간의 마음을 좀먹게 하는 큰 도둑놈이 문제라는 말씀이군요.

"돈 몇 푼 훔치는 것은 어린애 같은 것이라. 성인이나 철인이라고 하면서 뭣 좀 아는 체하고 남을 속이는 게 진짜 도둑이고 그리고 고관이라면 우리 사회에선 좋은 집에 좋은 옷 입는 상류사회인처럼 인식되어 있는데 사실은 그 반대여야 되지요. 이조판서에다 대제학까지 지냈던 율곡 같은 이는 죽은 후 염할 옷이 없었고, 부인이 살 집이 없어 제자들이 마련해야 할 정도로 사리사욕이 없었다는 겁니다. 그런데 요즘 정치인이나 고관들을 보면 국민의 기대에 못 미치는 것 같아요."

● 또 4월에 일어난 사건 중에는 아내가 남편의 동의를 얻었다 해서 독살을 시키고, 게다가 그 범죄에 어린아이들까지 끌어들이는 가정 인륜파탄의 사건까지 있었습니다. 이렇게 각박한 세상을 바로잡을 수 있는 건 정치도 경제도 아닌 종교밖에 없다고 생각합니다. 이런 때에 불교는 어떻게 그런 사람들을 지도해야 좋을지요.

"그 여자도 종교는 가졌다고 하지만 철저히 종교를 믿지 않았던 게 문제지요. 종교는 겉으로만 믿었고 속으로는 물욕만 가득 차 있기 때문에 그런 불상사가 생기는 것입니다. 종교는 물욕을 없애는 방법을 사람들에게 지도해야 합니다."

● 그런 물욕과 관련해서 한 가지 더 질문을 드린다면, 한국인의 성격이 무척 조급해지고 있다는 느낌이 듭니다. 출세도 빨리, 공부도 빨리, 돈도 빨리 벌어야겠다는 식이지요. 음식도 갈수록 인스턴트화하고 말입니다.

"그 또한 순전히 물질 추구 때문입니다. 비행기를 타고 가면 걷거나 자동차를 타고 가는 것보다 빨리 가니 오히려 여유를 가져야 할 텐데, 물욕이 근본이니 더 빨리 가길 바라고 조급해지는 거지요. 더 불안해지기도 하고. 특히 개인을 위해서 물욕을 채우려 할 경우 더 조급해집니다. 그러므로 '남을 위해 일 한다'는 이타利他의 생각을 가질 때 조급함에서 벗어날 수 있는 거라고 믿어요. 미국의 '엑손'이라는 기업은 기업주가 자기만을 위해 일하는 게 아니고 주주가 10여 만 명이나 되도록 기업을 공개, 이익을 나누고 있다고 들었습니다. 그런 것도 바로 물욕을 없애는 좋은 방법이라고 생각합니다."

● 정리해 보면 정치인이건 기업인이건 수행하는 사람이건 모든 사람이 '이타'라는 입각점에 있다면 쉽게 물욕에서 헤어날 수 있다는 말씀이군요. 이타와 관련해 좀 엉뚱한 질문이 되겠습니다만, 중공 비행기가 피납해 불시착했을 때 중공은 우리와 아직도 적대 관계에 있는 나라인데 지나치게 환대하지 않았느냐는 의문이 일부 국민들 사이에 있는 것 같습니다.

"나도 중공 비행기가 왔고 나라가 떠들썩하도록 법석을 떤 것을 알고 있습니다. 그러나 나는 우스워요. 중공 비행기가 무엇이길래. 나는 비행기보다 요 앞뜰에 날아다니는 나비, 저 꽃의 범나비에 관심이 더 많습니다. 요컨대 너무 물질적인 면에 치중할 것 없다는 말이지요."

● 여기에서 잠깐 한국 불교계와 신도의 자세에 대해서도 듣고 싶습니다. 자책감이기도 합니다만, 한국 불교가 옛날만 같지 못하다는 말을 자주 듣습니다. 이런 말이 나오게 된 이유는 승려뿐만 아니라 사부대중四部大衆을 이루는 신도들에게도 상당한 책임이 있는 것 같습니다. 신도들은 어떻게 불교를 믿는 게 좋은지 평소 '바람직한 신도상信徒像'은 어떤 것이라고 생각해 오셨는지 말씀해 주시지요.

"앞서도 말했지만 불제자佛弟子는 이타행을 해야 합니다. 흔히 길

거리에 있는 불우한 사람을 도와줄 때 '불쌍해서 준다' 또는 '우쭐한 기분'에서 주는 경우가 많아요. 그러나 이런 것은 적선이 되질 못하지요. 부처님에게 공양한다는 마음가짐으로 해야 되는 것입니다. 또 부처님에게 공양하듯 매사에 임하는 신도는 틀림없는 불제자가 된다고 생각합니다."

● 스님께서는 승려 교육 문제에도 상당히 관심이 깊으신데, 요즘과 같은 승려교육 방식으로 일반 중생을 제도할 수 있다고 보시는지요. 바꾸어 말하면 스님들이 제도해야 할 중생은 서구식 교육을 받아서 서구식 사고 방식을 갖게 된 사람들입니다. 이들에게 대응해야 할 스님들은 어떤 역량을 키워야 할지요.

"글쎄, 그게 문제인 거지요 그러나 한 가지 분명한 것은 세속을 불교화佛敎化시켜야지, 불교가 세속화하면 불교는 죽어요. 그러니까 승려가 서구식 교육을 받고 안 받고가 문제가 아니라 문제는 어떻게 승려로 하여금 철저한 불교 정신을 갖도록 하느냐는 것입니다. 세상이 아무리 서西로 가더라도, 중이 중다우려면 그쪽으로 영합하기보다 동東으로 가도록 계속 빛을 발해야 합니다. 그러자면 서울 한복판에선 승려교육이 안된다고 봐요. 산중에서 철저하게 수행하는 법을 가르쳐서 다음에 어디를 가더라도 승려 노릇을 제대로 해 세속을 불교화할 수 있도록 해야 올바른 교육이 될 걸로 믿습니다.
이 점이 잘 안 되고 승려가 세속화하면 물에 빠진 사람을 건지려다가 건지기는 고사하고 같이 익사하는 꼴이 벌어지는 겁니다.

이때 물에 빠지지 않을 역량을 키워야 하는데, 그게 바로 순수 불교 정신입니다. 순수 불교 정신은 어느 깊이 있는 서양 철학이나 종교 사상보다 더 깊은 원리와 체계를 담고 있으므로 인식하기만 하면 가능한 겁니다."

● 그러니까 수행자로서 기틀을 완전히 한 후 외전外典을 배워도 좋다는 말씀이군요. 사실 최근 서울대 이李모 교수가 유럽을 다녀왔는데, 서양 사상의 몰락을 보는 느낌이었다고 하더군요. 아울러 불교에서 새로운 가치 체계를 구하려는 움직임도 상당한 것을 느꼈다고 하더군요.

"아무튼 조선조 때까지 했던 모화慕華는 사대사상이라고 해서 문제가 되고, 모서慕西는 사대라고 생각지 못하는 사회 풍토, 지식 풍조가 문제입니다."

● 초파일이 되면 '천상천하 유아독존天上天下 唯我獨尊'이란 말이 나옵니다. 이번 불탄일 포스터에도 약간 치졸하게 그리긴 했지만 아기 부처가 한 손은 하늘, 한 손은 땅을 가리키며 '천상천하'를 의미하고 있는데, 세상에선 이 말처럼 이기주의를 잘 나타낸 것도 없지 않느냐고 해석하는 것 같습니다.

"아我를 잘 몰라서 그렇습니다. '아'는 '소아小我'가 아니라 '대아大我'를 말하는 겁니다. '대아'란 '우주아宇宙我'입니다. 아무렴 석가모니 부처님이 만고성인인데, '내가 제일 잘났다'는 식의 유치한 말을 하겠습니까? 이 말을 정확히 알아야 합니다. '인간 존엄성의 선언'입니다. 우주 전체의 생명이 독존, 즉 절대적 존재라는 뜻이지요. '나' 아닌 게 하나도 없는 세계, 곧 이타가 자연히 이뤄지는 세계입니다."

● 부처님이 오신 달이 좋은 달이어서 그런지 어린이날, 어버이날이 들어 있고 가정의 달이기도 합니다. 한국 가정이나 어린이에 대한 어른들의 바른 인식을 위해 귀가 뚫리도록 스님께서 크게 할喝을 좀 해주십시오.

"때 안 묻은 어린이를 집안에선 주불主佛로 모셔야 합니다. 사람이란 나이가 들수록 때가 묻게 마련이지요. 때묻은 어른, 때 안 묻은 어린이 중 더 가치 있는 건 때 안 묻은 어린이 편입니다. 어른이 때 안 묻은 생활을 하기 위해선 어린이 본을 받아야 하는 이유가 바로 거기에 있지요."

● 비행청소년이 사회 문제가 되고 있습니다. 한 말씀 해주시지요.

"먼저 말하고 싶은 것은 물질을 추구하지 말라는 겁니다. 각종 범죄 행위도 물욕 때문에 나오는 것입니다. 사람 각각의 마음속에는 다이아몬드 광산이 들어 있습니다. 무진보화無盡寶貨를 이미 갖고 있는데, 이 가치만 먼저 깨닫는다면 아무리 눈앞에 금은보화가 있다 해도 물욕이 생길 리가 없지요. 나 자신이 천하부자인데 말입니다. 스스로를 가난하다고 생각하는 데서 물욕이 생기고 범죄에까지 이르는 겁니다."

날마다 좋은 날, 해마다 좋은 해

|1984년 1월 1일 부산일보 새해아침 탐방|
· 이진두 기자

"날마다 좋은 날(日日是好日)이고
해마다 좋은 해(年年是好年)일 뿐이다."

대한불교조계종 이성철 종정은 새해를 맞으면서 그 소감을 이 한마디로 대신했다. 유난스레 사람 만나기를 꺼리는 성철종정을 해인사 선원 조사전祖師殿 뒤뜰에서 뵙게 되었다.

평소 때 성철종정은 백련암에 주석하고 있으나 결제 때는 큰절로 내려와 조사전에 머무른다. 결제는 여름 겨울 각 3개월 간 행하는 스님들의 집중 수련기간. 겨울철 결제기간 동안음 10월 15일~다음해 1월 15일 종정스님이 계시는 조사전은, 일반인의 출입이 금해진 삼엄한 분위기의 선실 중에서도 맨 뒤켠에 위치해 있다.

댓돌에 가지런히 놓여진 신발들과 모락모락 피어오르는 굴뚝의 연기만 아니라면 사람이 살지 않는 곳으로 착각될 만큼 정적에 싸여 있는 곳. 그 댓돌 위에 감히 속인俗人의 신을 나란히 할 수 없어 종정스님의 하오 산책로에서 스님을 뵙기로 했다.

30년 넘게 입고 있다는 그 유명한 누더기차림에 홍안의 미소를 띤 자비스런 모습으로 종정스님은 산책길에 나섰다. 몇 말씀만 여

쬡겠다는 기자의 요청에 흔연히 응해 주신 종정스님은 햇살이 따스한 양지 바른 곳에 멈추셨다. 종정스님의 등 뒤로는 조사전 굴뚝의 하얀 연기와 천 년을 이어온 가야산의 산색山色이 배경을 이뤄 선계仙界를 연상시켰다. 세속의 번거로운 일들을 입 밖에 내놓기에는 너무 어울리지 않는 분위기라 숙연한 마음이 들었다. 그저 아무 말 없이 스님 곁에만 있어도 무한한 법음法音이 들려 올 것만 같았다.

● 올해는 가톨릭이 이 땅에 들어온 지 2백 주년, 기독교 선교 백주년을 맞는 해입니다. 로마 교황의 한국 방문 등으로 전 세계 종교인의 이목이 우리나라에 쏠리고 있습니다. 또한 현대에 있어서 종교인의 사명을 새삼 느끼게 됩니다. 이런 때일수록 종교인이 가져야 할 자세는 어떤 것입니까?

"종교인의 기본자세는 나를 잊어버리고 남을 위해서만 사는 것입니다. 성직자든 신도든 가림 없이 '나만을 위해서, 나 자신의 이익과 욕심을 위해서' 불공하고 기도하라는 말은 어느 종교에도 없지요. 스스로의 안일과 풍족함을 꾀하는 성직자는 있을 수 없고, 제 욕심만 채우려는 신도 역시 신도가 아닙니다. 남의 고난과 아픔을 자신의 그것보다 더 뼈저리게 느끼고 덜어 주고 같이 나누는 데 종교인의 참다움이 있습니다."

● 고도로 발달된 과학 기술과 물질만능 풍조의 영향으로 현대인은 갈 길을 잃고 방황하며 인간성을 상실하고 있습니다. 인간으

로서는 상상조차 할 수 없는 일들이 예사롭게 저질러지고 있습니다. 인간성 회복의 길은 어디서 찾을 수 있을까요?

"자기가 곧 부처이니 자기를 계발하는 데 힘써야 할 것입니다. 불가佛家에서는 발에 밟히는 미물까지도 부처와 똑같이 봅니다. 하물며 인간에 있어서는 말할 것이 없지요. 중생과 부처가 둘이 아니라는 말입니다. 인간성의 타락은 인간이 제 스스로 부처임을 망각한 데서 옵니다. 자기를 바로 보십시오. 자기는 원래 구원되어 있습니다. 모든 진리는 자기 속에 구비되어 있지요. 욕심이 마음을 가려 자기를 바로 보지 못하고 있는 것입니다. 욕심이 자취를 감추면 마음의 눈이 열려 자기를 바로 봅니다. 아무리 헐벗고 굶주린 상대라도 그것은 겉보기일 뿐, 본래 모습은 거룩하고 숭고하지요. 모든 상대를 부처님 대하듯 해야 합니다. 그럴 때 인간성은 제자리를 찾게 되는 것입니다."

● 세계 각국은 서로의 경쟁 속에서 경제 발전을 꾀하고 있습니다. 물질적 풍요를 가져온 경제 발전의 뒷면에는 가진 자와 덜 가진 자의 차이가 크게 드러나고 이로 인한 경제 발전의 역작용도 커다란 사회적 문제로 대두될 소지를 안고 있습니다. 이러한 빈부의 격차를 해소시킬 방안은 무엇입니까?

"이익 분배의 균형을 위해 서로 노력해야 할 것입니다. 일본의 경우 근로자와 경영자의 이익 분배가 균형을 이뤄가고 있다고 들었습니다. 우리는 국가 경제 발전이라는 우선적 공동 목표가 있는

데, 그것을 달성하기 위해서라도 이익 분배의 균형에 접근하도록 노사 협조가 잘되어야 한다고 봅니다.

요즘 기업들이 기업 공개를 통해 이익을 나누고 있는 것은 바람직한 것 같습니다. 노사 협조의 근간은 서로가 서로를 '부리고 부림을 당한다'는 생각에서 벗어나 모두가 나의 일이고 내가 해야 할 일로 뜻을 합하는 데 있습니다. 기업은 기업대로 제 할 일뿐만 아니라 사회적 사명 또한 깊이 자각해야 합니다."

● 스님께서 종정으로 계시는 조계종단에 대해서입니다. 지난해는 스님 말씀대로 한국 불교사상 미증유의 일인 신흥사神興寺사건이 일어났고, 이로 인해 종단은 비상 사태에 들어간 것으로 알고 있습니다. 지상紙上으로는 원만한 해결점을 찾아 거종단적인 화합의 길로 들어선 것으로 보도되고 있는데, 아직도 내막은 그렇지 않은 것으로 보입니다. 조계종단을 이끌 스님의 계획은 무엇입니까?

이에 대해 스님은 한동안 묵묵부답이었다.

엷어져 가는 가야산의 햇살을 받으며 산문山門을 나서는 기자의 마음은 개운치 못했다. 뵙기 어려운 종정스님을 뵈었다는 우쭐함보다는 노심초사하는 스님의 마음이 전달돼서일까.

그래도 '일일시호일日日是好日이요, 연년시호년年年是好年이라'는 스님의 말씀에서 무엇인가 느껴지는 것이 있었다.

사람이면 '사람'을 찾아야지

|1984년 3월 17일 조선일보, 법정스님, 안병훈 편집부국장|
·인전길 문화부장, 서희건 기자와의 대담

● 지난 겨울은 몹시 추웠습니다. 그동안 스님께서는 어떻게 지내셨는지요?

"나는 본시 산중에 사는 사람이라 늘 대하는 것은 푸른 산, 흰구름입니다. 푸른 산이 영원토록 변하지 않고 흰구름이 자유로이 오고 가는 것을 보며 사는데, 거기에서 모든 것의 실체를 볼 수 있습니다. 또 무궁무진한 변화도 보면서 살고 있지요."

● 연세도 많으신데, 건강은 어떠신지요?

"건강, 국민학교 3학년이지요. 내가 아마 3학년 학생은 될겁니다."

● 재작년에는 낙상도 하셨고, 최근에는 신경통으로 불편하시다고 들었습니다.

"낙상한 팔은 다 나았는데, 요샌 신경통 때문에 다리가 아파가

지고. 마음대로 안 되는군요. 보행은 크게 관계가 없는데, 험한 길이나 먼 길은 못 가지요."

● 스님의 섭생 방법이 독특하다고 들었습니다. 건강을 어떻게 유지하십니까?

"건강 유지라, 그렇게 말하면 곤란하지요. 살만큼만 먹고 사니까. 아주 조금 먹습니다. 보통 사람들의 3분의 1 정도 될까. 의사들도 놀랍니다. 밥 적게 먹고 매운 것 안 먹고 무염식으로 수십 년 살았습니다. 어떻게 견디느냐고 묻는 사람이 많지만, 괜찮습니다."

● 키도 크시고 몸도 크신데, 그렇게 적게 잡수시다니 정말 놀랍습니다. 무염식을 하시게 된 동기가 따로 있습니까?

"뭐, 동기가 따로 있나요. 몸에 좋으라고 골라 먹는 게 아니니까요. 그리고 나는 맵고 짠 것을 먹는 성질이 아닙니다. 좋은 음식은 잘 안 먹고, 먹기도 싫어요. 젊었을 때부터 생식生食도 많이 했습니다. 그래서 그런지 사람들이 음식에 매달리는 걸 보면 우스워요. 대개가 음식을 보면 정신을 못차리거든. 몸 유지될 만큼만 먹으면 안 되나 하는 생각이 들어요. 그래서 조금만 먹습니다. 조미료는 절대 안 넣고요."

(종정스님의 식사 상에는 솔잎 가루와 콩, 무 등 두, 세 접시의 반찬만이 오른다고 한다. 밥도 그릇의 3분의 1 정도만 올리는 것으로 알려져 있다.)

● 두루마기는 얼마나 입으신 건가요? 아주 많이 해어졌는데 말입니다.

"이 누더기, 오래 되었지요. 한 삼십 년 될까? 많이 떨어져서 앞자락을 좀 고쳐달라고 했더니 새걸 대가지고 옷을 버려버렸어요. 웃음. 조금 있으면 또 떨어지겠지요."

(함께 자리한 법정스님이 "새 시대의 옷이 됐습니다." 하니 좌중에 웃음꽃이 피었다. 기운 곳이 백여 곳도 넘을 진짜 누더기를 소중하게 대하는 종정스님의 태도가 퍽 인상적이었다.)

● 종정이 되신 지 3년이 되셨지요. 요 몇 해 동안 한국 불교계는 불행히도 줄곧 바람 잘 날이 없었습니다. 지난해 종헌 개정으로 스님께서는 한국 불교 교단의 상징적인 존재에서 실질적인 종단의 대표자가 되셨습니다. 그동안 종단을 위해 많은 심려가 계셨으리라 믿습니다. 그런데 산중에만 계셔서 그 역할이 어렵지 않겠습니까?

"상징이니 대표니 하지만 그런 말이 나한테는 실제로 관계가 없습니다. 종정 역할이 어떤 건지도 몰라요. 다만 '안 한다'는 소리만 하지 말라고 해서, 안 그러면 종단이 큰일 난다고 합디다. 그래서 '한다' 소리도 안 했지만 '안 한다' 소리도 안 했어요."

● 국정자문위원으로 임명받으시고도 안 나가신다고 들었습니다.

"그것도 그렇지요. 청와대에서 사람이 와서는 국정자문위원회를 만드는데 신임 종정이 들어와야 한다는 겁니다. '그래, 거 뭐하는 거요.' 하고 물으니 뭐라고 이야기를 합디다. 나는 그런 재주도 없고 생각도 없어서 못하겠다고 했지요. 그거야 세속 사람들이 할 일이지요. 그네들 갈 길이 따로 있듯이 난 또 내 갈 길이 따로 있는 거고."

● 돌아가신 청담靑潭스님하고 친하셨다고 하던데요. 청담스님은 가끔 만나기도 했습니다만.

"그건 사람마다 개성이 달라서지요. 사람 만나기 좋아하는 사람도 있지요. 청담스님하고 가까운 편이었습니다. 친하긴 했지만 성격은 정반대였지요. 정혜사에 만공滿空스님 계실 때니 내가 서른 살 때쯤 만났습니다. 그이는 나보다 열 살 위였지요. 정혜사에 있는데 청담스님이 오시더군요. 이야기를 해보니 통해요. 나보다 나이가 더 많았지만 좋아하더군요."
(청담스님이 성철스님을 무척 아끼고 좋아했다고 법정스님이 일러줬다. 사진 기자가 실례지만 좌중의 자리를 좀 바꿔달라고 요청했다.)
"찍었잖아. 그래, 조선일보 돈 많으면 많이 찍어가."
(좌중에 또 웃음이 터졌다.)

● 스님을 만나려면 부처님께 3천 배를 먼저 해야 한다고 해서 화제가 되고 있습니다. 스님을 만나 뵙기 어렵다는 이야기로 이해되기도 하고, 스님이 오만하기 때문이 아니냐는 오해도 있는 것 같습니다만.

"그래, 당신들은 3천 배 하셨소? (웃음) 왜 3천 배를 시키는가, 이 말이지요? 중이 신도를 대하는데 사람은 안보고 돈과 지위만 본단 말입니다. 그래서 난 백련암에 들어올 때는 돈보따리와 계급장은 소용없으니 문 밖에 걸어 놓고 알몸만 들어오라고 합니다. 사람만 들어오라 이 말입니다.

들어오면 '내가 뭐 잘났다고 당신들을 먼저 만날 수 있겠는가.' 합니다. 부처님 찾아왔다면 부처님부터 뵈라는 말이지요. 부처님을 정말로 뵈려면 절을 3천 번은 해야지요. 부처님한테는 신심이 제일입니다. 부처님을 알 때까지 절하는 정신이 중요한 거지요. 그래야 부처님께서 '너 왔구나' 하시지 않겠습니까. 그런 사람이면 나도 옆에서 좀 도와주지요. 중도 사람이고 나도 사람입니다. 그러니 부처님을 믿어야지요."

● 그런데 어떻게 해서 스님이 되셨습니까?

"지리산에 대원사가 있었지요. 집에서 가까웠거든. 거기 가서 한동안 있었습니다. 그런데 살생을 금하는 게 불교의 근본인데 경찰서장이 온다니까 중들이 법석을 떨며 큰 돼지를 잡고 술을 몇 통씩 메고 개천에 나가고 난리더군요.

(일제강점기 때인 당시 대원사에는 대처승들이 살았다고 한다.)

젊었을 때 사상적으로 이리저리 헤매다가 불경을 보니까 불교가 가장 마음에 들더군요. 그래서 참선 좀 하려고 찾아갔던 절인데 그 모양입니다. 그러니 부처님 믿고 불교는 믿어도 중은 안 되겠다고 결심했지요. 당시에 대원사 탑전이 참 좋았습니다. 그래, 그곳에 들어가서 좀 있자니 누가 펄쩍 뜁디다. 본시 탑전이란 게 스님만 있는 곳이지 속인은 들어가지 못한다면서.

그래서 한판 했지요. '너희들은 계집 다 있고, 소 잡아먹고, 술장사 떡장사 다 하고 그러고도 중이냐.' 된다, 안 된다 한참 실랑이를 하는 도중에 주지가 바뀌고 젊은 중이 주지 대리인가를 맡았는데 그와는 말이 통했어요. 그래서 그 탑전에 있으면서 한겨울을 보냈는데, 중들이 보기에 이상했던 모양입니다. 보기도 싫고 그래서 해인사에 공문을 보냈다나 봐요. (대원사의 본사가 해인사였다고 법정스님이 알려주셨다.) 이상한 청년이 와서 있는데 어떻게 처리했으면 좋겠느냐고 물어본 게지요.

그때 해인사에는 백용성白龍城 스님, 송만공宋滿空 스님이 계셨어요. 유명한 도인들이었지요. 그분들이 나를 데려오라고 했다더군요. 그래, 최범술崔凡述이라는 스님이 대원사로 와서는 해인사가 절도 크고 좋은 곳이니 가자고 합디다. 나는 이곳도 조용한데 해인사는 왜 가느냐고 반대했지요. 꼭 오라고 하면서 그이는 떠나고, 얼마쯤 있다 생각해 보니 큰절도 괜찮겠다 싶어서 여기 해인사로 왔는데 그 범술스님은 없고 이고경李古鏡이란 스님이 주지를 하고 있더군요. 찾아가서 단도직입적으로 말했습니다. 나는 중은 싫어하는데 부처님을 좋아해 공부를 좀 하려고 그런다고. 이리저리 말을 해보니까 통하더군요. 유명한 스님이었습니다. 화엄학도 연구하고.

그 이튿날 다시 내가 공부하러 왔다고 했더니 원주스님을 부릅디다. 그런데 그 원주가 안 된다는 거야. 속인을 선방에서 받은 일이 없다는 거지요. 주지가 이 청년은 다른 사람과 다르다면서 야단치더군요. 주지가 받으라면 받지 무슨 말이 많으냐면서. 그러니까 모르겠다며 고개를 흔들면서 나를 선방으로 데려가더군요.

(속인이 선방에 들어간 것은 전무후무한 예외라고 법정스님이 설명했다.)

그래, 내가 처음이고 마지막일 거야. 당시 해인사에 김법린金法麟이라고 전에 문교부장관 하던 이가 있었는데, 이 사람이 나를 볼 때마다 책을 내놔요. 그리고 자꾸 책을 바꿔 주면서 교학敎學을 함께 공부했으면 좋겠다는 겁니다. 참선하지 말고. 그래서 내가 '우리 집이 부자는 아니지만 책 살 돈은 있소이다.' 하고 거절했지요."

● 그때 연세가 몇이셨지요?

"스물 다섯."

● 그때 해인사에서 출가하신 겁니까?

"그렇게 됐습니다. 선방에 있으니까 여러 사람이 찾아오더군요. 노장들에게 이것저것 물었지. 그런데 하나도 모릅디다. 그때 하동산河東山 스님이 오셨어요. 건방지다고 할까, 언제나 그렇듯이 단도직입적으로 '나는 이런 사람으로 이리저리 공부를 했는데 스님 생각은 어떻습니까?' 하고 물었습니다. 그랬더니 초면인데 참 이상하다는 표정이야, 혼자 웃고 그러는 겁니다. 그러면서 당신은 백련암에 있다면서 놀러오라고도 해요. 그래서 찾아갔지요. 반갑게 맞아 주더니 나보고 중이 되라고 합니다. 난 중 안 되려고 원력을 세웠다고 했어요. 통 마음에 없었으니까.

그런데 내 이름을 지었다며 성철性徹이라는 겁니다. 지금 이름이지. 그리고 모월 모일에 계戒도 준다더군요. 참 이상도 하지, 중은 안 되려고 했는데 그 노장을 가만히 보니까 싫지가 않아요. 그래서 억지로 이상하게 되어 버렸어요. 강제로 계를 받은 거지요. 동산스님의 상좌가 된 턱이지."

- 중 되신 것 후회 안 하십니까? (법정스님이 웃으며 물었다.)

"전혀 후회 안 했지요. 혼자 살았으니까."

- 스님께서 출가하실 때 댁에서는 반대하지 않았습니까?

"반대했지요. 내가 장자長子인데 반대 안 할 턱이 있소? 그렇지만 여러 가지 수단이 있거든. '중이 안 되면 내가 죽을 사주랍니다.'라고 거짓말을 했지요. (웃음) 나를 그냥 두면 곧 죽는다는데 어떻게 하겠어요. 부모들이 그런데 제일 약하거든. 죽지만 말라고 그러지요."

- 부인께서는?

"찾아오는 이는 어머니였는데, 내가 원체 무섭게 하니까 딴 사람은 안 왔어요. 금강산에 있을 때 어머니가 찾아오셨더군요. 막 무어라고 하니까 '난 너 보러 안 왔다. 구경하러 왔지.' 그러시더군요."

(종정스님은 세상 인연 다 그런 것이라는 듯 미소만 흘리고 있었다. 출가

전에 결혼한 부인 이야기에는 직접적인 응답이 없이 어머니 이야기를 꺼냈는데, 아들을 여러 번 찾으셨던 모양이다. 성철스님은 그 낌새를 알면 산으로 못 올라오도록 어머니가 다치지 않을 만한 거리에서 돌을 던지며 피했다고 한다. 그러면 어머니는 가지고 온 옷이나 음식을 바위 위에 올려놓고 돌아갔다가 며칠 후 다시 찾아와 그 물건들이 그냥 있는지 확인했다고 한다. 없어졌으면 '아들이 가져갔겠지' 하고 좋아했을 모정. 그래서 실례인 줄 알면서도 다시 물었다.)

● 연緣을 끊기가 어렵지 않았습니까?

"장사를 하는데 말이지요, 이쪽에 10원짜리가 하나 있고, 저쪽에 백만원짜리가 있다면 10원짜리를 버리고 백만원짜리를 갖지 않겠습니까? 세상 삶이 10원짜리도 안될 때가 있거든요. 알겠소? 내가 보는 것은 돈으로 가치를 칠 수 없는 좋은 길인데 이 조그만 10원짜리 가치가 눈에 띄겠느냐, 이 말입니다."

● 부모와 처자식을 버린 것은 스님만의 이기심 때문이 아닌가요?

"그것도 모르는 소리지요. 출가란 조그만 가정과 가족을 버리고 큰 가족인 온 세상을 위해 사는 겁니다. 출가의 근본정신은 자기를 완전히 버리고 일체를 위해서 사는 데 있어요. 이것이 불교의 참 정신입니다. 자기중심이 되어 산다면 그것은 출가가 아니라 재가인 거지요. 출가한 이들이 이 정신을 잃게 되면 온갖 부정과 갈

등과 분쟁이 생기게 마련입니다. 자신을 위해서 하는 것은 모두 위도偽道입니다."

● 그동안 사시면서 정말 한번도 후회 안 하셨습니까?

"참말로 내 생활에 후회 안 했는데, 종정하면서부터 지금 후회하고 있어요. 이건 아주 몹쓸 사람들한테 들려있는 것 같아. 지금 당장 조처하고 싶지만 종단 사정이 곤란하게 되어 있어서 할 수 없이 있는데, 조계종 밥 50년 먹었으니까 그 밥값 한다고 생각합니다. 그때 내가 중 안 됐으면 종정 이런 거 안 했을 건데."

● 그렇다면 그들을 좀 바르게 구제하셔야지요.

"거, 내 힘으로 잘 안돼요. 말을 들어야지. 그러나 결국은 사필귀정事必歸正입니다. 이심전심以心傳心으로 언젠가는 되겠지요."

● 그러면 종정을 그만두시면 되지 않습니까?

"종정을 '안 한다'고는 하지 말라고 해서 내가 그러겠다고 했으니 '안 한다'고는 할 수 없지요. 여러 가지 곤란해서 한 말이지만 약속은 지켜야 할 게 아닌가."

● 그럼 종정스님 혼자만 약속을 지키시겠다는 말씀이신지요?

"천하 사람하고 약속을 했는데, 천하 사람은 모두 안 지켜도 나는 지켜야지." (아주 고집스런 억양이다.)

● 스님께서 서울에 가시든지 총무원 스님들을 이곳에 부르시든지 하시지요.

"나는 가지 않을 게고, 그들이 오지도 않을 게여. 나는 나대로 여기 있으면서 보는 게지."

● 이심전심이랄까, 사필귀정까지 기다리려면 너무 시간이 걸리지 않겠습니까?

"그건 모르겠어요. 그래도 1천 6백년 역사를 가진 우리 불교가 일조일석一朝一夕에 망하기야 하겠소."

● 당초 3월까지 조계종의 제도 개혁이 마무리 될 것으로 여겼는데 다소 시간이 더 걸릴 모양이지요. 종정께서도 빠른 시일에 제도 개혁을 하라고 말씀하셨고. 너무 시간을 오래 끌면 개혁의 신선한 의지가 퇴색하지 않을지요.

"조계종단 하면 싸움하는 종단이라고 한다면서요? 유감입니다. 이번 기회에 우리가 참다운 개혁을 해서 싸우지 않는 종단을 만들어야 해요. 그래서 제도 개혁을 하라고 한 겁니다. 이 일이 워낙 큰 사업이라 예정보다 늦어지고 있다는데 나도 고의로는 안 봐요. 그러나 늦어도 오는 사월 초파일에는 우리의 새로운 모습을 국민과 종도宗徒 앞에 보여야지요. 만약 그때까지도 개혁된 새 모습을 보이지 못하면 국민과 종도들에게 큰 실망을 안겨주게 될 겁니다."

● 어떤 방향의 개혁을 구상하고 계십니까?

"종교의 개혁이란 본시 교조敎祖의 근본 사상에 입각해서 해야지, 거기에 조금이라도 배치된다면 그것은 개혁이 아니고 역행逆行입니다. 세월이 지나감에 따라 교법에 위배되고 폐단이 생기게 되는데, 변질된 폐단을 완전히 청소하고 교조의 근본 사상으로 환원하는 것이 개혁이라고 생각해요. 불교의 승려라면 독신으로 청정한 수행과 교화를 하는 사람을 말하는데, 결혼하여 가정을 가진 사람을 승려라 한다면 그것 불법이 아닙니다. 아무리 수십 년을 두고 청정한 수도 생활을 했다 하더라도 일단 결혼을 하면 그는 신도이지 승려라 할 수 없습니다. 어떻게 해서든지 부처님의 근본 사상에 입각해야만 참다운 개혁이 이루어지리라고 봅니다."

● 불교계에 어떤 문제가 생길 때마다 승려들의 자질이 지적되고, 그에 따른 교육 문제가 거론되었습니다. 그러나 아직까지 이렇다 할 조치는 따르지 않고 있습니다. 승려 교육의 개선책을 어떻게 구상하고 계시는지요?

"부끄러운 말이지만 승단에는 현대적인 교육이 거의 없다고 보아야 할 것입니다. 일반 사회는 자꾸 발전하여 국민의 교육 수준도

날로 향상되고 있는데 우리 승려 교육은 그에 부응하지 못하고 있는 안타까운 실정입니다. 1천 6백년 역사를 지닌 종단에서 승려의 전문 교육 기관인 승가대학 하나 제대로 된 것이 없다는 것은 실로 부끄러운 일입니다. 이 시대를 이끄는 교역자가 되려면 최소한 승가대학을 만들어 거기를 거쳐 나온 사람에게만 승려의 자격을 부여해야 해요. 그래서 내 생각으로는 고등학교 이상의 교육을 받고 처음 절에 들어오면 승가대학에 들어가 4년 간 불교의 기본 교육을 배우고 익히게 한 후 비로소 비구계를 주어 승려가 되도록 해야할 거라고 봅니다.

승려의 교육 수준이 대학 수준에 이르지 못하면 앞으로 불교 교단은 자멸하게 될 것이고, 이 시대의 골동품이 될 거예요. 기성 승려들도 재교육의 기회를 주어 대학 수준에 이르도록 해야지요."

● 아직도 한국 불교의 대다수는 기복적인 신앙 형태에서 벗어나지 못하고 있는 실정입니다. 참된 불공이 무엇인지, 공양의 의미가 어디에 있는지, 이런 기회에 다시 한번 말씀해 주시면 좋겠습니다.

"요새 어떻게 보면 한국 불교가 무속巫俗인지 종교인지 분간할 수 없을 때가 있습니다. 기복, 즉 복을 비는 일은 순전히 이기심에서 나온 것입니다. 자기만을 위해 절에 다니고 불공을 한다면, 그것은 불공과는 역행하는 거지요.

부처님이 말씀하시기를, 남을 돕는 일이 불공이라고 했습니다. 남을 돕는 데는 여러 가지가 있습니다. 물질적인 도움이 있고, 정신적인 도움이 있고, 육체적인 도움도 있습니다. 정신적으로 고민

하는 사람을 위로해 주는 것도 불공이고, 무거운 짐을 대신 들어 주는 것도 불공이며, 배고픈 사람에게 음식을 주는 일도 불공입니다. 뿐만 아니라 물에 떠내려가는 벌레를 구해 주는 것도 불공이 됩니다. 불공이란 인간끼리만 국한되는 것이 아닙니다. 일체 중생을 보호하고 도와주는 것은 모두 불공입니다. 처음에는 잘 안 되지만 자꾸 하다 보면 자연스럽게 됩니다. 나를 해롭게 하고 원한이 맺힌 원수를 돕는다는 것은 여간 어려운 일이 아니지만 나를 해롭게 하고 나를 미워하는 사람을 가장 존경하고 돕는 것이 참된 불공입니다. 이것이 진정한 불교입니다.

원수를 사랑하라는 말도 있지만, 불교에서는 설사 내 부모나 자식을 죽인 사람이라 할지라도 부모와 같이 섬기라고 했습니다. 보통 사람을 돕거나 존경하기는 쉽지만 원수를 그렇게 하기란 참으로 어려운 일입니다. 그러나 그것이 자비입니다. 이런 것이 진정한 불공이고, 또한 불교의 근본 사상입니다."

● 스님들이나 신도를 가릴 것 없이 요즘의 한국 불교도들은 불조佛祖의 법문인 경전이나 어록을 별로 읽지 않는 것으로 여론 조사 결과 나타났다고 합니다. 이 점 어떻게 생각하시는지요.

"참 문제입니다. 불교를 믿는 사람이라면 부처님을 믿고, 부처님의 말씀인 법문을 믿는다는 것인데, 부처님이 뭐라고 말씀하셨는지 그 가르침을 배우고 익히지 않는다면 불자라고 할 수 없습니다. 어느 종교든지 그 교조의 성전을 생명으로 삼고, 그것을 잘 배우고 연구하고 실천에 옮기는 것이 신도의 도리입니다. 기복 불교의 폐

단도 바로 이런 데 그 원인이 있습니다. 우리가 불교를 믿는다고 한다면 자기 자신의 생각이나 생활 습관을 버리고 부처님 가르침대로 생각하고 또한 그렇게 살아가야 합니다."

● 어떤 사람들은 '불립문자 직지인심 견성성불不立文字 直指人心 見性成佛'을 잘못 이해하고, 경전을 무시하는 경향이 있는데요.

"불립문자란 최상급에서 하는 소리입니다. 문자도 필요 없다, 부처님 법문도 필요 없다, 조사의 법문도 필요 없다는 소리로 알아서는 큰일입니다. 약이 필요 없다는 것은 병이 없는 사람에게 해당되는 소리이지 병자에게는 약이 꼭 필요합니다. 그러니 우리가 본래의 건강을 회복하기까지는 약을 곁에 두고 먹어야 합니다.
부처님이나 조사의 말씀을 의지하지 않는다면, 그럼 무엇을 의지하겠다는 것인가. 제멋대로 생각하고 산다면 그건 외도요 악인이 되기 쉽습니다. 부처님이나 조사의 말씀이 필요 없을 수준에 이르기까지는 반드시 그 가르침에 의지해야 바른 길을 갈 수 있습니다."

● 어떤 종교에서는 오로지 자기네가 믿는 종교를 통해서만 구원을 받을 수 있다고 합니다. 이런 점을 불교의 입장에서는 어떻게 말할 수 있을까요?

"그것 참 곤란한 문제입니다. '너는 내 말만 들어야지 남의 말을 들으면 살 수 없다'고 한다면 우리는 그런 사람을 두고 인격을 지닌 사람이라고 할 수 없을 것입니다. 다른 사람을 무시하거나 배척하면서 자기만을 내세운다고 해서 자기가 내세워지겠습니까?

　종교도 마찬가지지요. 오히려 내 말을 듣지 않는 사람들까지도 살길을 열어 주는 것이 진정한 종교가 아니겠습니까. 우리 종교를 믿어야만 구원을 받지 다른 종교를 믿으면 구원을 받지 못한다고 우긴다면 문제가 큽니다. 불교는 일체법一切法이 개시불법皆是佛法, 즉 모든 것이 불교 아닌 것이 없다고 선언합니다. 다시 말하면 한 법도 버릴 게 없는 것이 곧 불교라고 합니다. 이렇게 활짝 문을 열어 놓은 채 자기 자신을 바로 보아라, 자기를 바로 알고 이웃을 도우라고 가르칩니다. 불교에서는 부처님 믿고 안 믿고는 큰 문제가 안됩니다. 자기 마음을 바로 보고 바로 쓰면서 바른 행동을 하는 것이 근본 입장입니다. 그러니 석가모니에 의지하지 않더라도 누구나 해탈할 수 있습니다."

● 요즘 우리나라 종교계 일각이 물량주의와 거대주의에 도취되어 있는 것 같습니다. 아직도 많은 서민들의 생활 수준은 밑바닥에서 헤어나지 못하고 있고 나라는 빚에 허덕이는 실정인데, 수십 억짜리 교회나 성당을 세우고 야단스런 법당을 짓는 일에 열을 올리고 있습니다. 이런 현상을 어떻게 보시는지요?

"정신적인 양식을 개발하고 공급하는 것이 종교입니다. 사람이란 물질에 탐착하면 양심이 흐려집니다. 그렇기 때문에 어느 종교든지 물질보다 정신을 높이 여깁니다. 부처님의 경우를 보더라도 호사스런 왕궁을 버리고 다 해진 옷에 맨발로 바리때 하나 들고 여기저기 빌어먹으면서 수도하고 교화했습니다. 그리고 마지막에는 그 교화의 길에서 돌아가셨습니다. 철저한 무소유에서 때묻지 않은 정신이 살아난 것이며, 그 산 정신을 널리 전파한 것입니다.

또한 예수님이 마구간에서 태어난 그 의미를 알아야 합니다. 우리가 진정한 불교도 혹은 기독교도라면 부처님이나 예수님의 생활 태도 그대로 본받아야 할 것입니다. 정신이 병든 것은 물질 때문입니다. 종교인이 청정하고 올바른 생활을 하려면 최저의 생활로 자족할 수 있어야 합니다. 여유 있는 물질은 반드시 사회로 환원해야 죄를 덜 짓게 됩니다."

● 산중에 있는 이름 있는 절은 정부가 추진하는 국토 개발의 시책으로 거의 공원이 되고 말았습니다. 비교적 덜 오염된 송광사나 봉암사까지도 당국에서는 공원으로 개발하겠다고 서두릅니다. 이에 대해서 불자들이 크게 분개, 그 개선책을 요구하고 나섰습니다. 스님께서는 이 문제를 어떻게 생각하십니까?

"사찰은 수도장입니다. 도를 닦고 교화하는 곳이지 관광하고 유람하는 유흥장이 아닙니다. 사찰을 공원으로 만드는 것은 사찰을 완전히 파괴하는 행위입니다. 사찰이 수도원의 기능을 하지 못하고 유흥장으로 변모된다면, 거기에 와서 노는 국민의 정신마저 결국 황폐하게 되고 말 겁니다. 그윽한 수도원의 환경이 파괴된다면 시민들은 어디에 가서 정신적인 양식을 찾고 휴식을 할 것인지 당국에서는 배려해야 할 줄 압니다.

이러한 문제는 특정 종파의 문제이기 이전에 국민의 정신 계발

차원에서도 재고되어야 합니다. 그러니 불자들도 사찰을 이 이상 관광위락지로 만들지 못하도록 적극적으로 반대 운동을 전개해야 합니다."

● 우리 민족의 과제는 더 말할 것도 없이 통일입니다. 분단 체제로 인해서 민족의 저력은 남과 북 모두 부질없이 소모되고 있습니다. 우리 사회의 모든 문제도 마침내 이 분단 체제의 틀에 걸리고 맙니다. 스님이 생각하시는 국가나 통일에 대한 견해를 듣고 싶습니다.

"산중에 사는 사람이라 잘은 모르지만, 우리가 남과 북으로 분단된 것은 우리 자신이 만든 것이 아니고, 국제적인 사정으로 그렇게 된 것입니다. 38선이 혹은 휴전선이 몇 개 그어졌다 해도 남쪽이나 북쪽이 다 같은 한 민족 아닙니까. 선을 그어 놓았다고 피가 달라지겠습니까, 민족이 달라지겠습니까. 언젠가는 하나를 이루고 말 것입니다. 서로가 인내력을 가지고 아집만을 주장할 게 아니라 한 덩어리가 되도록 노력해야지요."

● 로마 가톨릭 교황께서 사월 초파일 직전에 우리나라를 방문하십니다. 초청일자와 행사 장소를 두고 교단 일각에서는 말이 좀 있는 것 같습니다. 한국 천주교회 측에서도 미안해하면서 불교계 지도자와 만나 협조 방안을 의논하고 싶다는 뜻을 밝힌 바 있습니다. 스님의 생각은 어떠신지요?

"그동안 초파일 행사를 여의도 광장에서 해 왔는데 하필 초파일 무렵에 교황을 초청, 남의 행사를 방해할 수 있느냐고 말하는 사람들이 더러 있는 모양입니다. 그러나 우리 불교는 1천 6백 년 동안 초파일 행사를 해마다 해 왔고 앞으로도 할 것이니, 교황 같은 종교계의 지도자가 한국을 방문하는 것은 타종교의 입장에서도 같이 환영하고 경사로 받아들여야 할 것입니다. 설사 우리 행사에 다소 지장이 있더라도, 어떤 장소에서든지 행사가 원만히 이루어지도록 불교도들도 협력을 하는 것이 진정한 종교인의 자세일 것입니다."

● 스님의 뜻에 저도 전적으로 동감입니다. 일반인들이 궁금해 할 것 같아서인데요, 스님의 하루 일과를 이런 기회에 조금 열어 보이시겠습니까?

"나는 해가 뜨는지 달이 뜨는지 그런 걸 모르고 살아요. 배고프면 밥 한술 뜨고 곤하면 자는 것이 내 하루야."

● 한도인閑道人의 거리낌 없는 일과를 남들이 부러워하겠습니다. 스님은 인간의 삶과 죽음을 어떻게 보시는지요?

"생사生死란 바다의 파도와 같습니다. 끝없는 바다에서 파도가 일어났다 꺼졌다 하듯이 우리도 그렇게 났다가 죽었다 합니다.
그러나 바다 자체를 볼 때는 늘고 줌이 없지요. 삶과 죽음 그 자체도 그렇습니다. 인간뿐만 아니라 만물의 자체는 바다와 같이 광대무변廣大無邊하고 영원해서 상주불멸常住不滅이며 불생불멸不生不滅

입니다. 그러니 결과적으로 삶과 죽음은 하나이지 둘로 볼 수 없습니다."

● 스님께서 젊었을 때 읽고 감명이 깊었거나 영향을 받은 서적이 있으면 말씀해 주시겠습니까?

"젊어서는 다독주의였어요. 처음 볼 때는 뭔가 있나 하다가 곧 싫증을 내곤 했지. 그래서 지적으로 방황도 했어요. 그러다가 불교의 『신심명』과 『증도가』를 얻어 보고 캄캄한 밤중에 횃불을 만난 것 같고 밤중에 해가 뜨는 것 같았지요. 내 갈 길이 환히 비치는 것 같았습니다. 그래서 출가하기 전에도 감명 깊게 많이 외웠습니다. 지금도 『신심명』과 『증도가』로 생활해 가고 있는 셈입니다."

● 가장 좋아하는 선사禪師를 한 분 들라면 누구를 드시겠습니까?

"나는 조주趙州스님을 좋아합니다. 조주스님 법문은 아주 평범하면서도 뜻이 깊고 높아요. 그 생활이 참으로 도인의 생활입니다. 철저한 무소유의 수도인이었지요. 신도들 신세 안 지고 자작자업으로 살아갔습니다. 나중에 세상에 덕망이 알려지자 왕이 큰절을 지어 주려고 했는데, 펄쩍 뛰면서 '나를 위해 돌 한 덩이 풀 한 포기 건드리면 여기 살지 않고 떠나겠다.'고 할 정도로 결백했어요."

● 스님은 선禪과 교敎에 당대 제일이 아니십니까?

"모르는 소리예요. 모르는 사람들은 천자문 하나만 외어도 문장 같이 보거든. 알고 보면 나는 아무 것도 모르는 사람입니다."

● 스님께서는 장좌불와長坐不臥 8년을 하셨습니다. 그러니까 한 번도 눕지 않고 8년을 지나신 것이 아닙니까?

"8년 동안 기대지도 않았지. 나는 성질이 고약해서 염분을 안 먹는다면 철저히 무염식을 하듯 한번 안 한다 하면 안 하지요. 그러나 억지로 하려면 안됩니다. 자기가 좋아서 해야지요."

● 그런 고된 수행을 통해서 얻은 소득이라면 무엇이 있는지요?

"뭐, 소득? 어떤 소득이라면 알겠나? 봉사를 보고 단청을 보라는 이야기지."
(그 경지를 모르는 사람은 설명을 해줘도 모를 것이라는 뜻이다. 질문한 기자가 한 순간에 장님이 되어버린 격이니 좌중에 다시 한번 폭소가 터졌다.)

● 깨달음의 경지는 어느 정도를 가리키는 것입니까? 큰스님을 포함해서 묻는다면 실례가 되겠습니다만.

"온 천하가 피바다지."

● 예? 모르겠는데요.

"깨달은 것은 전부 '무無'입니다. '무'라고 가정을 하거든요. 그렇다면 온천하가 피바다가 되는 거지. 그래, 알겠소?"

("깨달음의 경지가 되면 온천하가 피바다가 될 것이라는 말입니다. 이게 답입니다." 법정스님이 설명했지만 쉽게 깨달을 수 없는 선답이었다.)

● 단청 말씀이 나왔으니까 말입니다만 백련암에는 단청이 전혀 안 되어 있던데요.

"단청? 무엇하려고?"

● 불교 예술의 한 분야가 아니겠습니까?

"단청이라, 난 그거 반대해요. 신도들이 아무리 와서 단청하자고 해도 내가 안 듣지요. 어떤 스님은 단청을 하면 집의 수명이 배로 늘어난다고 그럽디다. 그럴 수도 있겠지요. 2백 년 갈 것이 4백 년 간다 이건데, 하지만 나는 싫습니다. 그래서 내가 죽으면 몰라도 살아 있을 때는 절대 안 된다고 하지요."

● 대부분의 법당에는 단청이 되어 있지 않습니까.

"그건 부처님이 계신 곳이니까. 사람 사는 곳에 단청한다는 것은 사치라고 생각합니다. 나는 여자들이 화장하는 것도 이해 못하겠습디다. 속은 썩었는데 겉만 번지르르 하면 뭐하나. 본시 마음이 문제지, 겉에만 잔뜩 바른다고 그 마음이 바뀌어지나요."

● 요즘 절에는 없는 것이 없더군요. 텔레비전, 냉장고, 가스레인지, 전화, 심지어 자가용까지도 있고.

"승려는 최저 생활을 하며 남을 위해 기원하는 사람입니다. 출가한 남자를 '비구'라고 하지요. 그 비구라는 말이 걸인이라는 말입니다. 얻어먹는 사람이에요. 옷도 마음대로 입는 게 아닙니다. 버린 헝겊을 주워 깨끗이 해서 입는 거지요. 그것도 두 벌 이상 가지면 안돼요. 옷은 헌 것을 입고 밥은 얻어 먹고, 이게 부처님이 가르친 철칙이지요. 부처님의 법을 지켜야 하는 승려들이니, 시대가 아무리 변했다고 해도 검소하게 살아야지요. 내가 오늘 조선일보에 너무 말을 많이 하는 것 같아."
(법정스님이 말을 받아 "종정스님 오늘 기분이 좋으신 모양이지요." 하고 말했다. 좌중은 다시 한번 웃었다.)

● 신문은 보십니까?

"천하 신문 다 봅니다. 인쇄 안된 내 신문 늘 보지요. 시자들이 오려서 오는 불교 관계 기사도 보고. TV도 있어요. 뭘 보냐하면 불교 성지 등을 테이프로 봅니다. 카메라도 있어요. 놀러오는 어린이들을 찍어주곤 하지요. 나는 어디 가든지 사람이 눈에 잘 안 들어오는데 꼬마들은 눈에 쏙 들어옵니다. 꼬마들이 내 친구예요. 노래도 부르고 춤도 함께 추지."

● 요즘도 불쌍한 어린이들이 많은 것 같습니다. 미혼모들이

버리는 경우도 있고. 갈 곳이 없는 노인들도 적지 않은 것 같구요. 불교계에서 이들을 돌봐줄 고아원이나 양로원 등을 만들어 조직적으로 사회 복지 운동을 편다면 큰 효과가 있지 않겠습니까?

"좋은 말입니다. 그러나 남을 돕는 것을 알게 하면 안돼요. 모르게 모르게 해야 합니다. 남이 알게 하는 것은 자기선전에 불과해요."

● 보충설명을 안 하면 오해가 있을 수 있습니다. (법정스님이 덧붙였다.)

"불교의 사회봉사가 다른 종교와 다른 점이 있습니다. 『금강경』이나 반야 사상 같은 데서 어떠한 선한 일을 하더라도 아무 자취 없이 하라고 강조합니다. 그것을 상相이라고 하는데 생각의 자취마저 남기지 못하도록 합니다. 내가 선한 일을 하려고 생각했다면 벌써 보살이 아니라는 것이지요.

기독교 단체에 비해 불교가 미온적인 것 같지만 제가 알기로는 남들 모르게 좋은 일을 하는 불교 신자들이 많이 있을 것으로 생각합니다. 교도소나 고아원, 양로원 같은 곳에 정기적으로 가는 단체도 있습니다."

● 기독교에서도 마찬가지인 것으로 알고 있습니다. 오른손이 하는 일을 왼손이 모르게 하라는 성경의 말씀도 있지 않습니까. 그러나 현대 사회에서는 조직적인 것이 효과적이지 않겠습니까?

"조직적으로 하더라도 비밀결사를 하듯이 쥐도 새도 모르게 하면 참말로 남을 도울 수 있겠지요."

● 말하자면 이런 것입니다. 그 선한 일 자체도 부자유로 얽을 수 있다는 것입니다. 쇠사슬만이 사슬이 아니고 황금사슬도 사슬이 된다는 것입니다. (법정스님이 부연 설명을 했다.)

"그렇지요. 황금사슬도 사슬이지요. 참으로 남을 돕는 사람은 아무 말 안 하고, 오히려 남이 볼까 두려워합니다. 좋은 일이라도 남이 알게 하면 위선자가 됩니다. 그래서 남모르게 도우라고 기회가 있을 때마다 말합니다. 이게 보살정신의 기본입니다.
또 하나 조건이 있습니다. 남을 도와줄 때 불쌍한 생각을 하지 말라는 겁니다. 인간의 가치란 누구나 똑같기 때문입니다. 겉으로 보면 다리 없는 사람, 코 깨진 사람, 눈먼 사람도 있어 다 다르지만 사람의 속은 똑같은 겁니다. 그러니 조금이라도 불쌍한 생각을 한다면 저쪽 인격을 무시하는 겁니다. 남을 도우려면 존경하는 마음으로 하지, 그렇지 않으면 하지 말라고 불교에서는 가르칩니다."

● 고민하는 현대인들이 많은 것 같습니다. 가치관의 혼돈 속에 갈피를 못 잡고 있다고나 할까요. 현대인들에게 삶을 위한 법문을 주시지요.

"그거 별거 아닙니다. '내가 사람이다' 하고 생각하면 모든 고통이 없어질 겁니다. 사람이라고 하면 사람의 본분을 지켜야 하거든요. 개, 돼지 같은 짐승처럼 날뛸 수 없다는 말입니다. 개는 똥만 보면 뛰어가지요. 사람도 물질만 보면 쫓아가는 이들이 있어요. 뭐 다를 게 있습니까. 욕심의 노예가 되면 동물이 되어버리는 겁니다. 사람이라고 생각하면 그럴 수 없지요. 사람들이 욕심을 없애면 바로 이곳도 극락입니다. 사람이면 '사람'을 발견해야 합니다. 그런데 도대체 천지간天地間에 '사람'이 없단 말입니다. 그러니 이제부터라도 '나는 사람이다' 하고 살아야지요. 온 세상 사람들이 모두 그렇게 산다면 뭐 걱정할 게 있겠습니까. 그러려면 자기 자신을 보는 눈이 날카로워야지요. 말처럼 쉬운 것이 아닙니다."

● 불교에서 말하는 인과법칙因果法則이란 무엇입니까?

"인과법칙이란 우주의 근본 원리입니다. 불교에만 해당하는 것이 아니지요. 콩 심은 데 콩 나고 팥 심은 데 팥 나듯이, 선인선과善因善果 악인악과惡因惡果가 나지요. 남을 위해 기원하면 나를 위한 것이 되고, 남을 해치면 결국 나를 해치는 게 되는 겁니다. 생태학에서도 그렇다고 할 겁니다. 농사에서도 그렇지요. 곡식이 밉다고 곡식을 해쳐보십시오. 누가 먼저 배고프겠어요."

● 스님의 좌우명 같은 것도 듣고 싶습니다.

"내가 무슨 좌우명이 있겠습니까. '차나 한 잔 마셔라' 하는 것으로 좌우명을 삼지요. 차란 불교 안 믿는 사람도 마시지 않습니까."

● 스님, 차 한 잔 마시고 다들 정신을 바짝 차렸으면 좋겠습니다. 이른 아침부터 장시간 귀찮게 굴어 죄송합니다. 좋은 말씀 깊이 간직하겠습니다.

인과因果가 있을 뿐 운명은 없다

|1983년 5월호 샘터, 정채봉 기획부장과의 대담|

아침에 올라가는 가야산은 안개가 끼어서인지 골이 더 깊어 보였다. 간혹 다람쥐가 빠끔히 내다보는 산길에는 진달래 꽃망울이 잔뜩 부풀어 있었다.

10시, 다시 백련암. 염화실의 미닫이에 스님의 그림자가 비치는가 싶더니 이내 문이 열렸다. 밝은 얼굴빛 때문일까. 깊은 소沼를 연상케 하는 스님의 눈에서는 청솔바람이 이는 듯했다.

● 스님이 지금 느끼시고 계시는 것은 무엇인지요?

"따스하니까 다니기에 좋네."

● 봄이면 젊은이들한테 봄바람이 난다고 합니다만.

"꽃 필 때 춤도 춰 보는 게 좋지."

● 불란서의 작가 마르그리뜨 유르스나르 여사는 현대 문명사회의 미美는 사물의 경우 자연의 원리에 충실할 때라고 했습니다. 스

님께서는 어떻게 생각하시는지요?

"자연을 바로 보는 것이 참다운 미입니다. 화가는 자기가 보는 대로 그리지요. 그러나 눈을 뜨고 보는 사람하고 눈을 감고 보는 사람의 작품은 천지 차이가 있는 겁니다. 내가 자꾸 눈을 뜨면 광명이고 눈을 감으면 캄캄하다고 말하고 있는데, 사람들이 눈을 뜨고 사는 것 같지만 실제에 있어서는 감고 사는 거예요.

눈을 바로 떴을 때라야 '아, 내가 이제껏 눈을 감고 있었구나.' 하고 깨닫지요. 꿈을 꾸면서 꿈이라고 어디 생각합니까? 꿈을 깨서야 아, 꿈을 꿨었구나 하는 거와 마찬가집니다. 자연, 자연 해도 보는 사람마다 다 달라요. 산은 산이고 물은 물이나 그것을 바로 보기는 참으로 어려운 것입니다."

● 스님께서 조금 전에 말씀해 주신 '바로 보는 경지'를 일반적으로 도道라고들 하는 것 같습니다. 그 도에 대해서 좀더 자세히 설명해 주십시오. 그리고 도를 깨치려면 어떻게 해야 하는지요?

"도는 우주의 근본이며 만물의 자체이니 시공을 초월하고 시공을 포함한 절대체絕對體입니다. 따라서 만물 하나하나가 모두 도이며 현실이 곧 절대입니다. 이 도는 인간의 마음속에 완전히 갖추어져 있습니다. 그러므로 마음을 바로 보면 도를 아는 것이니, 이것을 깨쳤다고 하지요.

마음을 보지 못하는 것은 망상이 마음을 덮고 있기 때문이니, 구름이 해를 가리면 해를 보지 못하는 것과 같습니다. 해를 보려면 구름이 걷혀야 함과 같이 마음을 보려면 망상을 없애야 해요. 망상이 티끌만큼이라도 남아 있으면 마음을 보지 못합니다."

● 그러면 스님, 도를 깨치면 어떻게 됩니까?

"도를 깨치면 망상이 영영 소멸되어 소멸된 그 자취도 없게 되니 이것을 무심無心이라고 합니다. 망상이 소멸되어 무심이 되면 어떠한가. 목석木石과 같으냐, 그게 아니지요. 큰 지혜광명이 나타나서 항상, 한결같이, 영영 변함이 없습니다. 이것을 일여一如라 합니다. 보통 사람들은 깊이 잠이 들면 정신이 캄캄하게 어둡지만 깨친 사람은 광명이 항상 일여하므로 아무리 깊은 잠이 들어도 마음은 밝아 있으니, 이것이 깨친 제일의 증거이지요."

● 운명에 대해서도 듣고 싶습니다. 그리고 운명이라는 것을 바꿀 수 있는지요? 있다면 그 방법을 일러주십시오.

"인과因果가 있을 뿐이지 결정적인 운명은 없습니다. 콩 심은 데 콩 나고 팥 심은 데 팥 나는 우주의 근본 법칙 그대로이지요. 모든 결과는 노력 여하에 달려 있습니다. 결과를 걱정할 것이 아니라 힘써 노력하면 좋은 결과는 자연히 따라옵니다. 여기에 큰 자유의 원리가 깔려 있어요. 어떤 분은 결과가 원인에 반비례하는 일도 있다고 할지 모르나 이는 노력이 부족한 탓이지 운명 때문은 아닙니다. 자력自力을 다했을 때 타력他力이 나타나는 거예요.
선은 행복을 낳고 악은 불행을 부르는 원리에는 변동이 없습니다. 즉 남을 돕는 선행만 하면 바라지 않아도 선과善果는 따라오게 마련입니다. 그러나 특별히 유의할 것은 남을 도울 때는 다만 남을 돕는다는 생각만 가져야 한다는 것입니다. 만약에 남을 이만큼 도우면 나에게 그만한 대가가 올 것이라는 상업심리로 하면 이는 장사이지 남을 돕는 것이 아닙니다.

참으로 남을 돕는 사람은 남을 돕고 또 돕고 하여 이것을 끝없이 반복하여 나아갑니다. 여기에서 참다운 운명을 알게 되어 영원한 인격자가 되는 것이지요."

● 좀 엉뚱한 질문을 하나 하겠습니다. 지금 용돈을 얼마나 가지고 계신지요?

"내 손에는 한 푼 없으나 천하 돈이 다 내 돈이지요."

● 지금도 기운 누더기 옷을 입고 계시는데, 그 옷을 입으시면 특별히 마음이 편하신지요?

"똑같애요."

● 가톨릭의 프란체스코 성인도 가난한 사람들로부터 천을 한 조각씩 얻어서 옷을 만들어 입었다 하더군요.

"나는 오래 입으면서 자꾸 깁다 보니 자연 이렇게 된 것이에요."

● 얼마 전에 펴낸 스님의 법어집 『본지풍광本地風光』을 보니 우리 전체가 그대로 광명이라고 말씀하셨더군요. 그렇다면 부정한 사람 자체도 광명에 포함되는지요?

"영원하고 무한한 광명은 절대를 표현한 것이기 때문에 우주 만물에 평등하여 차별이 없습니다. 가장 위대한 인격자나 극악무도한 살인강도, 아름다운 꽃이나 더러운 오물 전체가 평등하게 광명인 것이지요. 가까운 예를 들어 말하면 사람이 각각 다른 옷을 입었다고 사람 자체가 달라진 것은 아니지 않습니까. 또한 순금으로 천태만상의 기물을 만들었다 해도 전체가 순금임에는 틀림이 없습니다. 우리가 물건을 살 때 새 돈, 헌 돈, 성한 돈, 찢어진 돈의 차별 없이 돈의 가치가 같음과 같습니다."

● 그렇다면 세상에 무엇이 나쁜 것입니까?

"망상을 제거하지 않는 것이 나쁜 것이지요."

● 그러나 스님, 현실은 물질과 과학 만능이어서 사람다운 삶을 살기란 점점 어려워진다고들 합니다.

"그러니까 눈을 뜨고 바로 보란 말입니다. 자기의 본모습은 광대무변한 바다와 같고, 물질은 바다 위에 일어났다 없어졌다 하는 거품과 같습니다. 바다인 자신의 가치를 알면 거품인 물질에 따라가지 않을 거예요. 우리가 살고 있는 지구가 한없이 큰 것 같지만 허공 속에서 볼 때는 보잘것없는 미소한 존재입니다. 지구도 이러하거늘 하물며 지구상의 물질 따위는 더 말할 것도 없습니다.

인간이 바로 살려면 자기의 근본 가치부터 먼저 알아야 합니다. 자기가 순금인 줄 알면 순금을 버리고 먼지인 물질을 따라가지 않을 것입니다. 그러므로 영원하고 무한한 자기를 목표로 하여 살아가야 합니다. 그러면 먼지인 물질에 이끌리지 않을 것이며, 미소한 지구 위해서 저 잘났다고 소리치지 않을 것입니다."

● 행복의 길을 구체적으로 말씀하여 주십시오.

"행복은 인격에 있고 물질에 있지 않습니다. 물질이 풍부하더라도 인격이 부족하면 불행하고, 물질이 궁핍하더라도 인격이 훌륭하면 행복합니다. 보살도菩薩道는 인간 생활의 근본이며 행복의 극치이니, 자기를 아주 버리고 오직 남을 위해서만 살아가는 것입니다. 나는 아무리 고생이 되더라도 남의 안락에 대해서만 노력해 보세요. 남을 위한 나의 노력과 고생이 커짐에 따라 남이 더욱 안락해지면 나의 행복은 더 커지는 것입니다.

인간은 나를 중심으로 하는 한 욕심의 노예가 되므로 모든 죄악과 불행이 옵니다. 나를 잊어버리고 남을 이익케 하는 생활을 계속하면 자연히 인격이 순화되어 영원하고 무한한 자기의 참모습을 보게 됩니다. 이런 탁월한 행동과 언설은 생전과 사후를 통하여 항상 남을 이익케 하는 것이니, 이것이 영원하고 진정한 행복입니다. 또한 국가와 사회를 위하여 신명까지 바친 사람은 아무리 비참한 최후를 가졌어도 참으로 행복하다고 아니 할 수 없지요."

● 그것은 희생이 아닌지요?

"행복입니다."

● 일반적으로 잘 살고 높이 되는 것을 행복이라 합니다.

"그거야 어린애들 놀이지."

● 그렇다면 먼저 용서하여야겠군요. 그러나 스님, 악에 대한 용서로 악이 더 커진다면 용서 자체도 악의 편이 된다고 생각하는데요? 그래도 끝없이 용서해야 합니까?

"선과 악은 헛된 분별이어서 악마와 부처가 이름은 달라도 몸은 한 몸입니다. 그러하니 악인을 보면 부처님으로 존경하여야지, 용서를 베푼다면 악인의 참모습은 모르는 사람입니다. 악인은 때묻은 옷을 입은 사람, 부처님은 깨끗한 옷을 입은 사람과 같습니다. 때묻은 옷을 입었다고 사람을 차별 대우하면, 이는 옷만 보고 사람을 보지 못한 것입니다. 그러므로 '사탄이여 물러가라'고 외치지 말고 '사탄이여, 거룩합니다. 나는 당신을 존경합니다'라고 정성을 다하여 섬기십시오. 그러면 이 세상에서 사탄은 찾아볼 수 없게 되고, 오직 부처와 부처만이 서로서로 손을 잡고 살게 될 것입니다."

● 일본의 스즈끼 다이세쓰鈴木大拙라는 선禪 학자는 눈이 먼저

있었던 게 아니고 필요에 의해서 생겨난 것이라 했더군요. 그렇다면 마음도 필요에 의해서 생겨난 것인지요?

"마음은 천지가 생기기 이전부터 있었습니다. 천지가 다 무너져도 마음은 그대로 있는 것이에요. 시간적으로도 공간적으로도 우주에 꽉 차 있는 것이 곧 마음입니다."

● 지금도 사진 기자가 사진을 찍는 중입니다만 스님의 마음을 찍으려면 어디를 찍어야 마음이 나타날는지요?

"내 마음은 우주 전체에 퍼져 있으니 아무 데나 찍어도 내 마음은 다 나타나."

● 곧 부처님께서 오신 초파일입니다. 현대의 젊은이들에게 초파일이 주는 뜻을 듣고 싶습니다.

"눈길을 돌려 밖을 내다보지 말고 자기 속을 들여다봐야 합니다. 모든 보배가 자기 속에 가득 차 있으니까요."

● '샘터'와의 만남은 언제부터입니까?

"창간부터이지요. 특히 '샘터가족실' 난에서 고마운 공양供養을 받고 있습니다."

● '샘터' 독자들에게 한 말씀만 더 해주십시오.

"나는 본래 푸른 산이나 바라보고 흰구름이나 쳐다보며 사는, 아무것도 모르는 산山사람입니다. '샘터'의 요청에 못 이겨 거짓말을 너무 많이 한 것 같군요. 독자들에게 부디 나의 말에 속지 말라 하십시오."

● 종정스님은 자리에서 일어나면서 특별히 '샘터' 가족들에게 법어를 주셨다.

허허
첩첩 산중 깊은 골을 홀로 거니니
인기척에 놀란 토끼 황급히 달아나네.

잣새와 바위종다리 울음소리가 그득한 뜰에서는 마악 목련이 터지고 있었다.
낮 예불이 시작되었다.

4

해탈解脫의 길
수도자에게 주는 글

처음 출가한 수행자들이 퇴보하지 않는 굳은 신심으로
열심히 수행하기를 바라는 마음에서
성철 큰스님께서 지어 두신 글을 정리하여 옮겼다.

머리말

호화코 부귀코야 맹상군만 하련마는
백 년이 못다하여 무덤 위에 밭을 가니
하물며 여남은 장부야 일러 무삼하리요.

과연果然이다. 생자필멸生者必滅은 우주의 철칙이니, 대해거산大海巨山도 필경은 파멸하거든 그 사이에 끼어 사는 구구한 미물들이랴! 천하 없는 부귀영화를 누리는 영웅호걸이라도 결국은 죽음을 면하지 못하고 마침내는 소나무 밑에서 티끌이 되나니, 모든 부귀영화는 일장춘몽에 불과하지 않은가!
그러므로 '낙양성 십리 허에 높고 낮은 저 무덤에 영웅호걸이 몇몇이며 절세가인이 몇몇이냐.'고 노래함도 이 소식을 전하여 주는 것이다.
초로인생草露人生, 초로인생, 풀잎의 이슬 같은 인생!
들판의 저 화초는 겨울에는 시들었다가 봄이 오면 꽃이 피건마는, 오직 이 인생은 한 번 죽으면 아주 가서 수천 수백 년의 세월이 바뀌어도 다시 돌아오는 이 없으니, 우주는 인생의 분묘라 함은 이를 두고 말함이니, 참으로 영원한 비극이 아닐 수 없는 것이다.

만고영웅 진시황은 천하를 통일한 후 아방궁을 크게 짓고 밤을 새워 가며 온갖 풍류를 다하여 이 설움을 씻어 보려고 무진 노력을 기울였건만 홀연히 여산驪山의 한 줌 흙으로 돌아가고 말았으니, 이러한 발버둥은 교수대에 오르는 죄수의 가무歌舞에 불과한 것이다.

그러면 인생은 영원한 비극에만 그치고 말 것인가, 아니면 어떠한 일루의 희망이 있는가?

1. 한물건 一物

한물건(一物)이 있으니 천지天地가 생기기 전에는 항상 있었고, 천지가 다 없어진 후에도 항상 있다. 천지가 천 번 생기고 만 번 부서져도 이 물건은 털끝만치도 변동 없이 항상 있다.

크기로 말하면 가없는 허공의 몇 억만 배가 되어 헤아릴 수 없이 크다. 그래서 이 물건의 크기를 큰 바다에 비유하면, 시방의 넓고 넓은 허공은 바다 가운데 있는 조그마한 물거품과 같다.

또 일월日月보다 몇 억만 배나 더 밝은 광명으로써 항상 시방세계를 비추고 있다. 밝음과 어두움을 벗어난 이 절대적인 광명은 항상 우주 만물을 비추고 있는 것이다.

이 물건은 모든 명상名相과 분별分別을 떠난 절대적인 것이다. 절대라는 이름도 붙일 수 없지마는 부득이해서 절대라는 것이다.

한물건이란 이름도 지을 수 없는 것을 어쩔 수 없이 한물건이란 이름으로 표현하니, 한 물건이란 이름을 붙일 때 벌써 거짓말이 되고 마는 것이다.

그러므로 시방의 모든 부처님이 일시에 나타나서 억천만 겁이 다하도록 설명하려 해도 이 물건을 털끝만치도 설명하지 못하는 것이다.

자기가 깨쳐서 쓸 따름이요, 남에게 설명도 못하고 전할 수도 없다.

이 물건을 깨친 사람은 부처라 하여, 생사고生死苦를 영원히 벗어나서 미래가 다하도록 자유자재한 것이다.

이 물건을 깨치지 못한 중생들은 항상 생사바다에 헤매어 사생육도四生六途에 윤회하면서 억천만겁토록 고생을 하게 되는 것이다.

아무리 작은 중생이라도 다 이 물건을 가지고 있다. 깨친 부처나 깨치지 못한 조그마한 벌레까지도 똑같이 가지고 있다. 다른 것은, 이 물건을 깨쳤느냐 못 깨쳤느냐에 있다.

석가와 달마도 이 물건은 눈을 들고 보지도 못하고, 입을 열어 설명하지도 못한다. 이 물건을 보려고 하면 석가도 눈이 멀고 달마도 눈이 먼다. 또 이 물건을 설명하려고 하면 부처와 조사가 다 벙어리가 되는 것이다. 오직 깨쳐서 자유자재하게 쓸 따름이다.

그러므로 고인古人이 말씀하기를, '대장경은 모두 고름 닦아 버린 헌 종이'라고 하였다. 그러나 나는 말하노니 "팔만대장경으로 사람을 살리려는 것은 비상砒霜으로 사람을 살리려는 것과 같다"고 하겠다.

경전 가운데도 소승小乘과 대승大乘이 있으니, 대승경에서는 말하기를, "설사 비상을 사람에게 먹일지언정 소승경법小乘經法으로써 사람을 가르치지 말라."고 하였다.

그러나 대승경 역시 비상인 줄 왜 몰랐을까? 알면서도 부득이 한 것이다. 그러니 여기에서 크게 정신 차려야 한다.

오직 이 한물건만 믿는 것을 바른 신심信心이라 한다. 석가도 쓸 데 없고 달마도 쓸 데 없다. 팔만장경八萬藏經이란 다 무슨 잔소리인가? 오로지 이 한물건만 믿고 이것 깨치는 공부만 할 따름이요,

그 외에는 전부 외도며 마구니들이다.

다른 사람들이 다 염불 공덕으로 죽어 극락세계에 가서 말할 수 없는 쾌락을 받는데, 나는 이 한물건 찾는 공부를 하다가 잘못되어 지옥에 떨어져 억천만겁토록 무한한 고통을 받더라도 조금도 후회하는 생각이 없어야 한다.

"어떠한 일이 있더라도 오직 이 공부를 성취하고야 만다!" 이러한 결심이 아니면 도저히 이 공부는 성취하지 못한다.

고인은 말씀하기를, "사람을 죽이면서도 눈 한 번 깜짝이지 않는 사람이라야 공부를 성취한다."고 하였다.

나는 말하노니 "청상과부가 외동아들이 벼락을 맞아 죽어도 눈썹 하나 까딱이지 않을 만한 무서운 생각이 아니면 절대로 이 공부 할 생각을 말아라."고 하겠다.

천 근을 들려면 천 근을 들 힘이 필요하고, 만 근을 들려면 만 근을 들 힘이 필요하다. 열 근도 못 들 힘을 가지고 천 근 만 근을 들려면, 그것은 어리석은 사람이 아니면 미친 사람일 것이다. 힘이 부족하면 하루바삐 힘을 길러야 한다.

자기를 낳아 길러 준 가장 은혜 깊은 부모가 굶어서 길바닥에 엎어져 죽더라도 눈 한 번 거들떠보지 않는 무서운 마음, 이것이 고인의 결심이다.

제왕이 스승으로 모시려 하여도 목을 베이면 베였지 절대로 마음을 움직이지 않는 것이 고인의 지조이다.

사해四海의 부귀는 풀잎 끝의 이슬방울이요, 만승의 천자는 진흙 위의 똥덩이라는 이런 생각, 이런 안목을 가진 사람이라야 꿈결 같은 세상 영화를 벗어나 영원불멸한 행복의 길로 들어갈 수 있는 것이다. 털끝만한 이해로써 칼부림이 나는, 소위 지금의 공부인工夫人과는 하늘과 땅인 것이다.

다 떨어진 헌 누더기로 거품 같은 이 몸을 가리고 심산 토굴에서 감자나 심어 먹고 사는, 최저의 생활로 최대의 노력을 하여야 한다.

오직 대도大道를 성취하기 위하여 자나깨나 죽을 힘을 다해서 공부해야 한다. 대를 위해서 소를 희생시키지 않으면 대는 도저히 성취하지 못한다.

사람 몸 얻기도 어렵고, 불법 만나기도 어렵다. 모든 불보살佛菩薩은 중생들이 항상 죄짓는 것을 보고 잠시도 눈물 마를 때가 없다고 한다.

중생이란 알고도 죄짓고 모르고도 죄짓는다. 항상 말할 수 없이 많이 지은 죄보罪報로 사생육도四生六途에 돌아다니며, 말할 수 없는 고생을 하게 된다. 따라서 사람 몸 얻기란 사막에서 풀잎 얻는 것과 같다. 설사 사람몸 얻게 된다 하더라도 워낙 죄업이 지중해서 불법 만나기란 더 어렵고 어렵다. 과거에 수많은 부처님이 출현하시어 한량없는 중생을 제도했건만, 아직껏 생사고를 면치 못한 것을 보면 불법 만나기가 얼마나 어려운지를 알 것이다.

이렇게 얻기 어려운 사람 몸을 얻어 더 한층 만나기 어려운 불법을 만났으니, 생명을 떼어 놓고 공부하여 속히 이 한물건을 깨쳐야 한다.

사람의 생명은 허망해서 믿을 수 없나니, 어른도 죽고, 아이도 죽고, 병든 사람도 죽고, 멀쩡한 사람도 죽는다. 어느 때 어떻게 죽을는지 알 수 없는 것이 사람의 생명이니 어찌 공부하지 않고 게으름만 피우리오?

　이 물건을 깨치기 전에 만약 죽게 된다면, 또 짐승이 될지, 새가 될지, 지옥으로 떨어질지, 어느 때 다시 사람 몸 받아서 불법을 만나게 될지, 불법을 만나도 최상 최고의 길인 이 한물건 찾는 공부를 하게 될지, 참으로 발 뻗고 통곡할 일이다.

　이다지도 얻기 어려운 이 몸을 금생에 제도하지 않으면 다시 어느 생에 공부하여 이 몸을 건지리오.

　제일도 노력, 제이 제삼도 노력, 노력 없는 성공이란 있을 수 없는 것이다. 무슨 일이든지 노력한 그만큼 성공하는 법이니, 노력하고 노력할지어다.

2. 상주불멸常住不滅

항상 그 자리에 머물러 사라지는 일이 없다

부처님께서 도를 깨치시고 처음으로 외치시되,

"기이하고 기이하다. 모든 중생이 다, 항상 있어 없어지지 않는〔常住不滅〕 불성佛性을 가지고 있구나! 그것을 모르고 헛되이 헤매며 한없이 고생만 하니, 참으로 안타깝고 안타깝다."고 하셨다.

이 말씀이 허망한 우리 인간에게 영원불멸의 생명체가 있음을 선언한 첫 소식이다. 그리하여 암흑 속에 잠겼던 모든 생명이 영원한 구제의 길을 얻게 되었으니, 그 은혜를 무엇으로 갚을 수 있으랴. 억만 겁이 다하도록 예배드리며 공양 올리고 찬탄하자.

영원히 빛나는 이 생명체도, 도를 닦아 그 광명을 발하기 전에는 항상 어두움에 가리어서 전후가 캄캄하다. 그리하여 몸을 바꾸게 되면 전생前生 일은 아주 잊어버리고 말아, 참다운 생명이 연속하여 없어지지 않는 줄을 모른다.

도를 깨치면 봉사가 눈뜬 때와 같아서 영원히 어둡지 않아, 천번 만번 몸을 바꾸어도 항상 밝아 있다. 눈뜨기 전에는 몸 바꿀 때 아주 죽는 줄 알지만, 눈뜬 후에는 항상 밝아 있으므로 몸 바꾸는 것이 산 사람 옷 바꿔 입는 것과 조금도 다름이 없다.

눈뜨기 전에는 항상 업業에 끄달려 고苦만 받고 조금도 자유가 없지마는 눈을 뜨면 대자유와 대지혜로 영원한 행복을 누리게 되는 것이다.

이것을 우리의 실생활에서 보면, 아무리 총명과 지혜가 있는 사람이라도 도를 깨치기 전에는 잠이 깊이 들었을 때처럼 정신이 캄캄하여 죽은 사람같이 아무것도 모른다. 그러나 도를 깨친 사람은 항상 밝아 있기 때문에 아무리 잠을 자도 캄캄하고 어두운 일이 절대로 없다. 그러므로 참으로 도를 깨쳤나를 시험하려면 잠을 자 보면 스스로 알게 되는 것이다. 천하 없이 크게 깨친 것 같고 모든 불법 다 안 것 같아도, 잠잘 때 캄캄하면 참으로 바로 깨친 것이 아니다. 그러므로 예로부터 큰 도인들이 여기에 대해서 가장 주의하였던 것이다. 이것이 명明과 암暗을 초월한 절대적 광명이니, 곧 사물의 법성法性이며 불성의 자체이다.

상주불멸하는 법성을 깨치고 보면, 그 힘은 상상할 수도 없이 커서 비단 세속의 학자들만 설명할 수 없는 것이 아니다. 부처님께서 "내가 말하는 법성은 깨치고 보면 다 알 수 있을 것이니, 이것은 시방세계의 모든 부처님이 일시에 나서서 천만 년이 다하도록 그 법성을 설명하려 하여도 털끝 하나만치도 설명하지 못할 만큼 신기하다. 시방허공十方虛空이 넓지마는 법성의 넓이에 비교하면 법성은 크나큰 바다와 같고 시방허공은 바다 가운데 조그마한 거품 같다. 허공이 억천만 년 동안 무너지지 않고 그대로 있지만 법성의 생명에 비교하면 눈 깜짝할 사이에 불과하다."고 하시니, 이것이 시방 모든 부처님의 설명이다. 이러한 거룩한 법을 닦게 되는 우리의 행복이란 어디다 비유할 수 있겠는가?

그러므로 고인古人은 이 법문 한마디 들으려고 전신을 불살랐으니, 이 몸을 천만 번 불살라 부처님께 올려도 그 은혜는 천만 분의 일도 갚지 못할 것이다. 오직 부지런히 공부하여 어서 빨리 도를 깨칠 때, 비로소 부처님과 도인스님들의 은혜를 일시에 갚는 때이니 힘쓰고 힘써라!

3. 위법망구 爲法忘軀

진리를 위해서라면 내 육신을 생각지 않는다

혜가대사慧可大師

달마대사達磨大師가 처음으로 법을 전하려고 중국에 가서 소림사少林寺 토굴 속에 들어가 9년 동안 아무 말도 하지 않고 앉아만 있었다.

그때 신광神光이란 중이 있어 학식이 뛰어나 천하에 당할 사람이 없었다. 학문으로는 대도를 알 수 없는 줄을 알고 달마를 찾아가서 법을 가르쳐 달라고 간청하였으나 돌아보지도 않았다. 섣달 한창 추운 계절인데, 하루는 뜰 밑에 서서 밤을 지나니 마침 눈이 와서 허리까지 묻혔다. 그래도 신광은 조금도 어려워하지 않고 그대로 섰으니 달마대사가 '안되었다'는 생각이 들었던지 돌아보며 꾸짖었다.

"이 법은 참으로 무서운 결심을 하지 않으면 도저히 성취하지 못하는 것이니, 너 같은 보잘것없는 신심으로 무엇 하겠느냐? 썩 물라가라!"

신광은 그 말을 듣자 칼을 들어 팔을 끊고는 달마대사에게 바치고 도를 구하는 결심을 표시했다. 달마대사는 그제서야 머물기를 승낙하고 법을 가르치니, 신광은 나중에 법을 전한 유명한 2조 혜가대사이시다.

왕화상王和尙

혜통慧通스님은 신라 사람이다. 그 당시 선무외善無畏 화상이 인도에서 중국으로 들어와 법을 편다는 말을 듣고, 수륙만리를 멀다고 생각지 않고 신라에서 중국으로 선무외 화상을 찾아갔다.

가서 제자로 받아줄 것을 간곡히 청하였으나 거절당하였다.

그렇게 3년 동안이나 온갖 노력을 다하여 머물기를 청하였으나 시종 거절하였다.

하루는 큰 쇠화로에다 숯불을 가득 담아 그것을 이고 무외스님의 방 옆에 가서 서 있었다. 화로가 달아서 머리가 익어 터지니 소리가 크게 났다. 무외스님이 놀라서 나와 보고는 급히 화로를 내려놓고 물었다.

"왜 이러느냐?"

혜통스님이 대답했다.

"제가 법을 배우러 천리만리를 멀다 않고 왔습니다. 만약 법을 가르쳐 주지 않으신다면 몸이 불에 타서 재가 되어 날아가면 갔지 죽은 송장으로는 절대로 나갈 수 없습니다."

무외스님이 그 기개를 인정하여 터진 곳을 손으로 만져 합치고 법을 가르쳐 주기로 승낙하였다. 그리하여 혜통스님은 크게 성공해서 신라로 돌아와 많은 사람을 교화하였다.

그 후 머리가 나은 곳에 큰 흉터가 졌는데, 왕王자 모양이 되어 있어서 세상 사람들이 왕화상이라고 불렀다.

포모시자布毛侍者

초현통招賢通 선사는 당나라 때 사람이다.

젊었을 때 육관대사六官大使 벼슬을 하다가 홀연히 지상의 허망을 깨달아 벼슬을 버리고 집을 나갔다. 그 당시 나무 위에 새집처럼 집을 짓고 사는 이가 있었으니, 유명한 조과鳥果선사이다.

찾아가 "법을 배우겠습니다" 하니 스님은 절대로 듣지 않았다.

그래도 남아서 모든 시봉侍奉을 하며 날마다 가르침을 지성으로 빌었다. 오늘이나 내일이나 법을 가르쳐 줄까 기다리다가, 세월은 흘러서 16년이나 되었다. 그러나 조과선사는 한 말도 일러주지 않았다.

그쯤 되니 하도 기가 막혀서 그만 가려고 하니 그제야 조과스님이 물었다.

"어디로 가려고 하느냐?"

"다른 곳으로 불법을 배우러 가렵니다."

"불법 같으면 나에게 조금은 있다."

하며 포모布毛를 들고 확 부니, 그것을 보고 초현은 확철히 깨쳤다. 그 후로도 오랫동안 시봉하다가 나중에 세간에 나아가 큰 도인이 되었으니, 그를 세상에서는 포모시자라 불렀다.

자명선사慈明禪師

자명선사는 임제종의 대표적인 도인이다. 분양汾陽 화상 밑에서 지내면서 추운 겨울에도 밤낮으로 정진하였는데, 밤이 되어 졸리면 송곳으로 허벅다리를 찌르며 탄식하였다.

"고인은 도를 위하여 먹지도 아니하고 자지도 않았거늘, 나는 또

한 어떤 놈이기에 게으르고 방종하여 살아서는 때에 보탬이 없고 죽어서는 후세에 이름 없으니 너는 무엇 하는 놈이냐?"

이렇게 정성을 다하여 공부하더니, 후에 크게 깨쳐 분양선사의 도풍을 크게 떨쳤다.

불등선사佛燈禪師

불등선사는 불감佛鑑 스님 밑에서 지낼 때에 하도 공부가 되지 않아서, 크게 분심을 내었다.

"만약 내가 금생에 철저히 깨치지 못하면 맹세코 자리에 눕지 않겠다."

이렇게 작정하고, 49일 간을 조금도 앉지 않고 선 채로 공부하여 마침내 크게 깨쳤다.

도안선사道安禪師

도안선사는 중국의 진晉나라 때 사람이니,

천고千古에 드문 천재였으나 도를 깨치려고 홀로 20년 간 방에 들어앉아서 죽을힘을 다하여 공부한 끝에 마침내 깨쳤다.

이암선사伊庵禪師

이암권伊庵權 선사는 공부할 적에, 해가 지면 눈물을 흘리며

"오늘도 또 이렇게 헛되이 보냈구나!"

하며 울지 않는 날이 없었다.

그리하여 누구와도 절대로 말을 건네지 않고 지내며 정진하였다.

4. 수도팔계 修道八戒

수도자가 지켜야 할 여덟 가지 원칙

1) 절속 絶俗 _ 세속의 인연을 끊다

세속은 윤회의 길이요, 출가는 해탈의 길이니, 해탈을 위하여 세속을 단연히 끊어버려야 한다.

부모의 깊은 은혜는 출가수도로서 보답한다. 만약 부모의 은혜에 끌리게 되면 이는 부모를 지옥으로 인도하는 것이니, 부모를 길위의 행인과 같이 대하여야 한다.

황벽희운 선사가 수천 명의 대중을 거느리고 황벽산에 주석하였다.

그때 노모가 의지할 곳이 없어서 아들을 찾아갔다. 희운선사가 그 말을 듣고는 대중들에게 명령을 내려 물 한 모금도 주지 못하게 하였다. 노모는 하도 기가 막혀 아무 말도 못하고 돌아가다가, 대의강 大義江 가에 가서 배가 고파 엎어져 죽었다. 그리고 그 날 밤 희운선사에게 현몽하여 "내가 너에게서 물 한 모금이라도 얻어먹었던들, 다생 多生 으로 내려오던 모자의 정을 끊지 못해서 지옥에 떨어졌을 것이다. 그러나 너에게 쫓겨나올 때 모자의 깊은 애정이 다 끊어져서 그 공덕으로 죽어 천상으로 가게 되니, 너의 은혜는 말할 수 없다"고 말하며 절하고 갔다 한다.

부처님은 사해군왕四海君王의 높은 지위도 헌신짝같이 벗어 던져 버렸으니, 이는 수도인의 만세모범萬世模範이다.

그러므로 한때의 환몽幻夢인 부모처자와 부귀영화 등 일체를 희생하여 전연 돌보지 아니하고 오직 수도에만 전력하여야 한다.

또 수도에는 인정이 원수다. 인정이 두터우면 애욕이 아니더라도 그 인정에 끄달리어 공부를 못하게 된다. 아무리 동성끼리라도 서로 인정이 많으면 공부에는 원수인 줄 알아야 한다. 서로 돕고 서로 생각하는 것이 좋은 것 같지만 이것이 생사윤회의 출발이니

"공부하는 사람은 서로 싸운 사람같이 지내라."고 고인도 말씀하였다.

일체의 선인악업善因惡業을 다 버리고, 영원의 자유와 더불어 독행독보獨行獨步해야 한다. 일반에 있어서 일대 낙오자가 되어 참으로 고독한 사람이 되지 않고는 무상대도無上大道는 성취하지 못한다. 그러니 일반인과는 삼팔선을 그어 놓고 살아야 한다. 삼팔선을 터놓고 일반인과 더불어 타협할 때 벌써 엄벙덤벙 허송세월 하다가 아주 죽어 버리는 때를 보내는 것을 각오해야 한다.

2) 금욕禁慾 _ 모든 욕심을 버려라

욕심 가운데 제일 무서운 것이 색욕色慾이다. 색욕 때문에 나라도 망치고 집안도 망치고 자기도 망친다. 이 색욕 때문에 나라를 다 망쳐도 뉘우칠 줄 모르는 것이 중생이다.

그러므로 수도하는 데에도 이것이 제일 방해된다.

부처님께서 말씀하셨다.

"이런 것이 하나뿐이기 다행이지, 만약 색욕 같은 것이 둘만 되었던들 천하에 수도할 사람이 하나도 없을 것이다."

이처럼 색욕이란 무서운 것이니, 이 색욕에 끄달리게 되면 수도는 그만두고 지옥도 피하려야 피할 수 없으니, 도를 성취하고 실패하는 것은 색욕을 이기느냐 지느냐 하는 데 달렸다 하더라도 지나친 말이 아니다. 이 무서운 색욕을 근본적으로 끊고자 한다면 도를 성취해야만 한다.

그러므로 부처님도 "도를 성취하기 전에는 네 마음도 믿지 말라"고 하셨다.

만약 '색욕을 끊지 않아도 수도하는 데 관계없다'고 하는 사람이 있다면, 이는 자기가 색욕에 끄달리어 남까지 지옥으로 끌고 가는 큰 악마인 줄 깊이 알고 그 말에 절대로 속지 않아야 한다.

영가永嘉스님 같은 큰 도인도 항상 경계하였으니

"차라리 독사에게 물려 죽을지언정 색色은 가까이하지 말아라. 독사에게 물리면 한 번 죽고 말지만 색에 끄달리면 세세생생 천만겁토록 애욕의 쇠사슬에 얽매여 말할 수 없는 고통을 받게 되니 피하고 또 멀리하라." 하였다.

이 얼마나 지당한 말씀인가?

만약 이것을 끊지 못하면 항상 애욕만 머리에 가득 차서 도는 절대로 들어가지 않는다. 그리하여 무한한 고의 세계가 벌어지는 것이다.

"색욕을 끊지 못하고 도를 닦으려 한다는 것은 모래를 삶아 밥을 지으려는 것이다."고 부처님께서 항상 말씀하셨다.

예로부터 참으로 수도하는 사람은 자기의 생명을 버릴지언정 색을 범하지 않는 것은 이 때문이니, 남자는 여자를, 여자는 남자를 서로서로 멀리하여야 한다. 만약 가깝게 하면 결국은 서로 죽고 마는 것이니, 서로서로 범과 같이 무서워하고 독사같이 피하여야 한다.

어떠한 인격자라도 이성異性을 믿지 말고 친근하지 말지니, 성과聖果를 증득하기 전에는 어떻게 할 수 없는 것이다.

이성들의 호의는 어떠한 형태의 것이든지 사절하여야 한다.

오직 영원한 자유를 위하여 일시적인 쾌락을 끊지 못하면, 이는 인간이 아니요, 금수보다도 못한 것이다.

생사윤회의 근본은 애욕에 있으니 애욕을 끊지 않으면 해탈할 수 없다. 그러므로 남녀가 서로서로 멀리하는 것이 성도成道하는 근본이니, 절대로 쉽게 생각해서는 안 된다.

3) 천대賤待 _ 남에게 천대받는 일을 감사히 여기라

천하에 가장 용맹스러운 사람은 남에게 질 줄 아는 사람이다. 무슨 일에든지 남에게 지고 밟히고 하는 사람보다 더 높은 사람은 없다.

천대받고 모욕 받는 즐거움이여,
나를 무한한 행복의 길로 이끄는도다.
남에게 대접받을 때가 나 망하는 때이다.
나를 칭찬하고 숭배하고 따르는 사람들은 모두 나의 수도를 제일 방해하는 마구니이며 도적이다.
중상과 모략 등의 온갖 수단으로 나를 괴롭히고 헐뜯고 욕하고 해치고 괄시하는 사람보다 더 큰 은인은 없으니, 뼈를 갈아 가루를 만들어 그 은혜를 갚으려 해도 다 갚기 어렵거늘 하물며 원한을 품는단 말인가?

나의 공부를 방해하는 모든 사람들을 제거해 주고 참는 힘을 많이 북돋아 주어 도를 일취월장케 하여 주니, 그보다 더 큰 은혜가 어디 있을까?

칭찬과 숭배는 나를 타락의 구렁으로 떨어뜨리나니 어찌 무서워하지 않으며, 천대와 모욕처럼 나를 굳세게 하고 채찍질하는 것이 없으니 어찌 은혜가 아니랴.

그러므로 속담에도 말하지 않았는가.

"미운 자식 밥 많이 주고, 고운 자식 매 많이 때린다."

참으로 금옥金玉 같은 말이다.

항상 남이 나를 해치고 욕할수록 그 은혜를 깊이 깨닫고, 나는 그 사람을 더욱더 존경하며 도와야 한다.

한산寒山스님과 습득拾得스님이 천태산 국청사에 있으면서 거짓 미친 행동으로 모든 사람들의 모욕과 천대를 받고 있었다.

그 주의 지사가 성인인 줄 알고 의복과 음식을 올리며 절하니 두 스님이 크게 놀라 외쳤다.

"이 도적놈아, 이 도적놈아!"

그리고는 도망쳐 달아나서는 다시 세상에 보이지 않았다.

또한 나옹懶翁스님은 남에게 대접받지 않고 미움과 괄시를 받기 위해서 일부러 도적질을 다 하였다.

이것이 공부인工夫人의 진실방편眞實方便이다.

최잔고목摧殘枯木!

부러지고 이지러진 마른 나무막대기를 말함이다.

이렇게 쓸데없는 나무막대기는 나무꾼도 돌아보지 않는다. 땔 나무도 되지 않기 때문이다. 불 땔 물건도 못 되는 나무막대기는 천지간에 어디 한 곳 쓸 곳이 없는, 아주 못쓰는 물건이니, 이러한 물건이 되지 않으면 공부인이 되지 못한다.

결국은 제 잘난 싸움마당에서 춤추는 미친 사람이 되고 말아서 공부 길은 영영 멀어지고 마는 것이다. 그러므로 공부인은 세상에서 아무 쓸 곳이 없는 대낙오자가 되지 않으면 안 된다. 오직 영원을 위하여 모든 것을 다 희생해서 버리고, 세상을 아주 등진 사람이 되어야 한다. 누구에게나 버림받는 사람, 어느 곳에서나 멸시당하는 사람, 살아나가는 길이란 공부 길밖에 없는 사람이 되어야 한다.

세상에서뿐만 아니라 불법 가운데서도 버림받은 사람, 쓸데없는 사람이 되지 않고는 영원한 자유를 성취할 수 없는 것이다. 천태지자 대사 같은 천고의 고승도 죽을 때 탄식하였다.

"내가 만일 대중을 거느리지 않았던들 육근청정六根淸淨의 성위聖位에 들었을 것이다. 그러나 대중의 어른노릇 하느라고 오품범위五品凡位를 벗어나지 못하였다."

지자대사 같은 분도 이렇게 말씀하였거늘, 하물며 그 외 사람들이랴.

4) 하심下心 _ 나를 끊임없이 낮추라

좋고 영광스러운 것은 항상 남에게 미루고, 남부끄럽고 욕되는 것은 남모르게 내가 뒤집어쓰는 것이 수도인의 행동이다.

육조대사六祖大師가 말씀하셨다.

"항상 자기의 허물만 보고 남의 시비, 선악은 보지 못한다."

이 말씀이야말로 공부하는 사람의 눈이다.

내 옳음이 추호라도 있을 때에는 내 허물이 태산보다 크다. 나의 옳음을 찾아보려야 찾아볼 수 없는 사람이라야 조금 철이 난 사람이다. 그렇게 되면 무슨 일이든지 내 허물만 보이고, 남의 허물은 보려야 볼 수 없는 것이다.

세상 모두가 '내 옳고 네 그른 싸움'이니, 내 그르고 네 옳은 줄만 알면 싸움이 영원히 그치게 될 것이다. 그러니 깊이 깨달아 '내 옳고 네 그름'을 버리고 항상 나의 허물, 나의 잘못만 보아야 한다.

법연法演선사가 말씀하였다.

"20년 동안 죽을힘을 다해서 공부하니, 이제 겨우 내 부끄러운 줄 알겠다."

'내 잘났다'고 천지를 모르고 어깨춤을 추는 어리석음에서 조금 정신을 차린 말씀이다.

뉴튼I.Newton은 천고千古의 큰 물리학자다. 세상 사람들이 자기를 '훌륭하다'고 많이 존경하였으나 뉴튼 자신은 그것을 이해하지 못하였다.

자기가 생각해 볼 때는 자신은 대학자는 고사하고 아무것도 모르는 사람인데, 왜 자기를 대학자로 취급하는지 의심했었다. 그래서 그는 항상 말하였다.

"우주의 진리는 대해大海같이 넓고 깊다. 그러나 나는 바닷가에서 조개껍질이나 줍고 노는 어린아이에 불과하여, 진리의 바다에는 발 한번 적셔 보지 못했다."

이 말도 자기의 어리석음을 조금 짐작하는 말이다.

서양의 제일가는 철학자 소크라테스Socrates는 항상 크게 외쳤다.

"나는 단지 한 가지만 안다. 그것은 아무것도 모른다는 것이다."

그러나 참으로 아무것도 모르는 사람이 볼 때, 세상 사람들은 참으로 제 못난 줄 아는 사람들이 아니요, 다 제 잘나 자랑하는 사람들이다.

임제종의 중흥조인 법연선사의 말씀을 잊지 말자.

누가 법문을 물으면 항상 말씀하였다.

"나는 아무것도 모른다. 나는 아무것도 모른다."

천하의 어리석은 사람들이여, 무엇을 안다고 그렇게도 떠드는지 이해할 수 없는 일이다.

지상에서도 가장 존경을 받는 위대한 인물은, 오로지 모든 사람을 가장 존경하는 사람이다. 왜냐하면 자기의 잘나지 못함을 자각하는 만큼 그 사람의 인격이 높아지기 때문이다.

내가 나 잘나지 못함을 철저히 깨달아 일체를 부처님과 같이 섬기게 되면, 일체가 나를 부처님과 같이 섬기지 않을 수 없을 것이다. 가장 낮고 낮은 곳이 자연히 바다가 되나니, 이것은 일부러 남에게 존경을 받으려는 데서 오는 것이 아니다. 만약 조금이라도 남에게 존경을 받을 생각이 있으면 남이 존경하지 않을 것이다.

어떤 사람이 말하였다.

"내 몸을 낮추고 또 낮추어 밑 없는 곳까지 내려가니, 나도 모르는 사이에 가장 높은 곳에 서 있더라."

공자孔子가 노자老子를 보러 가니, 노자가 말했다.

"그대를 보니 살과 뼈는 다 썩고 오직 입만 살았구나! 큰 부자는 재산을 깊이 감추어 없는 것같이 하고 어진 사람은 얼굴을 아무것도 모르는 어리석은 사람과 같이 하나니, 그대의 교만한 행동과 도도한 생각을 버려라. 무엇을 알기에 그렇게 잘난 척하는가?"

공자가 듣고 크게 탄복하며, 노자를 "용과 같다."고 하였다.

노자가 또 공자에게 말하였다.

"내 부탁하노니 누구든지 총명한 사람이 그 몸을 망치는 것은 다 남의 허물을 잘 말하기 때문이니, 부디부디 조심해서 남의 나쁜 것과 그른 것을 입 밖에 내지 말아라."

이 두 분은 지상에서 큰 성인이라 존경하는 바이다. 서로 처음 만났을 적에 이런 말로써 경계하니, 누구든지 일생 동안 지켜도 남을 말들이다.

하심下心의 덕목을 몇 가지 적어 본다.

一. 도가 높을수록 마음은 더욱 낮추어야 하니, 모든 사람들을 부처님과 같이 존경하며 원수를 부모와 같이 섬긴다.

一. 어린이나 걸인이나 어떠한 악인이라도 차별하지 말고 극히 존경한다.

一. 낮은 자리에 앉고 서며 끝에서 수행하여 남보다 앞서지 않는다.

一. 음식을 먹을 때나 물건을 나눌 때 좋은 것은 남에게 미루고 나쁜 것만 가진다.

一. 언제든지 고되고 천한 일은 자기가 한다.

5) 정진精進 _ 늘 참선에 힘쓰라

모든 육도만행六度萬行은 그 목적이 생사해탈生死解脫, 즉 성불成佛에 있으니, 성불의 바른 길인 참선에 정진하지 않으면 이는 고행외도苦行外道에 불과하다.

정진은 일상日常과 몽중夢中과 숙면熟眠에 일여一如가 되어야 조금 상응함이 있으니, 잠시라도 화두에 간단間斷이 있으면 아니 된다.

정진은 필사의 노력이 필수조건이니, 등한·방일하면 미래겁이 다하여도 대도大道를 성취하지 못하나니, 다음 조항을 엄수하여야 한다.

一. 네 시간 이상 자지 않는다.
一. 벙어리같이 지내며 잡담하지 않는다.
一. 문맹같이 일체 문자를 보지 않는다.
一. 포식·간식하지 않는다.
一. 적당한 노동을 한다.

6) 고행苦行 _ 모든 어려움을 참고 견디라

병 가운데 제일 큰 병은 게으름병이다. 모든 죄악과 타락과 실패는 게으름에서 온다. 게으름은 편하려는 것을 의미하니, 그것은 죄악의 근본이다.

결국은 없어지고마는 이 살덩어리 하나 편하게 해주려고 온갖 죄악을 다 짓는 것이다.

노력 없는 성공이 어디 있는가?

그러므로 대성공자는 대노력가 아님이 없다. 그리고 이 육체를 이겨내는 그 정도만큼 성공이 커지는 것이다.

발명왕 에디슨T.A. Edison이 항상 말했다.

"나의 발명은 모두 노력에 있다. 나는 날마다 스무 시간 이상 노력하여 연구했다. 그렇게 삼십년 간 계속하였으나 한 번도 괴로운 생각을 해본 일이 없다."

그러므로 여래의 정법이 두타제일頭陀第一인 가섭존자에게로 오지 않았는가.

총림을 창설해서 만고의 규범을 세운 백장스님은 "하루 일하지 않으면 하루 먹지 않는다〔一日不作 一日不食〕"고 하지 않았는가!

손끝 하나 까딱하지 않고 편히만 지내려는 생각, 이러한 썩은 생각으로서는 절대로 대도를 성취하지 못한다.

땀 흘리면서 먹고 살아야 한다. 남의 밥 먹고 내 일 하려는 썩은 정신으로서는 만사불성萬事不成이다.

예로부터 차라리 뜨거운 쇠로 몸을 감을지언정 신심 있는 신도의 의복을 받지 말며, 뜨거운 쇳물을 마실지언정 신심인의 음식을 얻어먹지 말라고 경계하였다.

이러한 철저한 결심 없이는 대도는 성취하지 못하나니, 그러므로 잊지 말고 잊지 말자.

'일일부작 일일불식一日不作 一日不食'이라는 만고철칙을!

오직 영원한 대자유를 위해 모든 고로苦勞를 참고 이겨야 한다.

7) 예참禮懺 _ 모든 중생을 위해 참회하라

일체 중생의 죄과는 곧 자기의 죄과니, 일체 중생을 위하여 매일 백팔참회百八懺悔를 여섯 번 하되 평생토록 하루도 빠지지 않고 시행한다.

그리고 건강과 기타 수도에 지장이 생길 때에는 모두 자기 업과이니, 1일 3천 배를 일주일 이상씩 특별 기도를 한다.

또 자기의 과오만 항상 반성하여 고쳐 나가고, 다른 사람의 시비는 절대로 말하지 않는다.

8) 이타利他 _ 남 모르게 남을 도우라

수도의 목적은 이타에 있다. 이타심이 없으면 이는 소승외도小乘外道이니, 심리적·물질적으로 항상 남에게 봉사한다.

자기 수도를 위하여 힘이 미치는 대로 남에게 봉사하되 추호의 보수도 받아서는 아니 된다. 노인이나, 어린아이나, 환자나, 빈궁한 사람을 보거든 특별히 도와야 한다.

부처님의 아들 라훌라는 10대 제자 가운데서도 밀행제일密行第一이라 한다. 아무리 착하고 좋은 일이라도 귀신도 모르게 한다. 오직 대도를 성취하기 위해서 자성自性 가운데 쌓아 둘 따름, 그 자취를 드러내지 않는다. 한 푼어치 착한 일에 만 냥어치 악을 범하면 결국 어떻게 되겠는가? 자기만 손해볼 뿐이다.

예수도 말씀하지 않았는가.

"오른손으로 남에게 물건을 주면서 왼손도 모르게 하라."

세교世教도 그렇거늘, 하물며 우리 부처님 제자들은 어떻게 하여야 할지 생각해 보면 알 것이다.

천마디 말보다 한 가지 실행, 실행 없는 헛소리는 천 번 만 번 해도 소용이 없다. 아는 것이 천하를 덮더라도 실천이 없는 사람은 한 털끝의 가치도 없는 쓸데없는 물건이 되는 것이다. 참으로 아는 사람은 말이 없는 법이다.

그러므로 고인은 말하였다.

"아는 사람은 말하지 않나니, 말하는 사람은 모르는 사람이다."

또 말했다.

"옳은 말 천 마디 하는 것이 아무 말 없는 것만 못하다."

그러니 오직 실행만 있을 뿐 말은 없어야 한다.

5. 참선궁행 參禪窮行
참선 정진을 실천하다

부처님께서 아난에게 말씀하셨다.

"설사 억천만겁 동안 나의 깊고 묘한 법문을 다 외운다 하더라도 단 하루 동안 도를 닦아 마음을 밝힘만 못하느니라."

또 말씀하셨다.

"내가 아난과 같이 멀고 먼 전생부터 같이 도에 들어왔다. 아난은 항상 글을 좋아하여 글 배우는 데만 힘썼기 때문에 여태껏 성불하지 못하였다. 나는 그와 반대로 참선에만 힘써 도를 닦았기 때문에 벌써 성불하였다."

노자도 말씀하였다.

"배움의 길은 날마다 더하고, 도의 길은 날마다 덜어 간다. 덜고 또 덜어 아주 덜 것이 없는 곳에 이르면 참다운 자유를 얻는다."

옛 도인이 말씀하였다.

"마음은 본래 깨끗하여 명경明鏡과 같이 밝다. 망상의 티끌이 쌓이고 쌓여 그 밝음을 잃고 캄캄 어두워서 생사의 고를 받게 된다. 모든 망상의 먼지를 다 털어 버리면 본래 깨끗한 밝음이 드러나 영원히 어두움을 벗어나서 대자유의 길로 들어가게 되는 것이다. 학문을 힘쓰는 것은 명경에 먼지를 자꾸 더하는 것이어서 생사고를 더 깊게 한다. 오직 참선하여야 먼지를 털게 되어 나중에는 생사고를 벗어나게 된다."

또 말씀하였다.

"학문으로써 얻은 지혜는 한정이 있어서 배운 그 범위 밖은 모른다. 그러나 참선하여 마음을 깨치면 그 지혜는 한이 없어, 그 지혜의 빛은 햇빛과 같고 학문으로 얻은 지혜의 빛은 반딧불과 같아서 도저히 비유도 안 된다."

육조대사六祖大師는 나무장수로서 글자는 한 자도 몰랐다. 그러나 도를 깨친 까닭에 그 법문은 부처님과 다름없고, 천하 없이 학문이 많은 사람도 절대로 따를 수 없었다.

천태天台스님이 도를 수행하다 크게 깨치니, 그 스승인 남악南岳스님이 칭찬하며 말했다.

"대장경을 다 외우는 아무리 큰 지식을 가진 사람이라도 너의 한없는 법문은 당하지 못할 것이다."

과연 그래서 천고에 큰 도인이 되었다.

역易선사는 고봉高峰선사의 법제자이다.

출가해서 심경心經을 배우는데, 3일 간에 한 자도 기억하지 못하였다.

그 스승이 대단히 슬퍼하니, 누가 보고 "이 사람은 전생부터 참선하던 사람일 것이다"라고 하여 참선을 시키니, 과연 남보다 뛰어나게 잘하였다. 그리하여 크게 깨쳐 그 당시 유명한 고봉선사의 제자가 되어 크게 법을 폈다. 99세에 입적하시어 화장을 하니, 연기는 조금도 나지 않고 사리가 무수히 쏟아져서 사람들을 더 한층 놀라게 하였다.

부처님께서 말씀하셨다.

"시방세계에 가득 차는 음식, 의복, 금은보화로써 시방세계의 부처님께 공양 올리고 천만 년 예배를 드리면 그 공덕이 클 것이다. 그러나 이 많은 공덕도 고苦 받는 중생을 잠깐 도와준 공덕에 비하면 천만 분의 일, 억만 분의 일도 못 된다."

참으로 지당한 말씀이다.

부처님 제자로서 자기 생활을 위하여 부처님의 본의本意를 어기고 부처님 앞에만 '공양 올리라' 한다면, 이는 불문佛門의 대역大逆이니 절대로 용서치 못할 것이다.

중생을 돕는 법공양을 버리면 광대무변한 부처님의 대자비는 어느 곳에서 찾겠는가? 탄식하고 탄식하지 않을 수 없다.

그러나 이렇게 큰 법공양도 화두만 참구하는 자성공양自性供養에 비교하면 또 억만 분의 일도 못 된다. 참으로 자성공양을 하는 사람 앞에서는 백천 제불이 칭찬은 감히 꿈에도 못하고, 3천 리 밖으로 물러서지 않을 수 없는 것이다.

영명永明선사가 말씀하였다.

"널리 세상에 참선을 권하노니, 설사 듣고 믿지 않더라도 성불의 종자는 심었고, 공부를 하다가 성취를 못하여도 인간과 천상의 복은 훨씬 지나간다."

이러한 말씀들은 내 말이 아니라 시방제불과 조사들이 함께 말씀하신 것이다.

악은 물론 버리지만 선도 생각하면 안 된다. 선·악이 모두 생사법生死法이어서 세간의 윤회법이지 출세간의 절대법은 아니다. 선·악을 버려서 생각지 말고 오직 화두 하나만 의심하는 것이 참다운 수도인이다.

그러므로 옛 조사가 말씀하였다.

"대자비심으로 육도만행, 곧 남을 돕는 큰 불사를 지어 공부를 성취하려는 사람은 송장을 타고 큰 바다를 건너려는 사람과 같느니라."

조주趙州스님이 말씀하였다.

"너희들은 총림에 있으면서 10년, 20년 말하지 않고 공부하여라. 그래도 너희를 벙어리라 하지 않으리라. 이렇게 공부하여도 성취 못 하거든 노승의 머리를 베어 가라."

과연 그렇다. 공부하는 사람은 입을 열어 말을 하게 되면 그 순간이 공부가 끊기는 때이니, 이런 식으로 공부해서는 천만 년 하여도 소용없다. 오직 항상 계속해서 간단이 없어야 한다.

일본의 도원道元선사는 일본에 처음으로 선을 전한 사람이다. 중국 송나라에서 공부를 성취하고 환국하여 처음으로 외쳤다.

"일본은 불법이 들어온 지 벌써 8백 년이 되어 각종 각파가 전국에 크게 흥성하지마는 불법은 없다. 고려는 조금 불법을 들었고, 중국은 불법이 있다."

이 무슨 말인가?

팔만대장경으로써 온 우주를 장엄하여도 그 가운데 자성을 깨친 도인이 없으면, 그것은 죽은 송장의 단장에 불과한 것이다. 모든 법의 생명이 자성을 깨치는 데 달렸기 때문이다.

자성을 밝히는 선문에서 볼 때에는 염불도 마구니이며, 일체 경전을 다 외워도 외도이며, 대자비심으로써 일체 중생을 도와 큰 불사를 하여도 지옥귀신이다. 모두 다 생사법이지 생사를 벗어나는 길은 되지 못하니, 필경 송장 단장에 지나지 않는 것이다. 오직 자성을 밝히는 길만이 살길이다.

그러므로 앙산仰山스님이 말씀하였다.

"『열반경』 40권이 모두 마설魔說이니라."

『열반경』은 최상승경인데, 이것을 마설이라고 하면 일체경이 전부 마설이 아닐 수 없다. 오직 자성만 믿고 닦아야 한다.

동산洞山스님이 말씀하였다.

"부처와 조사 보기를 원수같이 하여야만 바야흐로 공부하게 된다."

또 옛 조사가 말씀하였다.

"비로자나의 머리 위에 있는 사람이 되어라. 아니, 누구나 다 비로자나 부처님의 머리 위에 앉아 있지 않은 사람이 없느니라."

또 말씀하였다.

"장부 스스로 하늘을 찌르는 기운이 있거니, 어찌 부처의 가는 길을 가리오. 올빼미는 다 크면 그 어미를 잡아먹나니, 공부인도 필경은 이와 같아야 한다."

곧 부처와 조사를 다 잡아먹는 사람이 되어야 한다. 그때가 부처님의 은혜를 갚게 되는 때이다.

그러므로 적수단도赤手單刀로 살불살조殺佛殺祖라 한다. 이것이 대낙오자大落伍者의 일상생활이며 대우치인大愚痴人의 수단방법이다.

6. 인과역연 因果歷然
인과의 도리는 분명하다

만사가 인과의 법칙을 벗어나는 일은 하나도 없어, 무슨 결과든지 그 원인에 정비례한다.

콩 심은 데 콩 나고, 팥 심은 데 팥 나는 것이 우주의 원칙이다.

콩 심은 데 팥 나는 법 없고, 팥 심은 데 콩 나는 법 없나니, 나의 모든 결과는 모두 나의 노력 여하에 따라 결과를 맺는다.

가지씨를 뿌려 놓고 인삼을 캐려고 달려드는 사람이 있다면, 이는 미친 사람일 것이다. 인삼을 캐려면 반드시 인삼씨를 심어야 한다.

불법도 그와 마찬가지로 천만사가 다 인과법을 떠나서는 없다. 세상의 허망한 영화에 끄달리지 않고 오로지 불멸의 길을 닦는 사람만이 영원에 들어갈 수 있다.

허망한 세상길을 밟으면서 영생을 바라는 사람은 물거품 위에 마천루를 지으려는 사람과 같으니 불쌍하기 짝이 없다.

이것이 생사윤회하는 근본원칙이니, 대도를 닦아서 불멸을 얻으려는 사람은 모든 행동을 이 원칙에 비추어 일시 죽는 한이 있더라도 영원을 위해서 악인과惡因果는 맺지 않아야 한다.

모든 일이 다 나의 인과 아님이 없나니, 추호라도 남을 원망하게 되면 이같이 어리석은 사람은 없을 것이며 이같이 못난 사람도 없을 것이다.

좋은 일이건 나쁜 일이건 모두 내가 지어 내가 받는 것인데 누구를 원망한단 말인가? 만약 원망한다면 명경을 들여다보고 울면서, 명경 속의 사람보고는 웃지 않는다고 성내는 사람이다. 또 몸을 꾸부리고 서서, 그림자보고 바로 서지 않았다고 욕하는 사람이다. 이런 사람을 어리석지 않다고 할 수 있겠는가?

천만사가 전생이건 금생이건 다 내 인과인 줄 깊이 믿어 남을 원망하지 말고 자기가 더욱더 노력하여야 할 것이니, 이래야 인과를 믿는 수도인이라 이름할 것이다.

털끝만큼이라도 남을 해치면 반드시 내가 그 해를 받는다. 만약 금생이 아니면 내생, 언제든지 받고야 만다. 그러므로 나를 위하여 남을 해침은 곧 나를 해침이고, 남을 위하여 나를 해침은 참으로 나를 살리는 길이다.

부처님께서 전생에 누더기를 깁다가 모르고 바늘로 누더기 속에 든 이 한 마리를 찔러 죽였다. 이 인과로 성불하여서도 등창이 나서 오랫동안 고생하셨다. 그러므로 부처님도 정업定業은 면하기 어려우니, 자기가 지은 죄업은 꼭 재앙을 받고 만다.

인과의 법칙은 털끝만치도 어김이 없다. 그러나 출가한 불자로서 수도를 부지런히 하지 않고 해태굴懈怠窟에 빠져서 시주물만 헛되이 소비하는 무리는 하루에 천 명을 때려 죽여도 인과가 없다 하였다.

이 얼마나 무서운 말인가!

오직 부지런히 정진할 것이다. 비극 가운데서도 비극은 스님이 가사 입은 몸으로서 공부를 부지런히 하지 않고 게으름만 부리다가, 죽어서 악도惡途에 빠져 사람몸을 잃어버리는 것이다.

  지금 불자로서 사람몸을 잃지 않을 만한 사람이 몇이나 될는지 걱정하고 걱정할 일이다.

7. 이계위사 以戒爲師

계율이 바로 나의 스승이다

부처님께서 열반에 드실 때 최후로 부촉하셨다.

"내가 설사 없더라도 계戒를 스승으로 삼아 잘 지키면 내가 살아 있는 것과 같으니, 부디부디 슬퍼하지 말고 오직 계로써 스승으로 삼아 열심히 공부하라. 너희가 계를 지키지 못하면 내가 천년만년 살아 있더라도 소용이 없느니라."

지당한 말씀이다. 계는 물을 담는 그릇과 같다. 그릇이 깨어지면 물을 담을 수 없고, 그릇이 더러우면 물이 깨끗지 못하다. 흙그릇에 물을 담으면 아무리 깨끗한 물이라도 흙물이 되고 말며, 똥그릇에 물을 담으면 똥물이 되고 만다. 그러니 계를 잘 지키지 못하면 문둥이 같은 더러운 사람의 몸도 얻지 못하고 악도에 떨어지고 만다.

그러니 어찌 계를 파하고 깨끗한 법신을 바라리오. 차라리 생명을 버릴지언정 계를 파하지 않으려는 것은 이 때문이다.

자장율사慈藏律師는 신라 귀족의 아들로서 사람됨이 하도 훌륭하여, 국왕이 속인으로 환속케 하여 대신으로 삼으려고 자주 사신을 보냈다. 그러나 아무리 간청하여도 오지 않으니 왕이 크게 노하여 사신에게 칼을 주며 "목을 베어 오라."고 하였다. 사신이 가서 전후사를 자장스님께 알리니, 스님은 웃으며 말하였다.

"나는 차라리 하루 동안이라도 계를 지키다 죽을지언정, 계를 파하고서 백년 동안 살기를 원치 않노라."

사신이 이 말을 듣고 차마 죽일 수 없어 왕에게 돌아가 사실대로 아뢰니, 왕도 노기를 거두고 더욱 스님을 존경하였다.

고인古人이 말씀하였다.

"알고서 죄를 지으면 산 채로 지옥에 떨어지나니라."

수도인은 더욱 명심하고 명심할 것이다.

맺음말

　진흙 속에 깊이 묻혀 아무리 찾아보아도 찾아볼 수 없는 옥玉, 참으로 무한한 가치와 영원한 생명을 가진 보배이다.
　진흙을 떠나 지상에 나올 때 벌써 그 옥은 깨어진 물건이며, 따라서 두 푼어치 가치도 없다. 천 사람 만 사람이 밟고 다녀도 옥인 줄 모를 그때, 햇빛보다 더 밝고 가을 하늘보다 더 맑았다.
　사람의 손에 들어와 말할 수 없는 귀염을 받는 날, 욕심이 첩첩이 쌓이고 악심惡心에 거듭거듭 묶이어 똥보다 더럽고 창부보다 더 천하게 되니, 참으로 통곡하고 통곡할 노릇이다.
　오직 진흙 속에 깊이깊이 묻혀 영원토록 짓밟히기를 바라는, 이것이 수도인修道人의 참다운 풍치風致이다.
　넓고 넓은 천지, 끝없이 흐르는 세월!
　그동안 천만번 몸을 바꾸어 사생육도四生六途를 헤매며 돌아다녔으니, 큰 바닷물보다 많은 어머니의 젖을 먹었고 태산보다 높은 뼈를 버렸다.
　내 뼈 묻히지 않은 곳 어디 있으며, 내 피 흘리지 않은 곳이 어디 있으랴.
　부모형제 되지 않았던 중생 어디 있으며, 처자권속 되지 않았던 중생 어디 있으랴.

애욕에 불타고 이양利養에 굶주리며 지치고 시달리어 잠깐도 편할 때가 없다.

하루 일만 생각해도 가슴이 찢어지고 창자가 끊어지나니, 천생만생千生萬生의 기나긴 인연을 생각하면 한숨이 바람 되고 눈물이 바다 되어도 오히려 남음이 있을 것이다.

하물며 앞으로 또 닥쳐 올 일! 미래겁이 다할 것이 아닌가!

이런 줄 알면서도 뼈가 아리고 살이 떨리지 않는 사람이 있다면, 이는 목석木石보다 더한 물건이다.

수도인은 송곳으로 다리를 찌르고 바늘로 입을 끌어매고서, 오로지 일체 만사를 다 버리고 영원불멸하는 자성을 밝힐 따름이다.

회과우주제일부 　會誇宇宙第一富
각인일문피만박 　却因一文被萬縛
원사대소통매욕 　願賜大笑痛罵辱
분골쇄신불득참 　粉骨碎身不得懺

천상천하에 제일가는 부자라고 자랑했더니
돈 한푼으로 말미암아 쇠사슬에 묶이고 말았네.
크게 웃고 욕하는 사람 많이 있기를 바라노니
뼈를 가루내어 참회하려 하여도 다하지 못하네.

후기

　버들은 푸르고 꽃이 붉은 계절의 길목에서 부처님오신날을 맞이하였습니다.
　부처님의 경전이나 조사스님들의 어록이 역경원 등에서 번역되고 있으나 선을 이해하고 실천하고자 하는 오늘의 지성인들을 위한 선서禪書는 너무나 빈곤한 것이 현실입니다.
　그래서 성철큰스님께서는 선종禪宗의 정법正法을 전하는 선서들 가운데서 40여 권을 선택하여 번역케 하시고 그 전집의 이름을 '선림고경총서禪林古鏡叢書'라고 지어 주셨습니다. 이러한 큰스님의 뜻을 받들어 지난 정초에 저희 시자들은 '백련선서간행회白蓮禪書刊行會'를 만들어 '선림고경총서' 발간과 더불어 성철큰스님의 법어집도 함께 발간하기로 하였습니다. 그리고 이제 그 첫 사업으로 이 법어집 『자기를 바로 봅시다』를 발간하게 되었습니다.
　산중에서 고고한 선승禪僧으로 계시면서 장좌불와長坐不臥와 동구불출洞口不出의 나날을 보내시던 엄격한 수행 시절에 후학들을 위해 필록筆錄하셨던 말씀과 또 해인사의 해인총림 방장으로 추대되어 20여 년 주석해 오시면서 사부대중을 위해 부처님 말씀을 쉽게 전하신 법문들과 1981년 1월에 대한불교조계종 7대 종정으로 추대되신 후 말씀하신 법어들을 모았습니다.

　큰스님의 법어를 다소나마 정리하고자 이 책을 출판하였습니다만 이미 먼저 나온 출판물과 중복된 부분이 있음을 독자 여러분들에게 죄송스럽게 생각하는 바입니다.

　아무쪼록 이 법어집을 가까이 두고 읽고 또 읽어서 큰스님의 말씀이 이해가 되고 생활 속에 실천되어서 부처님의 자비와 지혜광명이 집집마다 가득하시길 바랍니다.

　　　　　　　　　　　　　　　　　　불기 2531년 4월 초파일
　　　　　　　　　　　　　　　　　　원택 화남